IMUNIDADE AO BURNOUT

Kandi Wiens

IMUNIDADE AO BURNOUT

Como a inteligência emocional pode curar sua relação com o trabalho

- A autora e a editora se empenharam para citar adequadamente e dar o devido crédito a todos os detentores de direitos autorais de qualquer material utilizado neste livro, dispondo-se a possíveis acertos posteriores caso, inadvertida e involuntariamente, a identificação de algum deles tenha sido omitida.

- BURNOUT IMMUNITY: How Emotional Intelligence Can Help You Build Resilience and Heal Your Relationship with Work, First Edition

Copyright © 2025 by Kandi Wiens.

Published by arrangement with Harper Business, an imprint of HarperCollins Publishers.

All Rights Reserved.

ISBN: 9780063323667

Figura 1.1: "Emotional Intelligence Has 12 Elements. Which Do You Need to Work On?", Daniel Goleman e Richard E. Boyatzis, Harvard Business Review, 6 fev. 2017. Reimpresso com permissão de More than Sound/Key Step Media.

Figura 5.1: "The Secret to Building Resilience", Rob Cross, Karen Dillon e Danna Greenberg, Harvard Business Review, 17 set. 2021. Reimpresso com permissão da Harvard Business Publishing.

Figura 7.1: "Empathy and Compassion", Tano Singer e Olga M. Klimecki, Current Biology, 22 set. 2014. © 2014 Elsevier Ltd. Todos os direitos reservados. Reimpresso com permissão.

- Direitos exclusivos para o Brasil para a língua portuguesa

Copyright da edição brasileira ©2025 by

Benvirá, um selo da SRV Editora Ltda.

Uma editora integrante do GEN | Grupo Editorial Nacional

Travessa do Ouvidor, 11

Rio de Janeiro – RJ – 20040-040

- **Atendimento ao cliente: https://www.editoradodireito.com.br/contato**

- Reservados todos os direitos. É proibida a duplicação ou reprodução deste volume, no todo ou em parte, em quaisquer formas ou por quaisquer meios (eletrônico, mecânico, gravação, fotocópia, distribuição pela Internet ou outros), sem permissão, por escrito, da **SRV Editora Ltda.**

- Capa: Tiago Dela Rosa
  Diagramação: Adriana Aguiar

- **DADOS INTERNACIONAIS DE CATALOGAÇÃO NA PUBLICAÇÃO (CIP) ODILIO VAGNER RODOLFO DA SILVA – CRB-8/9410**

W647i   Wiens, Kandi
Imunidade ao burnout: como a inteligência emocional pode curar sua relação com o trabalho / Kandi Wiens; traduzido por Cristina Yamagami. – 1. ed. – São Paulo: Benvirá, 2025.

328 p.
ISBN 978-65-5810-094-2 (Impresso)

1. Desenvolvimento profissional. 2 Desenvolvimento pessoal. I. Yamagami, Cristina. II. Título.

	CDD 650.14
2024-3337	CDU 658.011.4

Índices para catálogo sistemático:
1. Desenvolvimento profissional   650.14
2. Desenvolvimento profissional   658.011.4

Para Spencer, Colsen e Sawyer.
Meu coração será sempre de vocês..

Sumário

Capítulo 1 | Liberte-se do burnout 9

Capítulo 2 | Estudo de caso: Você: *O que o torna vulnerável ao burnout?* 33

Capítulo 3 | Faça bom uso do seu estresse: *Encontre o ponto ideal do seu estresse* 85

Capítulo 4 | O poder e a promessa da regulação do estresse: *Mantenha a eficácia em meio ao estresse* 115

Capítulo 5 | Propósito, pessoas e valores: *A alquimia das conexões significativas* 165

Capítulo 6 | As quatro mentalidades vitais para desenvolver a imunidade ao burnout: *Como as crenças podem aumentar ou destruir sua resiliência* 207

Capítulo 7 | Os 3Rs: *Recuperar-se, reconectar-se e reimaginar* 249

Agradecimentos 289

Avaliação do risco de burnout 293

Notas 301
Sobre a autora 327

1

Liberte-se do burnout

A enfermeira checou minha pressão arterial duas vezes, três vezes e, não satisfeita, uma quarta vez. Saiu da sala de exames sem dizer nada, e eu peguei meu BlackBerry para ver se tinha algum e-mail do trabalho. Era para ser um check-up de rotina. Do tipo em que eu ficava uma meia hora no consultório, passava nos exames e voltava ao trabalho.

Alguns minutos depois, veio a médica. "O que está acontecendo, Kandi?", perguntou ela. "Como você está se sentindo?"

"Estou bem", eu disse.

E eu estava mesmo me sentindo bem. O problema era que a minha pressão estava nas alturas: 20 por 11. Minha médica me informou que meu quadro era considerado uma "emergência hipertensiva". Se não tratado, poderia levar a uma série de cenários terríveis: falência de órgãos, perda de visão, acidente vascular cerebral, ataque cardíaco. Morte.

Minha médica balançou a cabeça. "Não, você não está nada bem. Precisamos controlar isso agora mesmo." Ela me deu um remédio para a pressão e uma dose alta de um ansiolítico tarja preta. Quando minha pressão estabilizou, ela ligou para o meu marido ir me buscar, e me mandou ir direto para casa e passar três dias em repouso. Se eu sentisse qualquer coisa, mesmo se fosse uma dorzinha de cabeça, deveria ir correndo ao pronto-socorro.

A primeira coisa que passou pela minha cabeça foi: "Não posso ficar doente. Tenho um curso de desenvolvimento de liderança para dar na semana que vem!"

A segunda coisa que me passou pela cabeça, e que me fez perceber que tinha alguma coisa errada, foi: "Ufa! Até que enfim vou ter uma desculpa para dormir".

A terceira coisa que me passou pela cabeça foi: "Ela tem razão. Eu não estou bem".

* * *

Isso foi em 2011. De certa forma, passei a vida toda me aproximando daquele dia.

Cresci em uma reserva indígena no leste do estado de Montana. Pense em um céu azul sem nuvens, campos de trigo dourados e a rica e bela cultura nativa americana – ao lado da pobreza mais abjeta, poucas oportunidades de estudar e, na família da minha mãe, um longo histórico de problemas de saúde mental e alcoolismo. Meus pais se divorciaram depois da trágica morte da minha irmã do meio, com apenas dois anos. Minha mãe ficou sozinha, cuidando de mim e de um bebê recém-nascido.

Acho que nem preciso dizer que não foi fácil. Foi bem difícil. Eu não podia sequer começar a entender o tamanho do luto e do trauma da minha mãe. Vivíamos em uma moradia subsidiada pelo governo e dependíamos da ajuda governamental para comer e ter acesso à saúde. Eu sofria bullying na escola por ser muito magra. "Não é culpa minha", eu pensava. "Passei os últimos cinco dias praticamente sem comer nada!"

Assim começou minha luta contra o estresse causado pelas adversidades e a ansiedade provocada pela insegurança.

* * *

Culpo as séries de TV dos anos 1970 *O Barco do Amor* e *A Ilha da Fantasia* por despertar a workaholic dentro de mim. Antes de termos um aparelho de TV, em 1978, eu não fazia ideia de que existia vida fora da pobreza. Esses dois programas me apresentaram a personagens com empregos importantes, roupas elegantes e dinheiro para viajar. Ver um outro estilo de vida me deu um senso de propósito, um objetivo que eu poderia alcançar se me matasse de trabalhar. Eu me imaginava viajando a trabalho, levando uma pasta elegante e em um emprego no qual eu era uma especialista (em qualquer coisa) cuja opinião era respeitada pelas pessoas.

Quando eu tinha 12 anos, o sistema judicial de Montana me permitiu decidir onde morar e fui para a casa do meu pai. Minha vida mudou da noite para o dia. Meu pai, que vinha de uma longa linhagem de resilientes colonos menonitas alemães, era disciplinado e trabalhador. Ele tinha um emprego "de verdade" – como analista de crédito de um pequeno banco – e, de repente, me vi em um lar estável. Ele não me deixava ir para a cama antes de fazer minha lição de casa e nunca me deixava faltar na escola. Descobri que eu adorava aprender e, pela primeira vez, senti a alegria de atingir metas. Em seis meses, passei das piores para as mais altas notas e meu taciturno pai quase explodiu de orgulho.

Assim começou meu vício pela validação externa e uma necessidade insana de realização.

E também um medo enorme de decepcionar meu pai, especialmente porque ele me resgatou de uma vida difícil.

* * *

Munida dessas motivações, me destaquei no ensino médio e a faculdade começou a parecer uma possibilidade real. Apesar de meu pai ter me puxado acima da linha da pobreza, não tínhamos dinheiro sobrando e eu sabia que caberia a mim pagar a faculdade. Fui lavar pratos na lanchonete de um posto de beira de estrada e guardei cada centavo que pude. Ganhei três pequenas bolsas de estudo, fiz empréstimos estudantis para pagar o resto e, de repente, lá estava eu, a primeira da família a entrar na faculdade.

Para pagar a faculdade e as minhas despesas, trabalhei em três empregos: contadora em um escritório de advocacia, garçonete em um boteco e vendedora de softwares no shopping. Quando ficava sem dinheiro, eu trancava a matrícula por um semestre e me matava de trabalhar até conseguir economizar o suficiente para cobrir as despesas.

O tempo todo na faculdade foi assim: mantendo um ou até dois empregos enquanto estudava para passar nas disciplinas. Eu nunca sabia como seria o dia de amanhã e vivia sobrecarregada. Meu maior medo, porém, era ficar sem dinheiro. E tinha ainda mais medo de não terminar a faculdade.

Assim começou meu hábito de ignorar a dor e seguir em frente a qualquer custo.

* * *

Foi no primeiro ano de faculdade que tive meu primeiro encontro com o estresse grave e o burnout. Eu estava fazendo uma especialização, mas meu chefe no escritório de advocacia estava gostando muito do meu desempenho e queria que eu passasse mais tempo no trabalho. A aprovação era como uma droga e eu não conseguia dizer não. Além disso, todo dinheiro extra era muito bem-vindo.

Ao mesmo tempo, eu queria muito fazer o curso. Mergulhei nos estudos e, não vou mentir, a empolgação do sucesso, seja gabaritando uma prova ou conseguindo pagar a mensalidade, era absolutamente viciante. Empenhei-me ainda mais no trabalho, me acostumando a dormir poucas horas por noite, e sobrevivi com uma dieta à base de linguiça de peru e chucrute (como manda o humilde manual menonita alemão). A única maneira que eu tinha de aliviar o estresse era cair na gandaia como se não houvesse amanhã.

Entre um semestre e outro, estava exausta, tanto física quanto mentalmente. Eu tinha desenvolvido uma úlcera e mal conseguia comer, o que me deixava ainda mais cansada. Mesmo assim, continuei a pleno vapor. Não sabia como desacelerar e, sinceramente, isso nem me passava pela cabeça. Meu maior medo era fracassar e voltar à pobreza.

Uma amiga sugeriu fazer terapia. Até que ajudou, pelo menos até onde a minha resistência permitiu. A terapia me conscientizou um pouco de todo o estresse que eu estava passando e de como meus mecanismos de enfrentamento (bebida, trabalho em excesso, perfeccionismo) só estavam piorando a situação. Mas eu não estava pronta para abrir mão deles nem para trabalhar na terapia e encontrar as raízes desses meus mecanismos negativos de enfrentamento.

E não me culpo por isso. É preciso respeitar o tempo de cada pessoa e, no meu caso, eu levaria muitos anos para estar pronta para essa reflexão. E, é claro, estou contando essa história sabendo de tudo que aconteceu. Na época, tudo que eu sabia era que a vida era incerta e eu vivia com medo. Manter-me o tempo todo ocupada me ajudou a não ter de encarar o problema.

* * *

Foi quando eu vi uma luz na escuridão.

Depois de me formar, entrei em um MBA e adorei. Fiquei tão deslumbrada com a experiência – os cursos, os professores e os alunos brilhantes, as possibilidades que se abriam exponencialmente – que não sobrou espaço para todas as minhas antigas dúvidas e medos. Pela primeira vez, retomei a alegria de aprender só por aprender. Foi lá que fiquei sabendo do conceito de *eustresse*, também chamado de "estresse bom". É o tipo de estresse que faz a pessoa se sentir motivada e desafiada, em vez de sobrecarregada e ineficaz.

Nesse estado, meus hábitos de buscar a alta performance pareciam produzir resultados excelentes, mas sem o preço alto cobrado pelo "estresse ruim". Naveguei pelo MBA em uma espécie de estado de fluxo mental e me formei como a primeira da turma.

Candidatei-me a seis empregos e recebi ofertas de todos eles. Fui trabalhar em uma empresa de consultoria que tinha como missão tornar a saúde mais acessível para famílias de baixa renda. Eu tinha nascido para isso! Toda orgulhosa, depositei meu primeiro salário no banco e a primeira coisa que fiz foi comprar uma elegante pasta de couro para comemorar. Era isso. Eu tinha chegado lá! Finalmente estava prestes a ter a vida dos meus sonhos.

* * *

Meu "batismo de fogo", que é literalmente o termo usado pela empresa, começou no primeiro dia. Os funcionários novos eram simplesmente jogados no lado mais fundo da piscina, sem qualquer orientação além de preencher alguns formulários de RH e ser conduzidos a um cubículo. A propósito, o meu ficava no canto escuro do quartinho sem janelas onde o zelador guardava os produtos de limpeza. (Eu gostaria de estar brincando!)

Hoje eu acho graça da minha ingenuidade, mas não me deixei abalar. Eu tinha acabado de sair do MBA e não me faltava otimismo, confiante de que conseguiria superar a curva de aprendizado quase vertical. Eu também acreditava piamente na missão da empresa e achava que estava entrando em uma equipe de colegas igualmente comprometidos. Achei que, três meses depois, estaria conduzindo alegremente meus clientes satisfeitos rumo ao pôr do sol.

Então recebi minha primeira atribuição.

Eu supervisionaria um grupo de clientes compostos de nove conselheiros financeiros de quatro hospitais. O trabalho dos conselheiros financeiros era ajudar os pacientes a lidar com as questões financeiras relacionadas a seus tratamentos. O meu trabalho era melhorar em 200% o desempenho financeiro da equipe em um ano, implementando padrões de produtividade e qualidade, alterando vários processos e implementando uma nova tecnologia. E, para surpresa de ninguém, duas consultoras financeiras odiaram as mudanças e, portanto, me odiaram. Uma vivia gritando comigo e a outra ficou tão furiosa que jogou um fichário em mim quando entrei na sala dela. Assim acabou a minha ilusão de clientes felizes indo comigo rumo ao pôr do sol.

Então, uns três meses depois, um sujeito da minha equipe, que chamarei de Ben, me puxou de lado para dizer que tinha ouvido nossos líderes de projeto falando sobre mim. Eles estavam achando que tinha sido um erro me contratar e estavam discutindo o que fazer comigo.

Fiquei pasma. Como assim, eu já era um fracasso? Três outras moças foram contratadas mais ou menos junto comigo e nenhuma delas parecia estar tendo dificuldades. O que eu estava fazendo de errado?

Meu pior pesadelo estava se tornando realidade. Fui descoberta como a fraude que sou – eu não merecia estar ali e todo mundo sabia disso.

Só havia uma coisa que uma perfeccionista insegura poderia fazer: dobrar a aposta e mergulhar ainda mais no trabalho. Pedir ajuda estava fora de questão. Na consultoria, pedir ajuda era visto como sinal de fraqueza ou incompetência, e éramos explicitamente orientados a seguir em frente aos trancos e barrancos. Havia duas opções: trabalhar até cair ou ir para o banco de reservas. Eu era jovem e inexperiente, e simplesmente presumi que era assim que o mundo corporativo funcionava; não fazia ideia de como contestar essa cultura ou me defender.

Nunca me ocorreu pedir um feedback sobre o meu desempenho ou falar com os meus chefes para ver se o que Ben me contou era verdade. (Eu viria a descobrir muitos meses depois que ele era um mentiroso compulsivo.)

Presa em um ciclo vicioso de perfeccionismo e trabalho em excesso, minhas horas de trabalho semanais aumentaram para 55, 60 e 65.

Minha vida era trabalhar, viajar a trabalho (enquanto trabalhava no avião) e dormir algumas horas por dia, tendo pesadelos com o trabalho.

Não demorou para eu me ver infeliz, exausta e desiludida. Não era assim que as coisas deveriam ser. Todo domingo à noite eu tinha ondas de pavor e ansiedade e calculava a multa que teria de pagar se pedisse demissão. Só que eu sabia que jamais faria isso. Seria a confirmação do meu fracasso: eu ainda tinha US$ 37 mil em empréstimos estudantis para pagar e queria desesperadamente provar que não havia sido um erro de contratação.

E passava a semana 100% mergulhada no trabalho.

* * *

A situação melhorou depois de alguns anos, à medida que fui dominando meu trabalho, além de ser apaixonada por ajudar os clientes. A rotatividade de funcionários era alta e a empresa, como muitas outras, adorava ter uma perfeccionista ambiciosa e insegura como eu no quadro de funcionários. Eu recebia um novo projeto, um novo cliente, uma nova equipe, uma nova cidade e novas responsabilidades a cada dez ou doze meses. Justamente quando sentia que estava me adaptando, eu era alocada a outro projeto em outra cidade. Tinha de concluir rapidamente o que estava fazendo, me despedir dos clientes e colegas de equipe e seguir em frente.

Mesmo assim, me destaquei, conquistando muitas promoções, grandes bônus e aumentos. Paralelamente, minha vida pessoal estava maravilhosa. Casei-me em 2001. Tivemos nosso primeiro filho em 2003 e o segundo em 2004.

Quem via a minha vida de fora, achava que eu era a epítome do sucesso. Parecia que eu tinha tudo: um bom emprego, um cargo impressionante, colegas inteligentes e talentosos, uma família feliz, uma casa linda, mais dinheiro do que a garotinha magrela da reserva indígena sequer poderia imaginar.

Contudo, nos bastidores, eu ainda nutria muitas dúvidas e uma profunda necessidade de provar meu valor. Apesar de gerar milhões de dólares em receita para a minha empresa e receber várias promoções, parecia que, qualquer dia, alguém chegaria à conclusão de que eu realmente fui "um erro de contratação". E agora, além de trabalhar entre dez e doze horas por dia, eu vivia preocupada com a possibilidade de não estar dando atenção suficiente para a minha família. Eu deveria me dedicar mais ao meu marido? E aos meus dois bebês? Eles cresceriam traumatizados com as minhas longas ausências?

As noites de domingo voltaram a me angustiar. Estava ficando cada vez mais difícil me motivar e, em alguns dias, até sair da cama. Atribuí o problema à exaustão – afinal, eu tinha dois filhos pequenos – e me convenci de que, assim que concluísse o projeto, poderia relaxar um pouco. Ou, se eu aguentasse até o verão, poderia tirar férias, recarregar as baterias e passar um tempo com a família, o que aliviaria um pouco a minha culpa constante.

Eu disse a mim mesma que o nível de sucesso que eu buscava exigia esse tipo de sacrifício.

* * *

Cheguei a um beco sem saída em 2005. Minha mãe faleceu em junho, quando meu filho mais velho tinha dois anos e o caçula, seis meses. O luto e a tristeza pós-parto caíram como um piano de cauda na minha cabeça. Pela primeira vez na vida, não consegui trabalhar. E eu tentei. Eu me arrastava até o computador, apenas para cair aos prantos. Ou começava um projeto e simplesmente não conseguia fazer meu cérebro funcionar. Eu estava exausta e meu trabalho simplesmente perdeu o sentido. Para que tudo isso? Que diferença eu estava fazendo?

Decidi tirar uma licença para ficar em casa com os meninos e me recuperar. Fui tomada pela culpa (e, ao mesmo tempo, fiquei grata por ter essa opção), mas alguma coisa dentro de mim me dizia que, se algum dia quisesse voltar a ser eficaz e realizada no trabalho – isso se algum dia quisesse voltar a trabalhar –, eu precisaria me curar.

Lembro-me desses dois anos com muito carinho. Apesar dos dois filhos pequenos e do nascimento do nosso terceiro filho em 2006, foi uma época em que eu pude viver *sem pressa*, em comparação com a correria do trabalho. Sim, mesmo com um recém-nascido e duas crianças pequenas, minha vida parecia mais fácil e mais tranquila e eu conseguia dormir *mais* do que quando trabalhava na consultoria. Foi um importante período de renovação para mim.

Depois de um tempo, entretanto, comecei a sentir falta do trabalho. Por mais gratificante que possa ser passar o dia inteiro com crianças pequenas, eu precisava de estímulo intelectual. Voltei ao trabalho em 2007, decidida a fazer algumas mudanças. Estabeleci limites para o meu tempo, parei de trabalhar no fim de semana e desenvolvi relacionamentos positivos com os membros da minha equipe. Eu me apaixonei pela minha nova função, à frente de programas de treinamento de novos funcionários e desenvolvimento de lideranças, e voltei a gostar de trabalhar.

Ironicamente, meus superiores gostaram tanto do meu desempenho que fui promovida de novo – o que significou mais trabalho, mais responsabilidades, mais viagens. Minhas horas de trabalho começaram a aumentar aos poucos, assim como meus níveis de estresse. No entanto, eu não queria deixar ninguém na mão, sobretudo depois que a empresa me ofereceu esse gesto de confiança.

Devagar, mas sempre, lá estava eu de volta aos velhos hábitos. E eu teria continuado se meu corpo não tivesse dado aquele sinal de alerta em 2011.

Em casa, de repouso, eu estava deitada no sofá, relaxando sob o efeito do ansiolítico, quando uma luz se acendeu de repente na minha cabeça. "Caramba", pensei. "Eu quase me matei! Alguma coisa precisa mudar. Eu preciso mudar!"

Nos dias que passei de licença em casa, finalmente encarei meu estresse, minha relação doentia com o trabalho e o sucesso, bem como meus padrões autodestrutivos de enfrentamento. Passei minha carreira toda ocupada demais para fazer uma pausa e refletir sobre o que me motivava a sacrificar tudo que não se relacionava ao trabalho – tempo com a família e amigos, sono, atividades físicas, férias, lazer –, mas que poderia dar um novo sentido à minha vida. Finalmente fui forçada a sair da roda de hamster e me dei conta de que estava absolutamente exausta, apesar de adorar trabalhar com os clientes e ainda acreditar na missão da empresa.

E percebi outra coisa: o pavor cada vez mais intenso que passei tantos anos tentando ignorar não tinha a ver com a carga de trabalho nem com a exaustão que eu estava sentindo. Tinha a ver com a minha busca constante de atingir os objetivos de outras pessoas, não os meus.

Caí aos prantos quando finalmente admiti a mim mesma que me sentia profundamente desconectada do meu verdadeiro propósito – e, pior ainda, que estava tão ocupada tentando fazer tudo certo e agradar os outros que não fazia ideia de qual era o meu propósito.

Ali mesmo, no sofá, resolvi fazer algumas mudanças. De que adiantaria tanto sucesso para ter um derrame aos quarenta e poucos anos?

Assim que minha médica me deu carta branca, comecei uma rotina de exercícios e a meditar. Não sabia nada sobre mindfulness antes de ler *Busque dentro de você*. Chade-Meng Tan nos dá permissão para sermos "meditadores preguiçosos" e mudou tudo para mim. Comecei a tirar férias. Férias de verdade, quando me afastava do trabalho e fazia um detox digital. Comecei a identificar e impor meus limites. Parei de trabalhar nos fins de semana. Comecei a viajar menos a trabalho. Parei de aceitar todas as demandas do trabalho por medo de decepcionar alguém.

* * *

Justamente nesse momento, tive um golpe de sorte. Parte do meu trabalho era treinar novos funcionários e, na época, as pesquisas sobre a inteligência emocional estavam chamando atenção no mundo corporativo. Há alguns modelos e escolas de pensamento diferentes sobre a inteligência emocional, mas o modelo que se destacou na cultura popular e influenciou profundamente as abordagens de gestão e liderança foi criado por Daniel Goleman, psicólogo e jornalista científico. Goleman definiu a inteligência emocional como "a capacidade de reconhecer nossos próprios sentimentos e os dos outros, de nos motivar e administrar bem as emoções em nós mesmos e nos nossos relacionamentos".[1] De acordo com Goleman, a inteligência emocional era uma habilidade absolutamente essencial para a liderança e o maior preditor de sucesso no trabalho. Fiquei chocada ao saber que literalmente milhares de estudos concluíram que a inteligência emocional era a maior diferença entre líderes medianos e líderes excepcionais. Incorporei uma breve apresentação da inteligência emocional e alguns exercícios de desenvolvimento da inteligência emocional em nosso programa de orientação e os novos contratados adoraram.

Eu também. Os cinco pilares originais da inteligência emocional de Goleman – autoconsciência, autorregulação, automotivação, empatia e habilidades sociais – me fizeram pensar seriamente sobre o meu próprio estilo de liderança e como a falta de autoconsciência e as fracas habilidades de autorregulação levaram ao meu estresse no trabalho. Eu estava no piloto automático, ignorando todos os sinais de que meu estresse estava fora de controle, até que o meu estresse se transformou no que descobri ter sido um clássico burnout. Antes, eu imaginava que o burnout era algo como uma exaustão profunda, estar tão estressada e de saco cheio a ponto de querer largar tudo. Mas o burnout abrange uma ampla gama de sintomas físicos, mentais e emocionais, e pode variar muito de uma pessoa para outra. Eu não percebi o meu burnout, em parte, por desconhecimento e porque minha experiência não se encaixava na ideia de burnout que eu tinha na cabeça. O burnout no trabalho, como eu viria a descobrir, era um fenômeno distinto e muito pesquisado, com especialistas e pesquisas sobre o tema. Segundo a Organização Mundial da Saúde, o burnout é caracterizado por três fatores:[2]

1. sentimentos de exaustão e pouca energia;
2. sentimentos de ceticismo ou negatividade em relação ao trabalho; e
3. eficácia reduzida no trabalho (sensação de que você é ineficiente ou não está tendo seu melhor desempenho).

Minha experiência de burnout incluiu os três fatores. Fiquei me perguntando: se eu pudesse de alguma forma fortalecer minha inteligência emocional, seria possível aplicar essas habilidades para lidar com o estresse? E, se eu fosse mais autoconsciente e tivesse melhores habilidades de gerenciamento do estresse, será que eu poderia ter evitado o burnout?

AFINAL, O QUE É INTELIGÊNCIA EMOCIONAL?

Desde que Daniel Goleman popularizou o conceito de inteligência emocional em 1995, ele e seus colegas Richard Boyatzis e Annie McKee expandiram o modelo para incluir quatro pilares – autoconsciência, autogestão, competências sociais e gestão de relacionamentos – bem como as 12 competências de inteligência emocional correspondentes, que constituem um grupo de competências aprendidas que possibilitam um desempenho excepcional (veja a Figura 1.1).

Em termos práticos, a inteligência emocional é um conjunto de competências que nos ajudam a entender como as nossas emoções afetam os nossos pensamentos e comportamentos, além de entender o nosso ambiente social e como transitar bem nele. Basicamente, a inteligência emocional trata de:

- entender a si mesmo;
- gerenciar a si mesmo;
- entender os outros;
- gerenciar relacionamentos.

Os dois fatos mais fascinantes sobre a inteligência emocional são:

- As competências de inteligência emocional podem ser aprendidas. Nossas experiências pessoais e profissionais constituem as bases da nossa inteligência emocional e podemos aprimorar, adaptar e desenvolver essas habilidades com práticas deliberadas.
- As competências de inteligência emocional melhoram com a prática.

Neste livro, você encontrará exercícios, avaliações e questões para reflexão que ajudarão a desenvolver e aplicar sua inteligência emocional para gerenciar o estresse e se proteger do burnout.

Figura 1.1. Domínios e competências da inteligência emocional[3]

Autoconsciência	Autogestão	Competências sociais	Gestão de relacionamentos
Autocontrole emocional	Autocontrole emocional	Empatia	Influência
			Coach e mentoria
	Adaptabilidade	Consciência organizacional	Gerenciamento de conflitos
	Orientação para objetivos		Trabalho em equipe
	Visão positiva		Liderança inspiradora

Comecei a devorar tudo que conseguia encontrar sobre inteligência emocional, psicologia positiva e burnout, e logo percebi que queria estudar esses temas a fundo.

Por fim, decidi seguir minhas próprias paixões em vez de buscar alcançar os objetivos de alguma outra pessoa. Em 2013, entrei em um doutorado na Universidade da Pensilvânia. Era o ambiente perfeito para alavancar meu lado nerd e estudar com Annie McKee, especialista em inteligência emocional, e me debruçar sobre pesquisas sobre inteligência emocional, resiliência, estresse e burnout. Muita coisa começou a fazer sentido: como a falta de estabilidade e de segurança na minha infância me levou a ficar obcecada por isso; como usei o estresse como uma medalha de honra; como caí nas armadilhas do trabalho em excesso e do perfeccionismo em resposta à síndrome do impostor; como eu usava atividades reconfortantes para aliviar o estresse (como maratonar séries na Netflix e me empanturrar de junk food) em vez de atividades energizantes (como conviver com a família, fazer caminhadas, viajar, relaxar).

Então, em meio ao que parecia ser um enorme despertar intelectual e pessoal, chegou o momento de passar de estudante a pesquisadora. Comecei a projetar e conduzir meus próprios estudos sobre inteligência emocional, estresse e burnout na esperança de encontrar resultados previsíveis que eu pudesse transformar com facilidade em uma boa dissertação.

No entanto, me deparei com algo que mudaria o curso da minha pesquisa e até da minha vida.

* * *

Em um estudo sobre burnout e estresse ocupacional que conduzi com diretores hospitalares de 35 grandes hospitais, uma porcentagem esmagadora – 69% – relatou que seus níveis de estresse eram graves, muito graves ou os piores possíveis. Com esse nível de estresse no trabalho, eu esperava ver altas taxas de burnout. No entanto, a maioria desses líderes altamente estressados não apenas *não* sofriam de burnout, *como também* não mostravam sinais de estar *se dirigindo ao burnout*.

Foi uma descoberta empolgante, mas os resultados de um pequeno estudo estão longe de representar um avanço científico. Então, eu e minha equipe fizemos mais estudos, com foco em líderes em funções de alto estresse. Em cada estudo, vimos o mesmo padrão. Embora alguns participantes preenchessem os critérios de diagnóstico de burnout, sempre havia um grupo de pessoas que, apesar de apresentar níveis perigosos de estresse, não estavam estafadas e não apresentavam sinais de burnout iminente.

O que essas pessoas tinham de diferente? Será que elas ganharam algum tipo de loteria genética que as dotou de superpoderes para manter o estresse afastado? Ou teria mais a ver com a criação, tendo sido criadas, por exemplo, por pais extraordinariamente tranquilos? Seria uma habilidade adquirida? Será que essas pessoas meditavam como um Jedi, capazes de permanecer imperturbáveis mesmo em ambientes cronicamente estressantes?

Qualquer que fosse esse ingrediente secreto, eu queria um pouco para mim.

* * *

Embora grande parte da cobertura da mídia sobre o burnout se concentre em suas taxas vertiginosas ao redor do mundo – o que, de fato, é digno de nota –, o que despertou minha curiosidade foi esse grupo praticamente desconhecido de líderes que pareciam ser imunes ao burnout. Se eu conseguisse identificar o que eles tinham de diferente – e o que tinham em comum –, talvez pudéssemos usar essas lições para aprender a evitar o burnout.

Foi isso que me propus a fazer. Conduzi centenas de entrevistas em profundidade com líderes que apresentavam níveis perigosos de estresse no trabalho – estamos falando de 7 ou mais em uma escala de 10 pontos –, mas que, de alguma forma, estavam conseguindo evitar o burnout. Qual era o ingrediente secreto que os protegia do burnout?

Figura 1.2. A ferramenta de avaliação do estresse

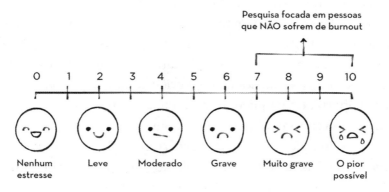

Depois que todos os dados foram coletados, vimos que *havia* algo diferente nessas pessoas e que elas *tinham* algo em comum. O ingrediente secreto estava o tempo todo debaixo do meu nariz. Era a inteligência emocional.

Não importava a função ou setor, o cargo ou nível na hierarquia, como foram criados ou por quem; a única coisa que os indivíduos imunes ao burnout tinham em comum era um alto grau de inteligência emocional.

Não que eles fossem sobrenaturalmente calmos ou líderes indiferentes e pouco engajados. Muitos eram o que você chamaria de tensos ou até ansiosos e todos eram muito engajados em seu trabalho. Só que todos tinham a capacidade de identificar com precisão as próprias emoções, bem como as de seus subordinados e colegas, e de lidar com todas essas emoções no meio da tempestade, sem sucumbir a padrões de proteção improdutivos ou comportamentos danosos.

Em outras palavras, todos usavam a inteligência emocional tanto para regular suas emoções quanto para responder com eficácia às emoções dos outros em meio a situações de alto estresse. Situações como ter a segurança de uma comunidade inteira em suas mãos; ou a perda de um cliente importante; ou a necessidade de tomar uma decisão importante *imediatamente*; ou liderar o lançamento de uma iniciativa arriscada ou de um novo empreendimento... ou apenas a rotina diária de ter muito o que fazer sem ter tempo e recursos suficientes. A inteligência emocional altamente desenvolvida dessas pessoas lhes dava habilidades de enfrentamento superiores, ajudando-as a gerenciar o estresse e a blindar-se contra o burnout. A experiência dessas pessoas esclareceu um fato importante: ninguém está imune ao estresse, mas todo mundo pode desenvolver a imunidade ao burnout.

Sim, todo mundo – isso inclui você. A inteligência emocional não é um traço genético raro. É uma habilidade que pode ser desenvolvida, como qualquer outra. *Todos* podem desenvolver a inteligência emocional e usar estratégias baseadas nela para gerenciar o estresse no trabalho e imunizar-se contra o burnout.

É isso que você vai aprender neste livro.

* * *

Um dos primeiros e mais importantes passos para se imunizar contra o burnout é determinar o seu nível de risco. Qual é o seu nível atual de estresse no trabalho? Você está estressado, em perigo de burnout, correndo um alto risco de burnout ou já está sofrendo de burnout? Para ver onde você se posiciona no espectro de risco de burnout, preencha a Avaliação do Risco de Burnout, na página 293. Você pode preencher a avaliação no livro mesmo.

Não importa em que ponto você está no espectro; se optou por ler este livro, vou presumir que você está estressado no trabalho e preocupado com a possibilidade de ter um burnout – ou talvez, como milhões de outras pessoas e como eu em 2011, você já está sofrendo de burnout. Para ajudar, resumi os resultados das minhas pesquisas em um conjunto de habilidades, princípios e estratégias baseadas na inteligência emocional que surgiram repetidamente nas minhas pesquisas sobre pessoas imunes ao burnout. É exatamente isso que compartilharei com você neste livro. Cada capítulo definirá uma das habilidades a seguir, e mostrarei como desenvolvê-la e incorporá-la ao contexto do seu trabalho:

1. conscientização;
2. regulação;
3. conexões significativas;
4. mentalidade;
5. recuperar-se, reconectar-se e reimaginar.

A *conscientização* do nosso lado emocional e de como nossas emoções orientam nossos pensamentos e comportamentos é a base sobre a qual todas as outras habilidades de imunidade ao burnout são construídas. Uma maior conscientização nos possibilita identificar nossos gatilhos e suas razões; os fatores que nos tornam mais sensíveis ao estresse; o que nos empurra para além do ponto crítico entre o estresse bom, que nos dá energia e concentração, e o estresse ruim, que nos esgota e nos sobrecarrega; os nossos padrões de enfrentamento quando estamos estressados; o modo como afetamos nossos colegas e o ambiente quando estamos estressados; e o que podemos ou não controlar.

A *regulação* é a capacidade de gerenciar nossas emoções, pensamentos e comportamentos. Principalmente quando estamos estressados e sobrecarregados, nossas emoções podem nos dominar e nossos pensamentos podem sair do controle. Todos nós sabemos o que acontece quando estamos em um estado de grande agitação – podemos agir de maneira contraproducente ou até prejudicial, o que acaba nos estressando (e aos nossos colegas) ainda mais. Aprender a autorregulação nos ajuda a não sucumbir aos pensamentos negativos, emoções improdutivas e comportamentos impulsivos que nos colocam em risco de burnout e nos impedem de ser o nosso eu ideal.

As *conexões significativas* nos ajudam a reduzir o estresse e prevenir o excesso de trabalho, além de oferecerem maneiras saudáveis de nos reenergizar. Pesquisas mostram que pessoas que têm conexões significativas de qualquer tipo – com relacionamentos pessoais ou na comunidade; com o trabalho ou com um senso de missão; com objetivos ou hobbies – desfrutam de mais bem-estar, menos estresse e são, física e emocionalmente, mais saudáveis. Veremos como as conexões significativas com o nosso trabalho, nossos relacionamentos e nossos valores reduzem o estresse e nos protegem contra o burnout.

A *mentalidade* (mindset) diz respeito às nossas crenças e atitudes em relação ao trabalho, à vida e tudo mais. Temos uma visão esperançosa e otimista ou mais negativa e pessimista? Acreditamos que o mundo é um lugar prazeroso, belo, seguro, abundante, cheio de significado e que pode melhorar? Ou estamos convencidos de que tudo está indo ladeira abaixo? Pesquisas revelam que as pessoas que têm uma perspectiva positiva e esperançosa e que acreditam que podem realizar mudanças positivas, mesmo se as circunstâncias externas forem muito negativas, são mais resilientes, menos estressadas e têm melhores relacionamentos pessoais e profissionais. Na minha pesquisa, observei que as pessoas que têm a maior imunidade natural contra o burnout são aquelas com perspectivas mais positivas, que acreditam que o estresse pode ser bom, que têm uma mentalidade de liderança servidora e que praticam a autocompaixão regularmente. Veremos maneiras comprovadas para que até os mais negativos entre nós possam cultivar esperança e positividade, mesmo em períodos de estresse agudo.

Recuperar-se, reconectar-se e reimaginar – que eu chamo de 3Rs – é uma estratégia de imunidade ao burnout. Pessoas que mantêm horários regulares para *se recuperar* do estresse reduzem o risco de burnout. E não há dúvida de que precisamos de uma recuperação adequada se estivermos sofrendo de burnout. As pessoas que periodicamente tiram um tempo para *se reconectar* com seus valores e visão, em especial diante de fatores estressantes no trabalho, como uma nova função, uma mudança na cultura da empresa ou um grande contratempo, estão mais preparadas para evitar o burnout. Por fim, as pessoas que conseguem *reimaginar* um novo caminho adiante, seja em meio ao burnout ou, de preferência, quando notam que estão ficando estressadas, podem superar o estresse que estão sentindo e prevenir o burnout.

Neste livro, apresentarei as pesquisas mais recentes sobre gerenciamento do estresse, resiliência e prevenção e recuperação do burnout; histórias de pessoas naturalmente imunes ao burnout, bem como de pessoas como eu, que aprenderam a ser imunes; e uma série de exercícios e avaliações para você começar a criar seu plano personalizado de imunidade ao burnout agora mesmo.

Antes de começarmos, quero deixar algumas advertências. Na melhor das hipóteses, podemos prevenir o burnout muito antes de ele ocorrer. Mas, se você já estiver sofrendo de burnout e quiser permanecer no seu emprego, mostrarei como usar a inteligência emocional e as habilidades de imunidade ao burnout para abrir um caminho para a recuperação e ter uma relação mais saudável com o trabalho.

Porém, se você estiver em um ambiente de trabalho tóxico ou abusivo, ou se o seu trabalho tiver demandas e desafios a ponto de comprometer sua saúde física ou mental, é hora de começar a planejar sua saída. Você não precisa tolerar condições de trabalho como essas. Essa foi uma lição que aprendi a duras penas e, olhando para trás agora, sou grata pela crise de saúde que me fez repensar a minha relação com o trabalho e que me colocou em uma carreira mais alinhada com os meus valores e a minha visão do meu eu ideal. Contudo, eu realmente não desejo que você precise chegar a esse ponto. Se estiver em uma situação como essa, espero que você procure ajuda ainda hoje e que este livro lhe dê coragem para sair e seguir uma carreira nova e mais saudável sem esperar tanto quanto eu.

A recente ênfase na saúde mental e no bem-estar no trabalho resultante da pandemia de covid-19 me deixa esperançosa, mas o burnout continua sendo um problema sistêmico, com raízes profundas na cultura de muitas organizações. Carmen Allison, que foi minha aluna e hoje é diretora de recursos humanos da Hoover Institution da Universidade Stanford, estudou como o estresse extremo e a pressão intrapessoal afetam executivos. Embora o estresse e as situações de alto risco façam parte do trabalho, ela observa que a cultura empresarial enaltece e até insiste em tarefas de alta pressão como "um rito de passagem esperado". Os funcionários sentem que não têm outra escolha a não ser suportar essa "prova de fogo", que é vista na empresa como uma medalha de honra.

Era essa a cultura da consultoria onde eu trabalhei. Todo mundo sabe que não dá para passar muito tempo nesse caminho, mas os padrões persistem. Onze por cento dos participantes do estudo de Allison classificaram a pressão no trabalho como *mais alta* que 10 em uma escala de 10 pontos e muitos sofriam com uma grave angústia mental. "As experiências de pressão intensa foram prejudiciais à saúde, ao bem-estar, à cognição e à concentração desses executivos, além de serem desestabilizadoras para a organização", escreveu ela, "causando danos irreversíveis a alguns dos nossos recursos humanos mais valiosos". Allison chegou a uma conclusão assustadora: "A negligência na seleção de líderes para tarefas difíceis e a falta de apoio a eles me levam a concluir que os líderes executivos são vistos como descartáveis".[4]

Descartáveis? Tem algo muito errado aqui.

Sou mentora de Alexa, uma aluna do ensino médio. Seu projeto de último ano é sobre as taxas e a gravidade do burnout entre alunos do último ano do ensino médio. No mesmo dia em que ela me contou que 55% de seus colegas concordam ou concordam totalmente que estão sobrecarregados e esgotados, uma amiga me encaminhou um relatório com estatísticas alarmantes. Embora os níveis globais de burnout tenham melhorado um pouco em 2022 – caindo de 71% para 63% –, nada menos que 84% dos trabalhadores da Geração Z relataram ter sofrido de burnout no ano anterior. São números aterrorizantes. Mas a estatística que mais me impressionou foi que 40% dos respondentes acreditam que o burnout é *uma parte inevitável do sucesso*.[5]

Desde profissionais experientes, passando por pessoas que acabaram de entrar no mercado de trabalho, até *adolescentes*, estamos esgotados, exaustos e desmoralizados, e quase metade das pessoas acredita que o burnout é necessário para o sucesso. Tem algo muito, muito errado aqui.

Não posso dizer que conheço todas as respostas sobre como fazer as mudanças sistêmicas e culturais necessárias para eliminar o burnout de nossas vidas. No entanto, sei que precisamos de um esforço coletivo, liderado por trabalhadores conscientes, energizados e prontos para mudar a cultura do trabalho, transformando a cultura que Carmen Allison chama de "ou vai ou racha" em uma cultura de "apoio e sucesso", para que todos tenham as condições de trabalho de que precisam para crescer. O burnout rouba das pessoas a oportunidade de serem eficazes, de fazerem a diferença e de se sentirem realizadas e satisfeitas no trabalho. Custa às organizações mais de US$ 190 bilhões por ano em absentismo, perda de produtividade e rotatividade. E rouba o mundo das contribuições e soluções que nossos profissionais da saúde, professores, inovadores, executivos, empreendedores, oficiais de segurança pública, assistentes sociais e legisladores poderiam oferecer se não estivessem exaustos, sobrecarregados, desamparados e improdutivos.

Não vamos permitir que isso aconteça. Não importa se você estiver em um emprego estressante que você adora e quer manter ou se estiver começando a sentir os sinais preocupantes do estresse crônico e do burnout, a vida é curta demais para viver exausto, doente e preso em um emprego insatisfatório. Ensinei princípios da imunidade ao burnout a milhares de pessoas ao redor do mundo e nunca deixo de me impressionar com as histórias que elas me contam sobre como sua vida melhorou, no trabalho e em outros contextos, quando aprenderam a desenvolver habilidades de inteligência emocional e encontrar maneiras mais produtivas de lidar com o estresse no trabalho. É um enorme prazer e um privilégio poder compartilhar as histórias dessas pessoas aqui, juntamente com uma grande variedade de ferramentas e estratégias práticas que você pode começar a usar ainda hoje para se proteger contra o burnout.

Este livro foi escrito com profunda gratidão a todas as pessoas maravilhosas que me ajudaram a entender por que algumas pessoas não sofrem de burnout e o que podemos aprender com elas. E é dedicado a todos os leitores maravilhosos que desejam assumir o controle do próprio bem-estar e desfrutar de uma relação mais feliz e saudável com o trabalho.

2

Estudo de caso: VOCÊ

O que o torna vulnerável ao burnout?

Espero que você já tenha feito a Avaliação do Risco de Burnout no fim deste livro. Se ainda não fez, tire alguns minutos e faça a avaliação. Identificar o seu risco de burnout é o primeiro passo para a conscientização e ajuda a pensar em um plano de acordo com a sua experiência e suas necessidades.

Tenho certeza de que alguns de vocês já sabiam que estavam esgotados e nem precisavam de um teste para confirmar isso. Ou talvez, como muitos que fizeram a avaliação, você tenha se surpreendido com os resultados e esteja preocupado ao ver que corre um risco moderado ou alto de burnout. O que os seus resultados revelaram?

Depois de descobrir que corria alto risco, uma cliente de coaching me disse algo que nunca vou esquecer: "É como se eu fosse duas pessoas diferentes. Quando estou no trabalho, sou uma máquina – só vejo o trabalho. Em casa, é como se eu fosse um fantasma. Fico totalmente apática e entorpecida. Às vezes nem me lembro de como peguei no sono". Vou direto ao ponto: isso não é vida. É possível manter a correria por um tempo, mas não dá para sustentar a velocidade e a intensidade que essa líder estava suportando por muito tempo.

O que eu quero apontar na história dela é que, na verdade, ela ficava apática e entorpecida em casa, mas também no trabalho. Ela vivia dia e noite entorpecida e no piloto automático. Esse era o mecanismo dela para levar uma vida sobrecarregada de trabalho e com uma enorme escassez de coisas que poderiam ajudá-la a recarregar suas baterias, como passar um tempo com os amigos, exercitar-se ou dedicar-se a um hobby. Foi só quando fez a Avaliação do Risco de Burnout que ela parou para prestar atenção em si mesma e se conscientizou dos efeitos do estresse no trabalho.

Ela não é a única que vive no piloto automático. Ouço isso todos os dias dos respondentes das minhas pesquisas, estudantes de pós-graduação e participantes dos meus workshops. (Eu mesma ainda caio nessa armadilha de vez em quando.) Depois de um dos meus workshops corporativos, um participante veio falar comigo com lágrimas nos olhos. Naquele dia, ele tinha ganhado um prêmio de vendas e os trezentos líderes do auditório irromperam em aplausos efusivos quando ele subiu ao palco. E lá estava ele, ao meu lado no mesmo palco, se desculpando por estar emocionado.

"Não se preocupe com isso", eu disse, e o convidei a sentar e conversar.

"Eu só queria dizer", explicou ele, "que fiz a avaliação de burnout e fiquei muito assustado. Sabe aquele prêmio que ganhei hoje? Ganhei quatro nos últimos cinco anos. Todo mundo acha que estou no topo do mundo – e algumas horas atrás eu também pensava assim. Mas a avaliação diz que eu corro um alto risco de burnout".

"E você acha que faz sentido?", perguntei.

"É justamente por isso que estou tão chocado!", foi a resposta. "Acho que eu já sabia há algum tempo que estava chegando ao meu limite, mas não queria admitir."

Ele me contou que vem trabalhando muito e fazendo muitos sacrifícios para sustentar a família. "A minha família é a coisa mais importante da minha vida, mas, se estou correndo o risco de ter um burnout, de que adianta trabalhar tanto? Eu trabalho tanto que nem tenho tempo para ficar com eles. Qual é o sentido?"

Balancei a cabeça, concordando. Assim como aquele jovem, muita gente me procura para contar que sentia que algo estava errado, mas não parou para se conscientizar do que estava acontecendo em um nível mais profundo. Temos incontáveis razões para não olharmos para nós mesmos. Veja algumas das principais razões que ouvi e observei:

- Temos medo de que, se desacelerarmos ou pararmos por um tempo, seremos preteridos em oportunidades.
- Temos medo de precisar pedir ajuda, o que nos parece um fracasso ou uma fraqueza.
- Achamos que focar em nós mesmos é egoísta ou de alguma forma vergonhoso.
- Temos medo de descobrir que precisamos fazer algumas mudanças difíceis.
- Simplesmente achamos que não temos tempo para fazer qualquer outra coisa a não ser trabalhar.

Não importa quais sejam as nossas razões, às vezes é melhor permanecer ocupados, mesmo aumentando sem querer o nosso risco de burnout, em vez de fazer uma pausa para prestar atenção no que está acontecendo conosco. "Minha empresa não está me pagando para fazer uma autoanálise", um participante de um workshop comentou certa vez. "Está me pagando para entregar resultados."

Entendo muito bem o que ele quis dizer. Sinceramente, eu mesma passei anos pensando assim. Mas o que eu diria a ele (e a mim mesma do passado) é que, em primeiro lugar, essa é uma noção muito estreita de "conscientização". Como veremos, a conscientização não envolve apenas introspecção, nem olhar para o próprio umbigo – nem diz respeito apenas a você mesmo. E, em segundo lugar, qualquer pessoa que queira se tornar a versão mais feliz e eficaz de si mesma, bem como servir e ter sucesso por um bom tempo, deve desenvolver suas habilidades de conscientização. Na verdade, você não pode se dar ao luxo de não fazer isso.

As pesquisas confirmam isso. Numerosos estudos demonstram que as pessoas autoconscientes são mais confiantes e criativas, tomam decisões melhores, constroem relacionamentos mais fortes, comunicam-se com mais eficácia, ganham mais promoções e até criam empresas mais lucrativas.[1] Ao mesmo tempo, conscientizar-se dos *outros* (consciência social) é crucial para uma boa liderança, o trabalho em equipe e a eficácia como um todo. As pessoas que praticam a empatia, ou a capacidade de entender e compartilhar os sentimentos dos outros, são melhores em orientar e engajar os outros e tomar decisões, além de comunicar-se e colaborar com mais eficácia.[2]

Por outro lado, quando nos falta conscientização, nosso crescimento pessoal e o crescimento da organização podem ser prejudicados. Funcionários sem autoconsciência são incapazes de avaliar com precisão os próprios pontos fortes e fracos, têm mais dificuldade de regular as emoções e são menos propensos a considerar as perspectivas dos outros. Também não é nada divertido trabalhar com esse tipo de pessoa. Pesquisas demonstram que trabalhar com pessoas com baixo nível de conscientização pode levar a mais estresse, menos motivação, maior probabilidade de pedir demissão e até impactos negativos no desempenho, chegando a reduzir as chances de sucesso de uma equipe pela *metade*.[3]

A conscientização é necessária para sabermos quem realmente somos (não quem os outros querem que sejamos ou quem achamos que deveríamos ser), que tipo de ambiente de trabalho se encaixa melhor no nosso temperamento e nas nossas competências, a diferença que queremos fazer e os valores que sustentam nossas decisões e ações. A conscientização é essencial para sermos mais resilientes e nos imunizarmos contra o burnout.

Em sua definição mais simples, *autoconsciência* é a capacidade de identificar e entender com precisão nossas próprias emoções, pensamentos e comportamentos, bem como suas causas. Uma pessoa autoconsciente tem uma visão clara e objetiva do que sente, pensa e faz, bem como uma avaliação precisa de como os outros a veem e o que sentem em relação a ela. A autoconsciência é crucial para a nossa saúde psicológica.

A *consciência social* é a capacidade de identificar e entender com precisão o impacto das nossas emoções, pensamentos e comportamentos sobre os outros. Isso inclui a empatia, que requer um entendimento de como os outros se sentem para que possamos nos adiantar e saber com precisão como as nossas emoções e comportamentos afetarão as pessoas. A consciência social é crucial para a saúde organizacional.

Observe que, tanto para a autoconsciência quanto para a consciência social, a precisão é fundamental – o que é muito mais difícil do que você imagina. Em um estudo de cinco anos com quase 5 mil participantes, a psicóloga organizacional Tasha Eurich concluiu que, embora 95% das pessoas acreditem que são autoconscientes, apenas algo entre 10% e 15% realmente são.[4] As descobertas de Eurich confirmam as avaliações de inteligência emocional que realizei com meus clientes de coaching. Depois de fazer uma autoavaliação de suas competências de inteligência emocional,[5] os clientes pedem para vários colegas (superiores, pessoas do mesmo nível hierárquico, subordinados diretos e, muitas vezes, colegas de equipe, bem como clientes internos e externos) fazerem a mesma avaliação sobre eles. Minha mais recente análise ampla dessas avaliações revelou que apenas 19% fizeram uma avaliação precisa de suas próprias competências de inteligência emocional.

Estamos falando de uma disparidade enorme entre a autoconsciência percebida (que achamos que temos) e a autoconsciência que realmente temos, mas, se considerarmos as muitas maneiras que podem nos distanciar da conscientização, mesmo que por um tempo, o abismo começa a fazer mais sentido. Você já ficou de mau humor sem nenhuma razão aparente? Já "voltou à realidade" depois de se distrair com alguma atividade – como rolar infinitamente em uma rede social, comer um balde de pipoca ou sonhar acordado – e se perguntou onde o tempo foi parar? Já se surpreendeu com a própria reação a um evento no trabalho ou deixou escapar um comentário infeliz e não teve ideia de onde veio? E que tal isto: você já trabalhou com alguém (ou para alguém) que se acha o melhor, mas cujas habilidades ou desempenho estão longe da imagem que ele tem de si mesmo? Ou com alguém de alto desempenho que vive se botando para baixo ou subestimando suas contribuições? Já se espantou por uma avaliação de desempenho – que acabou sendo muito pior ou muito melhor do que você esperava? Já irritou ou magoou alguém porque algo que você disse ou fez foi interpretado de uma forma que você não esperava?

Todos esses exemplos são maneiras pelas quais um baixo nível de conscientização pode se manifestar. Alguns são mais sérios que outros, é claro, mas, em todos os casos, a falta de conscientização nos leva a deixar passar informações vitais sobre quem somos, quais são os nossos verdadeiros pontos fortes e fracos e como os outros nos veem. Podemos estar desconectados da nossa própria experiência, alheios aos efeitos que as nossas emoções, pensamentos e comportamentos têm sobre nós mesmos e sobre os outros. E, quando se trata de burnout, podemos deixar de perceber os sinais de que o nosso estresse no trabalho está nos empurrando para o território do burnout.

Agora que a Avaliação do Risco de Burnout lhe deu uma ideia do seu risco de burnout, passaremos o resto deste capítulo aprofundando essa conscientização – sobre as suas características pessoais e sobre os fatores externos que podem estar aumentando o seu risco de burnout. A primeira tarefa é simplesmente coletar alguns dados. Juntos, descobriremos como o estresse no trabalho está afetando você, como e com quem você aprendeu a enfrentar o estresse e as características inatas que fazem de você quem você é e que podem aumentar sua sensibilidade a certos fatores estressantes. É aqui, na intersecção entre a natureza (seus traços inatos) e a criação (as influências externas), que descobriremos o conjunto específico de fatores que aumentam a sua vulnerabilidade ao burnout, bem como a sua capacidade de lidar com o estresse, aumentar a resiliência e evitar o burnout.

Não existe um jeito melhor de se imunizar contra o burnout do que saber exatamente o que torna *você* vulnerável ao burnout – não seu chefe, não seu concorrente, não seu colega aparentemente infatigável – e tomar medidas para proteger-se do assassino de carreiras que foi chamado de "uma crise internacional que atinge a todos".[6]

O BURNOUT E ALGUMAS PALAVRAS-CHAVE

Segundo a Organização Mundial da Saúde, o burnout é caracterizado por sentimentos de *exaustão* e *energia esgotada*, *ceticismo* (também conhecido como *despersonalização* ou *atitude negativa*) em relação ao trabalho e *eficácia profissional reduzida*. Entretanto, as pessoas descrevem suas experiências de burnout de várias maneiras diferentes, e as palavras que escolhemos nos dão uma indicação de nossa experiência. Reserve um momento para refletir sobre as suas palavras. Você usa alguma das palavras e expressões a seguir quando fala sobre o trabalho? Se sim, pode ser um sinal de que você está tendo um burnout ou está correndo risco de burnout.

Amargo	Frustrado
Ansioso	Impossível
Apático	Improdutivo
Chegando ao meu limite	Indiferente
De saco cheio	Ineficaz
Derrotado	Irritado
Desamparado	Isolado
Desanimado	Letárgico
Desconectado	Nada faz sentido
Descrente de tudo	Não dá mais
Desesperado	Não realizado
Desmoralizado	Nervoso

Distante	Nunca vou conseguir
Em uma bola de neve	Pessimista
Emocionalmente esgotado/exaurido	Preso
Encurralado	Quero sair/pedir a demissão
Energia baixa	Resignado
Entorpecido	Ressentido
Estafado	Sobrecarregado
Exausto	Sofrimento

Você está à beira do burnout?

Tendemos a pensar no burnout em sua forma mais extrema: o trabalhador profundamente infeliz que está chegando ao limite, totalmente esgotado e talvez até à beira de um colapso. Embora esse seja um retrato preciso da experiência de muitas pessoas, o burnout é traiçoeiro e pode se aproximar sem percebermos e nos enredar aos poucos. Pense na velha metáfora do sapo na água fervente: um sapo em uma panela com água fria não notará que a água está ficando perigosamente quente se o calor aumentar aos poucos. Da mesma forma, o estresse no trabalho pode aumentar tão aos poucos que não percebemos que estamos caminhando para o burnout até algo acontecer para finalmente nos abrir os olhos para o que está acontecendo.

Às vezes, como o meu cliente de coaching, nossa luta frenética para sobreviver ao dia a dia ocupa toda a nossa consciência e simplesmente não temos tempo nem energia para voltar a atenção para nós mesmos e fazer uma análise interna. Às vezes, como vimos anteriormente, evitamos a autoconsciência – o que pode acontecer de maneira consciente ou inconsciente (sim, você pode não ter consciência de que não tem consciência!). E não se esqueça de que o burnout pode, sim, acometer pessoas que adoram o trabalho e que se empenham com entusiasmo nele.

Vi isso pouco tempo atrás com um grupo de diretores de escolas de ensino fundamental e médio com quem trabalhei na Universidade da Pensilvânia. Quando a pandemia virou sua rotina de cabeça para baixo, eles entraram rapidamente em modo de resolução de problemas para encontrar maneiras de navegar pelas grandes mudanças e, ao mesmo tempo, manter professores, funcionários e famílias satisfeitos – ao mesmo tempo que priorizavam o bem-estar dos alunos e mantinham rigorosos padrões de ensino. Tanto que não tiveram tempo para pensar em si mesmos e muitos acabaram compartimentalizando suas emoções para dar conta do rápido aumento da carga de trabalho e demandas completamente novas.

Quando as escolas reabriram e as práticas de ensino voltaram ao normal, eles conseguiram se voltar à própria experiência e refletir sobre os sacrifícios que fizeram, e muitos perceberam que estavam sofrendo de burnout. Foi como se o burnout saísse do domínio do inconsciente para entrar no consciente.

A questão é que, se não nos conscientizarmos do preço que o estresse no trabalho está cobrando – e pode ter certeza de que está cobrando o preço, seja na forma de insatisfação no trabalho ou na busca do emprego dos sonhos –, nos abrimos ao burnout. Mas, quando paramos para nos voltar à autoconsciência, podemos começar a notar os sinais – inclusive aqueles muito sutis – de que o estresse no trabalho está aumentando e que estamos à beira do burnout.

Pesquisas mostram que o estresse problemático no trabalho se revela, principalmente, em cinco áreas da nossa vida. Em cada uma delas, vamos analisar os sinais de que o estresse está entrando na zona de perigo. Veja se você reconhece algum desses "sinais de alerta" na sua vida, em especial se essas experiências ou comportamentos forem novos para você ou se estiverem se intensificando em gravidade ou frequência.

Figura 2.1. As cinco áreas nas quais o estresse nos afeta

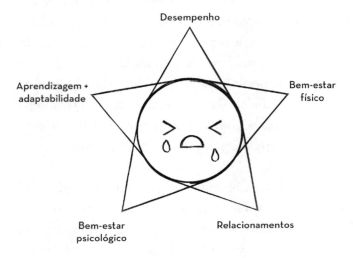

Bem-estar físico. Você começa a ter dores de cabeça, problemas digestivos (indigestão, náuseas, dor de estômago), tensão muscular, aperto no peito ou falta de ar, insônia, fadiga, mudanças nos hábitos alimentares (comer muito ou pouco), queda de cabelo, aumento da pressão arterial, frequência cardíaca elevada, sudorese excessiva, ranger de dentes, perda de libido, resfriados e infecções frequentes.

Bem-estar psicológico. Você tende a ficar preocupado, pessimista, negativo, sem interesse em coisas que gostava de fazer antes, com baixa autoestima, falta de controle, sobrecarregado, ansioso, triste, desanimado ou desmotivado; tem pesadelos estressantes; passa a usar mecanismos de enfrentamento danosos (evitação, abuso de substâncias, gastos excessivos, uso excessivo de mídias sociais etc.) para reduzir o estresse ou "se entorpecer".

Relacionamentos. Você passa a se irritar mais com colegas e a família; os conflitos passam a ser mais frequentes; você tem menos tolerância a erros, problemas ou dificuldades de aprendizado dos outros; tende a se opor mais e fica menos disposto a trabalhar em equipe e a ouvir a opinião dos outros; evita as pessoas; simplesmente não curte tanto a companhia das pessoas como curtia antes.

Aprendizagem e adaptabilidade. Você não consegue mais focar ou se concentrar como antes; prefere ficar na zona de conforto; começa a esquecer as coisas; leva mais tempo para aprender novas habilidades ou tecnologias; fica mais resistente a mudanças, mais defensivo; reluta mais em assumir novas responsabilidades e projetos; insiste em manter a rotina ou processos com os quais já está familiarizado.

Desempenho. Você estoura prazos, fica desorganizado, toma decisões erradas, evita responsabilidades, adoece com mais frequência, comete erros que não costumava cometer; fica desmotivado ou apático; trabalha mais, mas os resultados não refletem isso; sua produtividade cai; você precisa de mais supervisão do que antes; fantasia em sair do emprego ou até planeja uma demissão.

Sobre essa longa lista de efeitos negativos do estresse, quero começar dizendo que *você não tem culpa do estresse que está sentindo no trabalho*. Sou a prova viva de que aprender mecanismos de enfrentamento saudáveis e maneiras de aumentar a resiliência faz uma enorme diferença, mas o estresse crônico no trabalho, do tipo que o faz se sentir exaurido, é um sinal de que há algo de errado no seu ambiente de trabalho. Para lidar com o estresse no trabalho e prevenir o burnout, precisamos abordar as causas de seu estresse nesse ambiente.

Não é você, é o seu trabalho

Os especialistas em burnout concordam que o burnout é causado, em grande parte, por fatores psicologicamente perigosos que ocorrem no trabalho.

Em outras palavras, não é você; é o seu trabalho. (Eu sempre quis ter uma camiseta com esses dizeres e finalmente mandei fazer a minha enquanto escrevia este livro.)

"O burnout em trabalhadores individuais", escrevem os especialistas em burnout Christina Maslach e Michael Leiter, "diz mais sobre as condições do trabalho do que sobre os trabalhadores. Ao contrário da crença popular, não é o indivíduo, mas a organização que precisa mudar".[7] Maslach compara o burnout a um canário na mina de carvão. Se o canário começar a ter dificuldade de respirar na mina de carvão, não culpamos o canário pela falta de resiliência ou pela incapacidade de resistir aos vapores tóxicos – nos voltamos a descobrir o que há de errado com a mina.[8]

Quando se trata de burnout, é a *persistência* de condições de trabalho psicologicamente perigosas que torna o ambiente tóxico. As pessoas mais vulneráveis ao burnout são as que sentem um alto grau de estresse na "zona de perigo" (7 ou mais em uma escala de 10 pontos) no trabalho durante um período prolongado. Outro dia me disseram: "Quando estou estafado, não é porque algo ruim aconteceu naquele dia. É quando as coisas vão crescendo e se intensificando, e me recuso a parar e fazer alguma coisa a respeito". Maslach concordaria. "O burnout", diz ela, "é uma resposta prolongada a estressores situacionais crônicos no trabalho".[9]

Então, ao tentar identificar o que o torna mais vulnerável ao burnout, comece pelo seu trabalho.

O que não está se encaixando?

Maslach e Leiter postulam que o burnout ocorre diante de "incompatibilidades crônicas" entre as pessoas e a organização em uma ou mais áreas a seguir:[10] 1) carga de trabalho, 2) controle, 3) recompensa, 4) valores, 5) justiça e 6) comunidade. O que cria uma incompatibilidade? É simples. Quando as suas necessidades e expectativas pessoais entram em conflito com as condições da organização.

Vamos dar uma olhada em cada uma dessas seis áreas e como as incompatibilidades crônicas em cada uma delas podem afetar o trabalho. Depois faremos um exercício que ajudará você a se conscientizar do que está acontecendo no seu ambiente de trabalho e que pode estar aumentando sua vulnerabilidade ao burnout.

Carga de trabalho. Embora um aumento da carga de trabalho esteja correlacionado ao burnout (mais demandas levam a mais estresse e exaustão), a questão não reside somente em ter muito trabalho a fazer. O problema surge na presença de um descompasso entre a capacidade individual do funcionário e as demandas do trabalho.[11] Cada pessoa tem capacidades diferentes de se engajar e limiares diferentes de exaustão, e cada pessoa tem diferentes necessidades de descanso e recuperação. É por isso que é tão importante nos conscientizar das nossas necessidades e de quais são os nossos limites físicos, emocionais e mentais.

Lembro-me como se fosse ontem do retiro de fim de semana que conduzi para líderes do departamento financeiro de uma empresa farmacêutica com filiais em vários estados. O retiro contou com a participação de trinta líderes do país todo e, no início, cada um preencheu um questionário para me dar uma ideia de suas funções e seus maiores problemas. Como sempre, as respostas variaram muito, mas duas se destacaram devido aos extremos da experiência dos líderes. A primeira dizia basicamente: "Este é o melhor emprego que já tive. Acordo todo dia energizado com a missão da nossa empresa e o trabalho que estamos fazendo", enquanto a outra resposta era um pedido urgente de ajuda: "Estou até o pescoço de trabalho e nem tenho palavras para dizer o quanto estou sobrecarregado. Se alguma coisa não mudar logo, vou ter que sair da empresa".

Tive a chance de conversar com esses dois líderes e fiquei chocada ao descobrir que eles não apenas trabalhavam no mesmo escritório, como também no mesmo departamento, reportavam ao mesmo líder sênior e tinham cargas de trabalho quase idênticas. Isso demonstra como pessoas no mesmo ambiente de trabalho, com as mesmas responsabilidades, podem ter experiências subjetivas muito diferentes sobre sua carga de trabalho e, em consequência, uma vulnerabilidade muito diferente ao burnout.

Controle. Você tem autonomia para cumprir suas obrigações no trabalho de maneira alinhada com os seus valores, as suas necessidades pessoais e com quando e como você acha que é melhor fazer as coisas? Acho que você não vai se surpreender ao saber que a incompatibilidade entre o nível de controle do qual você precisa para ter o melhor desempenho e o nível de controle que você realmente tem no trabalho aumenta o estresse e o risco de burnout.

Quando eu estava na faculdade, trabalhava em um quiosque no shopping e fiz amizade com vários funcionários de lá. Além dos clientes grosseiros, a maior reclamação era a falta de controle sobre os horários de trabalho. Muitos funcionários dos setores de varejo e serviços só ficam sabendo de seus horários de trabalho poucos dias antes e os horários podem sofrer alterações imprevisíveis. Pesquisas mostram uma clara ligação entre a falta de controle e o burnout em qualquer profissão, mas as taxas de burnout no varejo e de outros trabalhadores da linha de frente estão em alta. De acordo com o mais recente Estudo Global sobre a Experiência de Trabalho na Linha de Frente, 58% dos trabalhadores da linha de frente planejam pedir demissão em decorrência do burnout e 68% dos trabalhadores do varejo disseram que o burnout era mais determinante para a decisão de pedir demissão do que a remuneração (50%). O estudo também perguntou aos trabalhadores o que, se fosse o caso, poderia mantê-los no emprego. A resposta mais frequente foi horários flexíveis.[12]

Recompensa. O resultado de tudo isso é simples: "Uma recompensa insuficiente, seja financeira, institucional ou social, aumenta a vulnerabilidade dos funcionários ao burnout".[13] Sentir que não está sendo recompensado de uma maneira que corresponda ao esforço e ao tempo que você dedica ao trabalho ou sentir que não está sendo reconhecido ou valorizado por seu trabalho tem um alto preço emocional que pode facilmente levar ao ceticismo,* sentimentos de ineficácia e exaustão emocional – os três aspectos do burnout.

Recentemente, o Ministério da Saúde dos Estados Unidos divulgou o Relatório da Saúde Mental e Bem-Estar no Trabalho. O relatório identifica cinco fatores essenciais dos quais os trabalhadores precisam para ter sucesso no trabalho, para se sentirem física e mentalmente saudáveis e para contribuírem positivamente. (Esses cinco fundamentos são muito parecidos com as seis áreas principais de Maslach e Leiter.) Eu gostaria de destacar, aqui, três aspectos da "Recompensa", que o relatório inclui em um fundamento chamado "Importância no Trabalho".

Para começar, não importa a nossa profissão, queremos saber que somos importantes e que o nosso trabalho faz diferença. Saber que você é importante e valorizado tem um efeito redutor do estresse, enquanto sentir que você não é importante ou não é valorizado aumenta o risco de depressão e contribui para sentimentos de ceticismo e retraimento.[14] Em segundo lugar, há uma correlação direta entre o bem-estar e a situação financeira do trabalhador. De acordo com um levantamento recente da PricewaterhouseCoopers, 49% dos trabalhadores financeiramente

---

* O "ceticismo", no contexto do burnout, é a atitude negativa e distante em relação ao trabalho, colegas e/ou clientes; é uma forma de despersonalização na qual a pessoa desenvolve uma visão pessimista e distanciada de suas responsabilidades e interações profissionais. (N.T.)

estressados disseram que a preocupação com o dinheiro teve um impacto grave ou importante na sua saúde mental no ano anterior.[15] Em terceiro lugar, sentir-se "compreendido, respeitado, necessário e valorizado" tem um enorme efeito positivo no bem-estar. De acordo com pesquisas recentes, "independentemente do cargo, quando as pessoas se sentem valorizadas, reconhecidas e engajadas pelos superiores e colegas, seu senso de valor e significado aumenta, bem como a capacidade de gerenciar o estresse".[16]

Fica claro que uma recompensa insuficiente em qualquer aspecto tem um impacto negativo direto na saúde mental e no bem-estar e é um importante fator que aumenta a nossa vulnerabilidade ao burnout. Já uma recompensa suficiente tem exatamente o efeito contrário – chegando ao ponto de que se sentir valorizado reduz o estresse e aumenta a nossa capacidade de lidar com mais estresse.

Valores. Quando seus valores individuais são incompatíveis com os valores demonstrados pela sua organização, você fica vulnerável ao burnout. "A tensão associada a uma prolongada incompatibilidade de valores", escrevem Maslach e Leiter, "esgota a energia pessoal, reduz o engajamento e diminui a eficácia ou a realização profissional".[17]

Mas não se trata apenas de seus valores em comparação com os da sua organização. Às vezes, a discrepância ocorre entre os valores *declarados* da organização e os valores que realmente se refletem no comportamento ou que são incentivados na cultura. As organizações podem passar o dia inteiro promovendo seus valores (como integridade, respeito, inclusão, responsabilidade, inovação, colaboração etc.), mas é comum vermos culturas organizacionais que não agem de acordo com seus valores ou que recompensam comportamentos inconsistentes com seus valores declarados.

Uma das maiores incompatibilidades de valores que já vi está em algumas organizações de saúde que alegam que o que mais valorizam é a segurança do paciente. Os médicos concordam – também está no topo de sua lista de valores. Mas, em algumas organizações, toda a estrutura de remuneração dos médicos gira em torno da produtividade – medida pelo número de pacientes que eles atendem por dia. Essa política gera muito estresse para os médicos, que gostariam de ter mais tempo para garantir a segurança seus pacientes, mas também querem aumentar sua remuneração e são incentivados pela organização a maximizar a produtividade e a receita. Essa situação reflete tanto uma incompatibilidade de valores quanto uma potencial incompatibilidade de carga de trabalho, o que deixa os profissionais da saúde especialmente vulneráveis ao burnout.

Outro exemplo comum envolve a colaboração, que muitas vezes está no topo da lista dos valores declarados por muitas organizações. Mas, quando as estruturas de incentivo recompensam os funcionários por defender a própria equipe, departamento ou área, não é de admirar que as pessoas que valorizam muito a colaboração fiquem estressadas. Um cliente meu adquiriu recentemente uma pequena startup de tecnologia. Antes da integração, as duas empresas listaram a colaboração como um valor essencial e os líderes das duas empresas concordaram em manter a colaboração na lista de valores. Contudo, em quase todas as reuniões das quais participei, observei uma mentalidade de silo, com comportamentos competitivos em busca de proteger o próprio território. E adivinhe o que alguns desses líderes me disseram em conversas privadas? Coisas como: "É muito frustrante. Ficamos dizendo que essa integração só vai ter sucesso se a gente conseguir colaborar, mas ninguém está colaborando. Cada um só está tentando proteger o seu" e "Essa coisa toda de que a gente valoriza a colaboração não passa de papo furado. Não dá para dizer que valorizamos a colaboração e recompensar as pessoas por serem lobos solitários. Não é assim que se faz uma integração".

Descompassos prolongados como esses desgastam os funcionários mental e emocionalmente. Quem não ficaria frustrado, cético, ineficaz, desmotivado e de saco cheio? Trabalhar em um ambiente como esse é um caminho certo para o burnout.

Justiça. As políticas e práticas da sua organização são administradas com justiça em termos de quem recebe oportunidades, reconhecimento, recursos e recompensas? As decisões são tomadas para atingir os objetivos organizacionais, em vez de dar vantagens pessoais a indivíduos privilegiados? Quando as pessoas não são tratadas com justiça em qualquer contexto e por qualquer razão, elas ficam muito mais suscetíveis ao burnout. É desmoralizante e humilhante ser tratado com desrespeito, o que, como seria de esperar, intensifica o ceticismo e a negatividade em relação ao trabalho. Maslach e Leiter também salientam que decisões injustas desengajam as pessoas de suas comunidades e desgastam o senso de confiança mútua, o que impede uma organização de ter um ambiente saudável.[18]

Há fortes evidências de que membros de grupos marginalizados, seja em razão de etnia, raça, gênero, capacidade ou sexualidade, têm maior probabilidade de ter uma crise de burnout. As razões são complexas e podem diferir de acordo com a identidade do grupo e a experiência individual de cada membro, mas a injustiça que os grupos marginalizados podem sofrer no trabalho tem um papel importante. De acordo com um levantamento recente da Gallup com 7.500 trabalhadores em período integral, o fator mais correlacionado ao burnout foi o tratamento injusto no trabalho. Os trabalhadores que eram frequentemente tratados com injustiça, como preconceito, favoritismo ou remuneração injusta, tinham duas vezes mais probabilidade de sofrer burnout.[19]

Comunidade. Esta área engloba todos os relacionamentos no trabalho, incluindo colegas, superiores, subordinados diretos e clientes.

Os relacionamentos positivos têm um grande efeito de proteção contra o burnout. Tanto que Maslach e Leiter descobriram que "uma comunidade ativa, atenciosa e receptiva é incompatível com o burnout".[20]

Por outro lado, pouco apoio e conexão social nos leva a um senso de isolamento e o trabalho parece mais fatigante, o que esgota a nossa energia e nos deixa mais vulneráveis ao burnout. Para piorar ainda mais a situação, essa experiência assume muitas formas, desde sentir-se desconectado dos colegas ou desvalorizado, passando por ter de trabalhar com colegas difíceis ou tóxicos até a exclusão ou discriminação total. Considerando que os seres humanos são criaturas inerentemente sociais, cuja necessidade de conexão e interação é tão vital quanto a necessidade de comida, abrigo e segurança, não é de admirar que a falta de conexão social e uma dinâmica interpessoal difícil possam ser tão dolorosas e prejudiciais para a nossa felicidade e eficácia no trabalho.

Ruchika Tulshyan, autora de *Inclusion on Purpose* ("Inclusão de propósito", em tradução livre), descreve uma experiência dolorosa no início de sua carreira, quando ela não recebeu nenhum apoio da comunidade, e o efeito devastador que isso teve sobre ela. Ela era a única pessoa negra ocupando aquela função na empresa – o que, por si só, é uma forma de isolamento –, mas também sofreu exclusão, bullying e práticas injustas de promoção e contratação. Ao ler o relato dela – e devo avisar que não é fácil –, note as "palavras-chave do burnout" que aparecem:

Meu coração acelerava quando o elevador estava chegando no meu andar. Era difícil sair da cama de manhã, apesar de eu sempre ter o hábito de acordar cedo. Eu não tinha mais vontade de socializar com os amigos, mesmo sendo uma pessoa extrovertida. Em geral, estava exausta demais para ir a qualquer lugar...

Sem outras mulheres negras a quem recorrer, era como se eu estivesse vivendo em uma realidade alternativa. Hoje eu sei que existe uma palavra para o que vivi:

gaslighting racial. Mas na época eu me questionava literalmente todos os dias. Até que a situação ficou insuportável. Eu estava me transformando em uma versão negativa e amarga de mim mesma. Vi como as regras eram diferentes para os meus colegas brancos – os homens e mulheres brancos que foram promovidos apesar do baixo desempenho, os líderes homens que só contratavam mulheres brancas bonitas. Eu era excluída das reuniões, dos encontros sociais e das piadas internas e não tinha nenhum colega que se parecesse comigo.

Era muito pesado – não só o bullying, mas os atos diários de exclusão. Acabei pedindo demissão apesar dos conselhos da minha família e amigos de que não deveria abrir mão de um emprego tão bem pago. Mas eu estava destruída, mental e espiritualmente.[21]

A dolorosa experiência de Tulshyan é um retrato preciso de como é profundamente isolador e danoso trabalhar em um ambiente excludente e hostil, onde a pessoa se sente rejeitada e sem apoio social. Observe também como Tulshyan internalizou o tratamento que recebeu, presumindo que a culpa era dela e até sentindo culpa e vergonha por isso. *Mas vale repetir:* n*ão é você; é o seu trabalho.* O que estava faltando naquele ambiente não tinha nada a ver com Tulshyan – e tinha tudo a ver com as condições psicologicamente perigosas de seu local de trabalho.

Apesar de tudo, a história de Tulshyan teve um final feliz. Ela largou o emprego tóxico e teve uma carreira de sucesso como autora, empreendedora e estrategista de inclusão.

EXERCÍCIO: TESTE DE ALINHAMENTO

Leia as afirmações a seguir e diga se você concorda ou discorda. O que as suas respostas revelam sobre o seu ambiente de trabalho e como ele pode torná-lo mais vulnerável ao burnout?

1. Meu chefe e meus colegas respeitam meus limites entre o horário de trabalho e o horário de folga.

2. Conto com o apoio dos meus superiores e colegas de equipe para fazer meu trabalho no nível que desejo.
3. O que eu faço é significativo e faz uma diferença.
4. Recebo uma remuneração justa pelo meu trabalho.
5. Sou reconhecido pelas minhas realizações no trabalho.
6. Estou satisfeito com meu nível de engajamento nas decisões que me afetam.
7. Trabalho com pessoas que me ajudam quando eu preciso.
8. As pessoas na minha organização recebem um tratamento equitativo em termos de remuneração, reconhecimento e oportunidades de carreira.
9. A cultura da minha organização celebra a diversidade, a equidade, a inclusão e a acessibilidade.
10. Sinto-me seguro no trabalho – tanto física quanto psicologicamente.
11. Minhas contribuições são valorizadas.
12. Em termos de quando e onde eu faço meu trabalho, estou satisfeito com meu grau de flexibilidade e autonomia.
13. Minha organização oferece oportunidades adequadas de treinamento.
14. Posso tirar férias, licenças médicas ou pessoais suficientes e sou encorajado a fazer isso.
15. Minha organização oferece e incentiva o uso de benefícios que me ajudam na minha saúde física e mental.
16. Em geral, meus colegas são confiáveis e fáceis de conviver.
17. Tenho a liberdade de apontar erros ou opinar sobre como melhorar a organização.
18. O feedback que recebo do(s) meu(s) superior(es) é respeitoso e me ajuda a me desenvolver.

Agora, reflita sobre as suas respostas:

1. Você notou alguma tensão ou inquietude em uma ou mais perguntas?
2. Você notou alguma satisfação ou otimismo em uma ou mais perguntas?
3. Você teve algum insight?
4. O que foi surpreendente nas suas respostas?
5. O que sua intuição lhe diz para fazer com essas informações?

Não há problema se você não conseguir pensar em algum plano de ação por enquanto. O primeiro passo é se conscientizar do grau de alinhamento entre o que você precisa da sua organização e o que você recebe em troca – e foi exatamente o que você acabou de fazer.

O inferno (pode ser) os outros

E, por falar em dificuldades no trabalho, vamos discutir algo que tem o poder de transformar o seu trabalho em um paraíso ou um verdadeiro inferno: as pessoas!

Se você já teve a infelicidade de trabalhar com um colega tóxico ou para um chefe tóxico, sabe como o custo pessoal e profissional pode ser alto. *Tóxico* é uma palavra muito usada hoje em dia e não faltam livros ensinando a identificar uma pessoa tóxica no trabalho – e até categorizando diferentes tipos. (Pelo jeito, nem todo mundo sabe se comportar no trabalho.) Mas acho que todo mundo sabe reconhecer um colega tóxico. Segundo um estudo seminal da Escola de Administração de Harvard sobre trabalhadores tóxicos, não estamos falando apenas de pessoas *difíceis*, mas pessoas que se engajam "em comportamentos prejudiciais a uma organização, incluindo ao sucesso dela ou de seus funcionários". Em sua forma mais extrema, segundo os autores do estudo, os trabalhadores tóxicos podem custar bilhões de dólares às organizações ou até infligir danos fatais a funcionários ou ex-funcionários. Contudo, até mesmo "níveis relativamente modestos de comportamento tóxico", escrevem eles, "podem causar grandes custos organizacionais, incluindo perda de clientes, queda da motivação dos funcionários, aumento da rotatividade e perda de legitimidade entre importantes stakeholders externos".[22]

Não é de surpreender que haja uma forte correlação entre trabalhadores tóxicos e o burnout. Só que não é o funcionário tóxico que sofre o burnout. As pessoas mais vulneráveis ao burnout são os *colegas* dos funcionários tóxicos. Em um artigo publicado na *Harvard Business Review*, um dos autores do estudo da Escola de Administração de Harvard, Dylan Minor, da Faculdade de Administração da Universidade da Califórnia, em Los Angeles, explica por que isso acontece: os trabalhadores tóxicos não apenas causam danos, como também contagiam os outros com seu comportamento danoso. Pessoas, equipes e até organizações inteiras podem ser prejudicadas.[23]

O Instituto de Saúde da McKinsey conduziu um estudo sobre condições tóxicas no trabalho e burnout, usando dados de quase 15 mil funcionários e mil gestores de RH em 15 países. Eles descobriram que o comportamento tóxico no trabalho era a maior causa dos resultados negativos dos funcionários, incluindo o burnout e a intenção de sair da organização. Funcionários que relataram sofrer altos níveis de comportamento tóxico no trabalho tiveram oito vezes mais probabilidade de apresentar sintomas de burnout, como exaustão, capacidade reduzida de regular processos emocionais e cognitivos e falta de engajamento, e os funcionários que sofriam de burnout tiveram seis vezes mais probabilidade de pedir demissão em um período de três a seis meses.[24]

Por que os trabalhadores tóxicos representam uma ameaça tão grande ao bem-estar dos colegas e aumentam tanto o risco de burnout? Por um lado, a resposta é simples: eles fazem do trabalho um inferno. Quem não teria aversão ao trabalho ou sonharia em pedir a demissão quando tem um colega de trabalho ou chefe desrespeitoso, degradante, injusto, antiético ou que pratica bullying ou assédio? Quanto mais contato você tiver com pessoas assim, maior será a probabilidade de sofrer danos psicológicos e burnout.

Entretanto, há algo mais sutil acontecendo, como demonstra o comentário de Minor: os trabalhadores tóxicos *contagiam os outros com suas emoções negativas e comportamentos danosos*. Essa é a principal diferença, diz Minor, entre trabalhadores que são apenas difíceis de lidar e trabalhadores que são genuinamente tóxicos – o comportamento prejudicial dos funcionários tóxicos contamina todo o ambiente de trabalho, derrubando pessoas e até organizações inteiras. Tanto que Minor e seu coautor descobriram que a exposição a trabalhadores tóxicos aumenta a probabilidade de você também se tornar tóxico.[25]

Uma das razões é que as pessoas tendem automaticamente a emular as emoções – e os comportamentos resultantes – dos outros. Tenho certeza de que você já passou por isso: você está na sua, cuidando da sua vida, quando um colega estressado e ansioso chega para desabafar e você acaba estressado e ansioso também, ou você tem um colega insatisfeito que vive falando mal da empresa e você fica exaurido e pessimista. O contrário também acontece: um colega alegre e otimista também é contagiante. Sejam positivas ou negativas, as emoções são "transferíveis" de uma pessoa a outra e têm o potencial de transformar o nosso humor, perspectiva e comportamento.

O termo da psicologia para esse fenômeno é *contágio emocional*. Tal qual uma gripe, as emoções e os comportamentos baseados em emoções podem contagiar as pessoas; tudo acontece em milissegundos e, em geral, nem percebemos que está acontecendo. Uma área especial do nosso cérebro chamada sistema límbico está programada para captar os estados emocionais das pessoas, que são comunicados de maneiras verbais e não verbais pela linguagem corporal, expressão facial, tom de voz, gestos e a "energia" da pessoa como um todo.

No trabalho, o contágio emocional pode fazer uma enorme diferença no humor, na perspectiva, na produtividade, no sentimento de pertencimento e no desempenho dos funcionários. O efeito é ainda mais pronunciado quando se trata de um *líder*. Estudos de psicologia social mostraram que as emoções são especialmente contagiantes em relacionamentos com desigualdade de poder, como entre chefes e subordinados. Além do mimetismo inconsciente que ocorre entre as pessoas, os subordinados têm mais chances de tentar ativamente alinhar suas respostas, estados de espírito e emoções aos de seus superiores – não importa se o superior está de bom humor ou de mau humor, otimista ou pessimista. Um estudo recente conduzido na Dinamarca descobriu que os gestores não apenas transmitem seu estresse aos colaboradores, como o efeito de contágio do estresse pode perdurar por até um ano.[26]

E o burnout? Também é contagioso? Pior que é. Assim como o comportamento tóxico pode gerar mais comportamentos tóxicos, o burnout gera mais burnout.

Pense nisto: se você está em um ambiente de trabalho "infectado" por estresse, ceticismo, desinteresse e baixa motivação, tem grandes chances de absorver e expressar essas mesmas emoções negativas, o que o deixa muito vulnerável ao burnout. Especialmente se você já tiver uma tendência ao negativo (por exemplo, se tende a ser mais pessimista do que otimista) ou se não conhece estratégias saudáveis para lidar com o estresse. Também acontece mais em funções que exigem muito contato com pessoas que experimentam emoções ou estados de espírito negativos, como no atendimento ao cliente para resolução de problemas e recebimento de reclamações, ou com pessoas doentes ou deprimidas, como na área da saúde. A exposição ocasional ou breve a emoções e mau humor dos outros é desagradável e difícil enquanto dura. Mas, devido ao contágio emocional, a exposição *prolongada* às emoções e negatividade dos outros pode levar ao burnout.[27]

Pesquisadores descobriram que o "efeito de contágio do burnout" pode ocorrer entre apenas dois funcionários ou pode criar raízes com mais rapidez devido à transmissão em grupo. A negatividade, a queda da produtividade e a redução do bem-estar de um funcionário com burnout dão um exemplo negativo e afetam a maneira como os outros se sentem e pensam. E, como os funcionários com burnout tendem a ter um desempenho baixo, os outros podem ser forçados a trabalhar mais para compensar e acabar desenvolvendo o próprio burnout. A transmissão em grupo, por outro lado, costuma ocorrer depois de algum evento importante que afeta uma equipe ou organização inteira. Demissões em massa, cortes de verba, um novo gestor ou uma aquisição que altera a dinâmica da cultura são situações de grande impacto que geram medo, confusão ou raiva no grupo. Se a organização ignorar esses sentimentos difíceis, eles podem se agravar e, no futuro, causar o burnout entre trabalhadores que interagem muito entre si.[28]

Agora, vamos dar uma olhada no seu ambiente de trabalho. Quais palavras você usaria para descrever o estado emocional do seu ambiente de trabalho? Como é o clima e a energia? Os funcionários parecem gostar de trabalhar lá? A energia em geral é otimista e positiva ou é tensa, apática ou sufocante? Quando as coisas ficam difíceis, as pessoas se unem e se ajudam? Elas sucumbem à ansiedade? Ou simplesmente jogam a toalha?

Qualquer que seja o ambiente emocional do seu trabalho e qualquer que seja a resposta emocional coletiva dos funcionários ao estresse, lembre-se de que ninguém é uma ilha. O contágio emocional é muito concreto e muito impactante. Trabalhar com pessoas que vivem sob o domínio de emoções negativas – e/ou que não têm mecanismos saudáveis e produtivos para enfrentar o estresse – é um grande sinal de alerta. Se for seu caso, saiba que você está em um ambiente de alto risco e deve tomar medidas para se proteger dos efeitos negativos do contágio emocional muito antes de ele evoluir para o burnout.

Esteja você querendo evitar a negatividade dos colegas ou escapar de um burnout, veja algumas maneiras de se proteger desses problemas altamente contagiosos no trabalho.

1. Nunca deixe de se cuidar. Acredito firmemente que o autocuidado é inegociável 365 dias por ano. Contudo, *especialmente* se você trabalha em um ambiente negativo, é muito importante suprir suas necessidades básicas – dormir bem, comer bem, beber água, fazer atividades físicas, descansar o suficiente –, além de praticar atividades que o mantêm energizado. Pode ser ioga, um hobby, terapia ou coaching, sair com os amigos, viajar ou uma prática espiritual – não importa o que você escolher, não deixe de se engajar em práticas restauradoras.

2. **Identifique – e defenda – seus limites.** Esta dica pode revolucionar a sua vida! Limites podem ser qualquer coisa que proteja seu tempo, energia, produtividade ou bem-estar. Reduza seu contato com os vampiros sugadores de energia, seja direto e diga que você está incomodado com a atitude negativa deles, reserve um horário de "não perturbe" na sua agenda, negocie para trabalhar em casa alguns dias por semana... o que for melhor para o seu caso específico.

3. **Saia da defensiva e entre na ofensiva.** Lembre-se de que o contágio emocional atua nos dois sentidos: as emoções positivas são tão contagiantes quanto as negativas, tanto que alguns pesquisadores acreditam que podem ser ainda mais transmissíveis. Identifique a energia e a atitude que você quer ver no seu trabalho (otimismo, gratidão, abertura, diligência, perseverança etc.) e use o contágio emocional para fazer isso acontecer.

4. **Conscientize-se do seu humor – e mude-o se necessário.** Se você notar que a sua negatividade está correndo o risco de puxar seus colegas para baixo, reserve um tempo para se lembrar de uma situação que o deixou muito positivo, muito feliz. Não consegue se lembrar de nada na hora? Invente alguma coisa! Para reforçar o efeito, sorria. Pesquisas têm mostrado repetidamente que o seu humor acompanha a sua expressão facial.

5. **Use a linguagem corporal para transmitir emoções positivas.** O contágio emocional tem tudo a ver com o mimetismo. Se você estiver carrancudo e com os braços cruzados, as

pessoas provavelmente acharão que você está com raiva ou na defensiva (mesmo que você só esteja com frio). Projete positividade, tranquilidade e cordialidade sorrindo, descruzando os braços, sentando-se com uma postura ereta mas descontraída, ou balançando a cabeça de maneira encorajadora quando alguém estiver falando. Olhe as pessoas nos olhos quando elas estiverem falando com você.
6. **Crie uma cultura positiva.** Use suas ações, palavras, gestos, tom de voz, valores declarados e cultura para construir um ambiente de segurança psicológica onde emoções positivas sejam encorajadas e expressas. Deixe claro que emoções negativas destrutivas (raiva, desprezo) e comportamentos tóxicos (bullying, fofoca, grosseria, gaslighting, assédio) não serão tolerados.[29]

Quais são as suas motivações?

Até que ponto você acha que se conhece? Não é uma pergunta fácil, eu sei, mas tenha paciência. Até que ponto você *realmente* sabe o que faz com que você seja *você*? Você sabe mesmo quais são as suas motivações e quais valores o levam a fazer certas escolhas e a ter certos comportamentos?

Como vimos, nossa autoconsciência pode não ser tão precisa quanto pensamos. Mas não desanime. Não faltam ferramentas para nos ajudar a nos conhecer melhor e, se você tiver a chance de usá-las, não deixe de fazê-lo. Sou uma grande fã de pessoas que fazem testes e avaliações para se conhecer melhor. Para alguns clientes meus, as avaliações aumentaram muito sua consciência sobre suas tendências e se essas tendências estão melhorando ou piorando suas vidas. Algumas avaliações mais conhecidas são o Teste HIGH5 (anteriormente StrengthsFinder), o perfil DiSC, o eneagrama, o Inventário Multifásico Minnesota de Personalidade (MMPI) e os meus favoritos, o Teste de Personalidade Big Five e a Tipologia de Myers-Briggs (MBTI), também conhecida como Teste das Dezesseis Personalidades. Você pode encontrar muitos testes de personalidade, avaliações de perfil e autoavaliações de graça na internet, e muitos são usados no RH para recrutamento e treinamento ou oferecidos pelas empresas em programas de desenvolvimento profissional.

Vamos começar dando uma olhada no seu temperamento e personalidade – dois aspectos que, muitas vezes, são usados como sinônimos mas que, na verdade, têm uma diferença importante. O temperamento é um conjunto de características inatas e que permanecem relativamente estáveis ao longo da vida. Já a personalidade se desenvolve aos poucos, com o tempo, e muda de acordo com as nossas experiências ao longo da vida.[30] Guarde essa informação. Essa distinção será importante mais adiante, quando analisarmos as características inatas e as influências ambientais que podem torná-lo mais vulnerável ao burnout.

Usaremos os nove traços de temperamento tradicionais e os "cinco grandes" traços de personalidade e, em vez de definir cada traço, vamos direto ao ponto e "aprender na prática" fazendo um inventário pessoal de temperamento e personalidade. Eu gostaria de deixar claro que esta não é uma avaliação científica, mas uma ferramenta para lhe dar uma noção das suas motivações. A ideia não é apenas aumentar sua autoconsciência, mas começar a identificar as condições ideais do ambiente de trabalho para você, bem como as condições e os eventos que você, em virtude de seu temperamento e personalidade, considerará automaticamente estressantes.

EXERCÍCIO: QUAIS SÃO AS SUAS MOTIVAÇÕES?

Ao responder às perguntas deste teste – lembrando que não há resposta errada –, tente pensar em como cada aspecto de quem você é impacta e se relaciona com a sua função no trabalho e o seu ambiente de trabalho. Com base nas suas respostas, você diria que está alinhado com o seu trabalho e o seu ambiente de trabalho?

TEMPERAMENTO

Nível de atividade. Até que ponto você gosta de ser fisicamente ativo no trabalho? Você é uma pessoa que gosta de viver em movimento ou prefere um trabalho que envolva menos atividade física?

Adaptabilidade. Até que ponto você se sente à vontade com transições e mudanças no seu ambiente? Você tende a entrar na onda ou tem dificuldade diante de mudanças ou resiste a elas?

Aproximação/afastamento. Qual é o seu nível de conforto diante de algo ou alguém novo no seu ambiente? Você é atraído por pessoas novas (aproximação) ou se afasta de pessoas desconhecidas ou até as evita (retraimento)?

Distratibilidade. Até que ponto estímulos externos afetam a sua atenção e foco? Você se distrai facilmente ou tem facilidade de se concentrar em apenas uma coisa?

Intensidade. Pense na intensidade como o "botão de volume" da personalidade. Suas reações aos estímulos tendem a ser efusivas e exageradas ou você é mais comedido e reticente?

Persistência. Quando encontra um obstáculo ou um aborrecimento, você passa rapidamente para outra coisa ou continua fazendo a tarefa até terminar, apesar do obstáculo?

Regularidade. Quão previsíveis são suas rotinas e ritmos, como sono, alimentação e horário de trabalho? Você prefere seguir uma rotina ou seu estilo é mais solto e imprevisível?

Limiar sensorial. Você fica facilmente superestimulado por estímulos sensoriais como toque, textura, luz, volume, sabor ou cheiro? Ou tem um limiar alto para estímulos sensoriais?

Humor. Seu humor é principalmente positivo ou negativo? Você tende a ser mais pessimista (ver o copo meio vazio) ou otimista (ver o copo meio cheio)?

PERSONALIDADE

Extroversão. Você gosta de socializar e precisa de muito contato com as pessoas para se sentir energizado e animado? Você é falante e emocionalmente expressivo? Ou é mais socialmente reservado e precisa de muito tempo sozinho para recarregar as baterias e dar o melhor de si?

Afabilidade. Você se interessa pelas pessoas e quer ajudá-las e promover o bem-estar delas? Costuma ser cooperativo e confiar nos outros? Ou não tem tanto interesse pelos outros e acha que cada um deveria cuidar dos próprios problemas? Você é competitivo e não confia muito nos outros?

Abertura. Você é curioso para aprender sobre o mundo e as pessoas, gosta de coisas novas e tem uma ampla gama de interesses? Ou prefere que as coisas não mudem muito e tenham um grau de estabilidade?

Diligência. Você é organizado, detalhista e prefere seguir um cronograma definido? Você faz as tarefas imediatamente e planeja com antecedência? Ou não gosta de horários e estruturas fixas e tende a procrastinar ou perder prazos?

Neuroticismo. Você sente que seu humor pode mudar drasticamente e que você tende a se preocupar e a sentir muito estresse? Você se incomoda com facilidade e acha difícil se recuperar quando as coisas não acontecem como você gostaria? Ou tende a ser emocionalmente estável, descontraído e resiliente?

Não importa em que ponto você se posiciona no espectro de cada um desses traços, todos têm algo em comum: *se trabalha em um ambiente que não se alinha com o seu temperamento ou personalidade, você é mais vulnerável ao burnout.* O risco de burnout aumenta em proporção direta ao grau de desalinhamento do seu ambiente de trabalho com quem você é e com as condições das quais você precisa para se desenvolver e apresentar seu melhor desempenho. (Para usar a terminologia de Maslach e Leiter, quanto maior o número de incompatibilidades entre as suas preferências e o seu ambiente, maior o risco de burnout.) Então, se o meu trabalho estiver desalinhado com sete dos nove aspectos do meu temperamento, ficarei muito mais estressada e correrei muito mais risco de burnout do que se apenas um ou dois traços estiverem desalinhados. Isso explica por que é tão importante se conscientizar de quem você e qual é o ambiente de trabalho mais adequado para você.

Vou dar um exemplo óbvio para ilustrar o que estou querendo dizer com isso. Se sou uma pessoa que gosta de tranquilidade, quietude, estabilidade, regularidade e um ambiente de baixo estímulo, vou me exaurir muito mais rápido se trabalhar como, digamos, uma garçonete em uma lanchonete, uma day trader ou uma controladora de tráfego aéreo. Por outro lado, se eu for do tipo que gosta de novidade, estímulo, muito barulho, muita atividade e muitas mudanças no meu dia a dia, não vai ser muito bom para mim trabalhar em um emprego que exija muito tempo em silêncio e concentração, como uma pesquisadora, uma escritora ou em muitos dos cargos administrativos.

É claro que a maioria das pessoas se conhece o suficiente para evitar incompatibilidades tão óbvias como essas. Às vezes, porém, as circunstâncias podem nos impedir de atingir nossos objetivos. Muitos extrovertidos me disseram que trabalhar isolados em casa durante a pandemia foi uma grande fonte de estresse e que eles nunca se sentiram tão exauridos. Por outro lado, quando a maioria dos funcionários voltou ao trabalho presencial em 2021, meus clientes introvertidos expressaram muita ansiedade por ter de voltar a trabalhar com muitas pessoas e distrações. Uma mudança na gestão ou uma grande mudança na cultura da organização, como no caso de uma fusão ou aquisição, pode ocasionar uma incompatibilidade que não existia antes. A verdade é que, por várias razões, nossas preferências podem não corresponder à realidade do nosso ambiente de trabalho e, em muitos casos, não temos como controlar esses fatores. Basta saber que, quanto mais você se afastar de quem realmente é, maior será a sua vulnerabilidade ao burnout.

O passado não precisa ser permanente

Muitos anos atrás, bem antes de ter filhos, eu estava almoçando em um restaurante com alguns amigos. Todos estavam se divertindo até que uma mulher na mesa ao lado começou a gritar. Ela estava com duas crianças pequenas – um menino que devia ter uns 3 ou 4 anos e um bebê de colo. "Meu Deus, Michael, não!", ela gritou e se inclinou para puxar a cadeirinha do menino mais para perto. "Não pegue nisso!"

Quando olhamos para a mesa dela, vimos um garçom perplexo (e claramente assustado) estendendo um giz de cera para Michael, que chorava a plenos pulmões. O garçom gaguejou que só estava tentando ajudar – ele estava passando e viu que Michael deixou o giz de cera cair. A mãe tentou pedir desculpas, mas suas mãos estavam ocupadas com Michael, que ainda estava chorando, em coro com o bebê, que acordou com a comoção.

Com o tempo, as crianças pareceram ter se acalmado, mas dava para ver que Michael continuou tenso. Ele parou de brincar com o giz de cera e olhava pelo restaurante com cautela enquanto comia. Ao sair do restaurante, a mãe passou pela nossa mesa e pediu desculpas por interromper nosso almoço. "Eu não sabia que ele trabalhava aqui", disse ela. "Achei que fosse um desconhecido querendo alguma coisa com o meu filho. Hoje em dia, nunca se sabe!"

Fiquei com pena do garçom e de Michael, que quase morreram de medo com a reação exagerada da mulher, e devo confessar que no fundo julguei aquela mãe. Se ela surtou com algo tão trivial, fiquei imaginando como seria viver com ela. Ser *criado* por ela.

É claro que a minha atitude mudou depois que me tornei mãe e fui tomada pelo instinto materno de proteger meus filhos a qualquer custo. Apesar de ainda achar que aquela mãe exagerou um pouco, não tenho como saber o que ela passou para ter aquela reação. (Sem falar que aquilo aconteceu no auge do chamado "medo de estranhos", a ideia de que todo desconhecido pode ser uma ameaça.)

Lembrei aquele incidente quando estava fazendo o doutorado e lendo sobre como somos socializados desde muito cedo para lidar com o estresse. Incontáveis estudos indicam que o condicionamento que aprendemos na infância torna-se o modelo para o nosso comportamento quando adultos. Essas experiências formativas da infância, bem como a maneira como adultos nos ajudaram ou não a lidar com elas, moldam nossas crenças, vieses e padrões de comportamento, particularmente quando se trata de eventos estressantes. É assim que aprendemos a avaliar as situações (Esta situação é ou não estressante? É uma ameaça ou não? É impossível ou um desafio a ser superado?) e como aprendemos a lidar com elas.

Só para deixar claro, uma mãe surtando uma vez quando um desconhecido se aproxima não vai traumatizar a criança a ponto de ela passar a evitar desconhecidos pelo resto da vida. Mas, se o cenário "minha mãe me resgata sempre que *ela* sente que estou em perigo" se tornar um padrão, a criança poderá, sim, desenvolver uma menor tolerância a ameaças (ou seja, será mais rápida para ver eventos estressantes como uma ameaça ou uma situação que potencialmente envolverá um dano ou uma perda, em vez de um desafio a superar). E, como a criança aprende a depender de um dos pais ou outra figura de autoridade para intervir e resgatá-la diante de qualquer dificuldade, ela não aprende a lidar sozinha com desafios e situações estressantes.

Eu nunca vou saber o que aconteceu com Michael ou seu irmãozinho, mas dê uma olhada nas histórias a seguir, de dois adultos com quem trabalhei.

"Cresci cercada por mulheres negras fortes", me contou a participante de um workshop que conduzi no Instituto de Liderança Policial. "Fui criada pela minha mãe e pela minha avó, além de duas tias que estavam sempre por perto. Elas eram mulheres muito fortes. Quando alguma coisa dava errado, mesmo se fosse só um detalhe, elas não perdiam tempo reclamando ou se preocupando. Elas se voltavam para descobrir o que estava acontecendo. Se fosse um problema grande, elas se ajudavam. Agradeço todos os dias por ter crescido em uma família que se ajuda tanto! Isso me ajuda a lembrar que eu não preciso passar pelas coisas sozinha. Quando os riscos são altos e a minha decisão vai afetar uma comunidade inteira, convoco minha equipe de liderança e ouço a opinião deles antes de decidir".

Compare a experiência dessa líder com uma médica que entrevistei. "Tive que trabalhar muito, muito duro para aprender a ser resiliente e controlar minha ansiedade", disse ela. "Minha família se mudava muito por causa do trabalho do meu pai e a minha mãe vivia ansiosa por causa disso. Em alguns dias, ela literalmente não conseguia sair da cama. Fiz anos de terapia e muita meditação para me dar conta de que eu tinha absorvido a ansiedade e os mecanismos de evitação dela. Eu era inteligente e capaz, mas evitava todo e qualquer desafio. Foi só depois que eu cresci que aprendi habilidades de enfrentamento. Fui a aluna mais velha da minha turma na faculdade de medicina, mas sempre quis ser médica e finalmente consegui!"

De acordo com a autora e psicoterapeuta Linda Graham, nosso cérebro começa a aprender e a codificar lições sobre estratégias de enfrentamento desde o início do desenvolvimento cerebral. Isso acontece por dois mecanismos: condicionamento e neuroplasticidade. O condicionamento é a codificação de experiências e respostas em padrões neurais. Em outras palavras, é a configuração do nosso circuito neural que ocorre conforme aprendemos com as experiências.[31] As respostas condicionadas podem ser positivas e levar a comportamentos desejáveis – por exemplo, você pode treinar seu cérebro para fazer a associação de tomar um copo d'água sempre que vai à cozinha – ou podem ser negativas e levar a comportamentos problemáticos. Se o pai ou a mãe entrar em pânico e gritar "Fique longe!" sempre que a família encontrar um cachorro durante um passeio, a criança ficará condicionada a ter medo de todos os cães, apesar de a grande maioria dos nossos amigos de quatro patas não representar uma ameaça.

Dito isso, as nossas respostas condicionadas nunca são permanentes e podem ser mudadas graças à neuroplasticidade. Ao longo da vida, nosso cérebro permanece flexível, capaz de alterar nossa codificação original, aprender novos padrões, desenvolver novos neurônios e criar novas conexões entre neurônios – tudo em resposta a novas experiências.[32] Foi o que aconteceu com aquela médica que, com terapia e meditação, aprendeu estratégias de enfrentamento mais saudáveis. Graham ressalta que podemos até aprender a escolher experiências *específicas* para reprogramar deliberadamente o cérebro a fim de melhorar nossas respostas e aumentar nossa resiliência, que é a capacidade de reagir às pressões e dificuldades de forma rápida, adaptativa e eficaz.[33]

Digamos que uma criança desenvolva um medo excessivo de cães como resultado do condicionamento na infância e cresça com esse medo. Uma maneira de escolher experiências específicas para "recondicionar" o cérebro e criar novas conexões neurais é colocar-se, paulatina e deliberadamente, na presença de cães. Essa é a boa e velha terapia de exposição e pode começar olhando cachorros de longe e, aos poucos, entrar em uma casa que tenha um cachorro (mas com ele preso em um cômodo diferente), ficar perto de um cachorro (separados por uma cerca), ficar no mesmo cômodo com um cachorro com o dono segurando até acariciar um cachorro e assim por diante. Esse é um ótimo exemplo de uma experiência real influenciando os circuitos neurais e de como o comportamento pode moldar pensamentos e sentimentos. "Embora a configuração inicial do nosso cérebro se baseie nas nossas experiências na infância", escreve Graham, "experiências posteriores, especialmente envolvendo relacionamentos saudáveis, podem desfazer ou substituir esse aprendizado inicial e nos ajudar a lidar de uma maneira diferente e mais resiliente com absolutamente qualquer situação".[34]

Isso inclui traumas, tragédias e eventos terríveis.

Um dos exemplos mais drásticos de como a socialização na infância afeta o nosso desenvolvimento e bem-estar no futuro diz respeito ao efeito das chamadas experiências adversas na infância. As experiências adversas na infância são eventos potencialmente traumáticos ocorridos antes dos 18 anos, como:

- ser vítima de violência, abuso ou negligência;
- testemunhar atos de violência em casa ou na comunidade;
- ter um parente ou cuidador que tentou se suicidar ou que se suicidou;
- ter um pai, mãe ou cuidador com problemas de abuso de substâncias ou problemas de saúde mental;
- vivenciar instabilidade em casa devido à ausência de um ou de ambos os pais.

Pesquisadores estimam que cerca de 61% dos adultos sofreram pelo menos uma experiência adversa na infância e quase um em cada seis sofreu quatro ou mais. Quanto mais experiências adversas uma criança vivencia, maior é o risco de sofrer efeitos danosos no futuro. As experiências adversas na infância são associadas a um maior risco de doenças crônicas (doenças cardíacas, câncer e diabetes, por exemplo), depressão, ansiedade, tendências suicidas, abuso de substâncias, baixo desempenho acadêmico, dificuldades de relacionamento, dificuldades financeiras e morte precoce, e seus efeitos negativos podem até se estender às próximas gerações.[35]

Por que os efeitos das experiências adversas na infância são tão danosos, tão abrangentes e tão duradouros? Os pesquisadores acreditam que isso se deve aos efeitos do "estresse tóxico" no desenvolvimento da criança. Também conhecido como estresse crônico, estamos falando da ativação prolongada ou excessiva do sistema de resposta ao estresse. Quando o cérebro percebe uma ameaça, a amígdala, área do cérebro responsável pelo processamento e regulação das emoções, envia imediatamente um sinal de socorro ao hipotálamo, que ativa o sistema nervoso simpático, desencadeando a resposta de "lutar ou fugir". Tudo isso acontece em milissegundos, muitas vezes antes mesmo de nos conscientizarmos de uma ameaça. (É por isso que você consegue dar um pulo para se afastar do "pedaço de pau" na trilha antes mesmo de perceber que era uma cobra.) Uma vez acionada, a resposta ao estresse afeta o corpo inteiro. As frequências cardíaca e respiratória aceleram, a pressão arterial aumenta e o sistema endócrino libera uma grande dose de adrenalina – mas apenas por alguns minutos. O corpo e o cérebro ficam em alerta máximo, a digestão desacelera ou é interrompida por um tempo, os grandes músculos se contraem, preparando o corpo para uma ação rápida, e o sistema reprodutivo é desligado temporariamente para conservar recursos metabólicos.[36] Depois que as glândulas suprarrenais processam a adrenalina, o corpo começa a liberar cortisol. Se a sua resposta ao estresse for desencadeada muitas vezes ao longo do dia, ela usará todo o estoque de adrenalina e causará níveis cronicamente elevados de cortisol. Essa é a condição fisiológica que define o "estresse crônico" e é associada a sintomas como sono insatisfatório, doença arterial coronariana (aterosclerose), ganho de peso/obesidade, fadiga, dores de cabeça, doenças frequentes, resistência à insulina, câncer etc.

É um mecanismo maravilhoso e, diante de uma ameaça iminente, o sistema de resposta ao estresse pode salvar nossa vida. Só que ele não foi feito para ser acionado o tempo todo e só deveria entrar em ação por tempo suficiente para nos permitir lidar com a ameaça. Agora imagine o que pode acontecer quando a resposta ao estresse fica ligada o tempo todo e vivemos em um estado constante de sobrecarga física e emocional. É como passar dias ou semanas seguidas acelerando o motor de um carro. É inevitável o motor se desgastar de forma muito mais rápida e intensa do que se o carro fosse usado normalmente.[37]

Danos semelhantes podem ocorrer quando o nosso sistema de resposta ao estresse é sensível demais e dispara com frequência, preparando o corpo inteiro para uma resposta de luta ou fuga toda vez que o cérebro detecta uma ameaça – mesmo quando o pedaço de pau não passa de um pedaço de pau inofensivo e a sua vida não está em perigo iminente. Não faz diferença para o cérebro. Se registrar algo como sendo uma ameaça, ele lançará automaticamente a resposta ao estresse para nos proteger. Uma "amígdala hiper-reativa" não é incomum em pessoas que passaram por experiências adversas na infância, por algum tipo de trauma ou que cresceram com adultos que tinham reações exageradas às ameaças percebidas. (No próximo capítulo, discutiremos em mais detalhes o sistema de resposta ao estresse e várias maneiras de regular uma amígdala hiper-reativa ou um sistema de resposta ao estresse sensível demais.)

Com tudo isso em mente, é fácil entender por que o estresse crônico é tão ruim para a nossa saúde e tem efeitos tão amplos e de longo alcance – incluindo, como veremos, no nosso desempenho no trabalho e no nosso risco de desenvolver o burnout. Agora vamos dar uma olhada no que acontece quando esse tipo de estresse intenso e prolongado é vivenciado muito cedo na vida, quando as faculdades físicas, neurológicas, sociais e emocionais de uma criança ainda estão em desenvolvimento e elas ainda não tiveram a oportunidade de aprender habilidades de enfrentamento eficazes. Estudos demonstraram que experiências adversas na infância podem até alterar a estrutura do cérebro de uma criança: foram observadas diminuições no volume cerebral e na atividade elétrica do cérebro, resultando em comprometimento cognitivo e dificuldades de aprendizagem no futuro.[38]

"As experiências adversas na infância", explica Peter Loper, "são quase como o contrário de cuidar de uma criança". Loper é professor, coach executivo, médico e especialista em desenvolvimento humano saudável. Ele me explicou que as crianças que têm experiências adversas ou que não recebem cuidados e atenção suficientes são menos capazes de prevenir e controlar o que às vezes é chamado de "sequestro da amígdala". Esse termo foi cunhado pelo especialista em inteligência emocional Daniel Goleman e se refere a uma reação emocional imediata e intensa desproporcional ao estressor. Quando a nossa amígdala é sequestrada, somos tomados por emoções intensas e perdemos a capacidade de reagir de modo racional e eficaz a uma ameaça percebida.

Loper explicou que, quando uma criança cresce sem exemplos adultos de resiliência, ela não aprende a recorrer aos outros para ajudá-la a enfrentar situações estressantes. Crianças assim perdem a oportunidade de aprender comportamentos saudáveis com um adulto seguro e experiente. Deixadas com uma abordagem de tentativa e erro para lidar com o estresse, o padrão que elas levam até a idade adulta é o que conseguiram descobrir por conta própria.

Se esses padrões forem improdutivos ou até prejudiciais – o que não seria de surpreender se a pessoa teve um histórico de experiências adversas na infância e não cresceu com um modelo de habilidades de enfrentamento saudáveis e resilientes –, pense no que acontecerá quando esse adulto entrar no mercado de trabalho. Como você pode imaginar, os efeitos das experiências adversas na infância também surgem no trabalho e podem prejudicar nosso desenvolvimento profissional, nosso sucesso e nossos relacionamentos no trabalho. Muitas pesquisas foram feitas para examinar esse impacto na vida profissional – incluindo empregabilidade, desempenho no trabalho, retenção de funcionários e o potencial de burnout. Vejamos apenas uma pequena amostra das descobertas recentes:

- Em um estudo com quase 28 mil adultos, em comparação com participantes que não tiveram experiências adversas na infância, os que tiveram três ou mais experiências adversas na infância apresentaram maior probabilidade de não ter concluído o ensino médio, de ficar desempregados e de viver abaixo do nível de pobreza.[39]
- Em um estudo com médicos sobre as experiências adversas na infância como um potencial "fator de vulnerabilidade" ao burnout, os que tiveram mais dessas experiências quando crianças

apresentaram mais propensão a sofrer de burnout. Médicos que tiveram quatro ou mais experiências adversas na infância apresentaram um risco 2,5 vezes maior de burnout.[40]
- Um estudo com estudantes de enfermagem descobriu que aqueles que tiveram experiências adversas na infância apresentaram taxas mais altas de burnout e depressão.[41]
- Em um estudo com psicólogos clínicos, pontuações mais elevadas de experiências adversas na infância foram associadas a uma maior incidência de burnout. Entretanto, esse estudo também analisou o impacto de experiências *positivas* na infância sobre a vulnerabilidade ao burnout. E, como seria de esperar, os participantes que tiveram mais experiências positivas na infância apresentaram menos probabilidade de sofrer burnout.[42]

Este último estudo revelou alguns pontos muito importantes – e, se você estiver precisando de boas notícias, aqui estão. Ter um histórico de experiências adversas na infância não quer dizer que você *necessariamente* enfrentará resultados negativos no futuro. Na verdade, também foram feitas pesquisas com pessoas bem-sucedidas e bem-ajustadas que tiveram uma ou mais experiências adversas na infância. Como pessoas que passaram por eventos traumáticos ou altamente estressantes na infância conseguem superar as adversidades da infância? Há muitos fatores, mas talvez o mais importante seja o *apoio social*. Um estudo recente resume bem a ideia: "Os efeitos das experiências adversas na infância podem ser parcial ou totalmente moderados pela presença de um adulto que faça a criança se sentir segura, dando-lhe um apoio social adequado na forma de um adulto amoroso e estável ou morando em um bairro seguro onde os vizinhos se ajudam". O apoio social, não importa se vier de uma única pessoa ou de uma comunidade inteira, faz tanta diferença porque *desenvolve resiliência, modera o estresse resultante de experiências adversas* e foi associado a *resultados positivos por toda a vida*.[43]

Não é incrível? A presença de apenas uma pessoa que faça a criança se sentir segura pode ter um efeito protetor que dura a vida toda. Para mim, essa pessoa foi minha madrasta, Cathy. Quando, aos 12 anos, fui morar com meu pai, Cathy fazia questão que a família jantasse junta todas as noites – um hábito que minha mãe não tinha. Ela me perguntava sobre a escola, me dava conselhos sobre como fazer amizades e adorava me ajudar com a lição de casa. Ela me fez me sentir muito segura e amada.

Como teria sido a minha vida sem o apoio amoroso e a orientação de Cathy? Ou a presença constante e confiável do meu pai? Eu nem quero imaginar! O que sei é que minha vida passou de me sentir insegura e instável para um senso de segurança, apoio e estabilidade, e, nesse ambiente de segurança física e psicológica, pude baixar a guarda e começar a aprender uma maneira mais saudável de viver.

E, melhor ainda, graças à neuroplasticidade, *isso também pode ser feito na idade adulta*. A neuroplasticidade é uma luz no fim do túnel: é possível mudar até os pensamentos e comportamentos mais arraigados, mesmo se parecer que eles fazem parte de nós.

É um grande alento saber disso, especialmente se não crescemos com modelos saudáveis de como lidar com o estresse e as adversidades – ou se desenvolvemos alguns hábitos improdutivos e mecanismos de adaptação inadequados pelo caminho. Por exemplo, muitos trabalhadores foram condicionados a ignorar suas necessidades de dormir bem, descansar e impor limites saudáveis no trabalho, quer porque a empresa espera que eles fiquem trabalhando até tarde, nunca recusem uma tarefa ou responsabilidade, ou ignorem o comportamento inaceitável de um colega. E não faltam exemplos de trabalhadores que desenvolvem hábitos pouco saudáveis para lidar com o estresse no trabalho. Basta perguntar a Alexandra Michel, minha professora na Universidade da Pensilvânia, que fez pesquisas com centenas de banqueiros de investimento e descobriu que muitos deles lidam com o alto estresse e a hipercompetitividade do setor tomando suplementos de origem duvidosa e não regulamentados na tentativa de melhorar o desempenho cognitivo, evitar a fadiga e impedir que o corpo entre em colapso.[44] Nem precisamos de exemplos extremos; é muito comum recorrer ao álcool e outras substâncias, à evitação, à alimentação excessiva ou insuficiente e a outros mecanismos de enfrentamento danosos para lidar com o estresse no trabalho.

A neuroplasticidade e a nossa capacidade de aumentar nossa resiliência em qualquer idade significam que não precisamos nos contentar com padrões de comportamento que não se encaixam com a pessoa que somos. Em outras palavras, podemos, como a médica que entrevistei, aprender a estabelecer padrões novos e mais saudáveis que nos servem pessoal e profissionalmente. Nas palavras de Linda Graham, podemos aprender a nos recuperar de contratempos e a nos reajustar e nos adaptar quando somos desestabilizados pelo desconhecido, pelo estresse ou até por um trauma em qualquer momento da vida.[45]

Uma das melhores maneiras de aprender novos padrões é observar pessoas com mecanismos de enfrentamento saudáveis. É aqui que entra o exemplo de resiliência. "Buscar proximidade com outros adultos quando somos adultos é uma forma produtiva de promover nosso desenvolvimento contínuo", disse Loper. "Contar com a mentoria de um chefe ou colega experiente que admiramos nos ajuda a aprender a lidar com situações estressantes."[46] Demonstrou-se que ter um mentor no trabalho pode reduzir o estresse e prevenir o burnout – especialmente no caso de pessoas com alto nível de neuroticismo,[47] um traço de personalidade que tem sido fortemente associado a experiências adversas na infância.[48] Há muitas maneiras de quebrar o ciclo de adversidades na infância e mitigar seus efeitos na idade adulta – e muitas correspondem a maneiras pelas quais podemos aprender a gerenciar o estresse e reduzir a nossa vulnerabilidade ao burnout.

Você sabe quem é a sua Cathy no trabalho? Você consegue identificar exemplos de resiliência? Qual colega de trabalho é estável, confiável e tranquilo mesmo diante de situações de alto estresse? Quem são as pessoas a quem você pode pedir ajuda quando as coisas ficam difíceis, como inevitavelmente acontece de vez em quando, e quando você sente que a sua amígdala está prestes a ser sequestrada? Quem são as pessoas que projetam otimismo e abertura, ou até, ouso dizer, uma atitude amorosa?

"As árvores crescem com terra e luz solar", Loper me disse. "As pessoas se desenvolvem com amor." Se você perdeu a chance de crescer em um ambiente amoroso, não desanime: você ainda pode dar esse amor a si mesmo. Acho sempre interessante trabalhar com um bom terapeuta ou coach executivo, mas exemplos de resiliência podem vir em várias formas. Encontre pessoas que têm mecanismos de enfrentamento saudáveis e desenvolva um relacionamento com elas.

Baixa eficácia profissional

A terceira dimensão do burnout, *eficácia profissional reduzida*, vem de um conceito denominado autoeficácia, que é a crença em nossas habilidades e competências, especialmente no que diz respeito à nossa confiança de que somos capazes de lidar com desafios ou demandas estressantes. "Eu consigo. Vou dar um jeito." Isso é autoeficácia. Segue-se que a eficácia profissional é a crença nas nossas capacidades e competências relacionadas ao trabalho – também neste caso, sobretudo no que diz respeito à nossa confiança de que somos capazes de enfrentar desafios ou demandas estressantes. "Sou bom no que faço. Sou capaz de aprender e melhorar ainda mais." Isso é eficácia profissional. Os dois tipos de eficácia são intimamente relacionados... a ponto de alguns pesquisadores se referirem a este último como "autoeficácia profissional".

Seja qual for o termo de sua preferência, o que mais me fascina na autoeficácia é que ela pode mudar com o contexto. Uma pessoa com altos níveis de autoeficácia na capacidade de se orientar em sua cidade natal, por exemplo, pode ter uma autoeficácia muito baixa quando se trata de se orientar em uma cidade desconhecida.[49] Também pode mudar no mesmo ambiente quando as circunstâncias mudam. Por exemplo, uma professora do ensino fundamental resolveu trabalhar no ensino médio, com alunos adolescentes. Como uma professora experiente do ensino fundamental, ela tinha altos níveis de eficácia profissional e baixos níveis de estresse, mas, em sua nova função, sua eficácia profissional despencou e seu estresse no trabalho foi às alturas. (Aparentemente, pré-adolescentes e adolescentes impõem um tipo especial de estresse, algo que posso confirmar por experiência própria.)

Quando nossa eficácia profissional está baixa – quando pensamos: "Não tenho ideia do que estou fazendo", "Perdi o jeito para a coisa" ou "Nunca vou ficar bom nisso" –, nossa vulnerabilidade ao burnout é alta, o que tem muito a ver com a maneira como encaramos o estresse no trabalho e como lidamos com ele. Vejamos o exemplo de aprender uma nova habilidade. Mesmo se você estiver altamente motivado para aumentar sua eficácia no trabalho, sempre haverá um certo grau de estresse envolvido. Se estiver em um território desconhecido (o que traz incerteza), levará tempo e esforço para dominar uma nova habilidade, e você também terá de conciliar suas outras responsabilidades profissionais – e tudo isso gera estresse. No entanto, aqui está a diferença: as pessoas que, em geral, confiam na própria capacidade (em outras palavras, que têm elevada autoeficácia) tendem a ver as tarefas difíceis como um desafio, não como uma ameaça. O estresse está presente, é claro, mas é o "eustresse" positivo e motivador, não a "angústia" que pode levar à sobrecarga, à evitação ou, se for prolongada, ao burnout.

A redução da eficácia no trabalho também pode ser um ciclo vicioso. Se você estiver convencido de que não consegue fazer alguma coisa ou que nunca vai dominar uma habilidade, terá muito mais chances de desistir antes de fazer o esforço necessário para concluir a tarefa, aprender uma nova habilidade ou realmente dominar algo. Sem o resultado que você gostaria de ver, você duvida ainda mais das suas habilidades e competências, o que reduz ainda mais sua motivação para enfrentar desafios e expandir suas habilidades e seu impacto... e você entra em uma espiral de dúvidas e baixo desempenho. Um exemplo clássico de profecia autorrealizável.

Já as pessoas com altos níveis de eficácia profissional são muito mais bem-equipadas para lidar com o estresse no trabalho e muito menos propensas a sofrer de burnout. Em vários estudos de pesquisa que conduzi, uma conclusão se repete: as pessoas que classificaram seu estresse como 7 ou mais em uma escala de 10 pontos, mas que também tinham níveis elevados de eficácia profissional, apresentaram significativamente menos probabilidade de ter um burnout. Para essas pessoas, as altas taxas de eficácia profissional atuavam como mediadores no processo chamado de "avaliação do estresse", o que é uma maneira elegante de dizer que a alta eficácia profissional lhes deu uma visão mais positiva dos estressores que encontram no trabalho – em outras palavras, elas viam os estressores como um desafio, não uma ameaça.

Vamos ver como isso funciona. A avaliação do estresse ocorre em duas etapas. A *avaliação primária* é automática (e, muitas vezes, inconsciente) e ocorre assim que você se depara com um estressor. O cérebro determina imediatamente se o estressor é 1) irrelevante, ou seja, "Isso não me afeta em nada"; 2) positivo benigno: "Isso não me afeta ou, se afetar, pode ser até bom"; ou 3) estressante: "Ah, não, isso não vai ser nada bom para mim". Se o cérebro determinar que é o número 3, ele decidirá se o estressor causará danos ou perdas, representará uma ameaça ou apresentará um desafio. Danos ou perdas são associados a problemas que já ocorreram – "Acabei de perder meu emprego e não tenho mais nada". Uma ameaça é a possibilidade de incorrer em um dano ou perda no futuro – "Isso vai me fazer perder algo que valorizo. É melhor eu fazer alguma coisa logo para evitar isso". Já um desafio pode lhe dar uma chance de alcançar um senso de domínio e competência ao confrontar e superar o evento estressante – "Não vai ser fácil, mas vou sair desta situação dez vezes melhor". Se você tiver uma alta eficácia profissional, terá muito mais chances de acolher os estressores como um desafio e ter níveis mais baixos de burnout.

A *avaliação secundária* também é automática e, muitas vezes, subconsciente, e pode ocorrer ao mesmo tempo que o processo de avaliação primária. Refere-se ao processo no qual você decide como lidar com o evento estressante e depende dos recursos pessoais dos quais acredita que dispõe para lidar com as demandas em questão – em outras palavras, da sua autoeficácia.

Elevada autoeficácia: "Eu tenho as habilidades necessárias para superar esse estressor". Baixa autoeficácia: "Acho que não vou conseguir".

Como esses processos podem ocorrer em uma situação no trabalho? Vamos dar uma olhada em um cenário fictício. Jake tem elevada eficácia profissional. Adora enfrentar e vencer desafios, mergulha de cabeça na resolução de problemas e recebe de braços abertos toda e qualquer oportunidade de treinamento e desenvolvimento profissional. É superengajado e enérgico, tem uma atitude positiva e está sempre melhorando. Ele é praticamente o oposto de um funcionário estafado, certo? Bill, por outro lado, tem baixa eficácia profissional. Diante de fatores estressantes, fica imediatamente na defensiva e estressado. Em vez de ver (avaliar) o estressor como um desafio, ele o percebe como uma ameaça. Para se proteger, faz de tudo para não chamar atenção no trabalho. Na tentativa de evitar o estresse e o desconforto resultante, Bill se distanciou do trabalho. Ele tem uma atitude cética em relação ao trabalho e seu crescimento estagnou. Se continuar nesse caminho, suas chances de burnout são altas.

Quando a autoeficácia é alta, como no caso de Jake, ela atua como um amortecedor contra experiências angustiantes e nos protege do burnout. Já a baixa autoeficácia gera vulnerabilidade diante de experiências de angústia, como vimos no caso de Bill, o que aumenta nossa vulnerabilidade ao burnout.

Tudo isso nos leva à pergunta de um milhão de dólares: como podemos aumentar nossa autoeficácia, que ajuda a nos imunizar contra o burnout? Aqui estão seis dicas:

1. **Seja paciente e pratique (e, depois, pratique um pouco mais).** Pesquisas indicam que o maior impulsionador da autoeficácia são as chamadas "experiências de domínio" – as experiências de sucesso e confiança que sentimos quando praticamos e aprendemos uma nova habilidade ou superamos um novo desafio. As experiências de domínio nos dão uma vivência direta e pessoal de sucesso ao enfrentar desafios. Não apenas ficamos mais confiantes como temos evidências diretas do nosso sucesso no passado, o que reforça a nossa crença de que podemos ter sucesso no futuro. Contudo, seja paciente consigo mesmo. Ninguém domina nada na primeira tentativa. Dê a si mesmo muito tempo e liberdade para tentar, quebrar a cara várias vezes e ir melhorando aos poucos até finalmente dominar uma nova habilidade.
2. **Aprenda com um exemplo ou mentor de resiliência.** Uma das vantagens dos exemplos de resiliência e dos mentores mais experientes é que eles são mais bem-equipados para ver os eventos estressantes como desafios, não como ameaças, em virtude das suas experiências bem-sucedidas com o estresse. Eles cresceram, aprenderam e desenvolveram sua confiança como resultado dessas experiências. Você não apenas pode aprender com o exemplo deles, como também pode se beneficiar do apoio social que eles oferecem.
3. **Encontre alguém para ser sua fonte de persuasão verbal.** "Persuasão verbal" é um termo da psicologia social cognitiva para se referir ao encorajamento e reforço positivo de pessoas em quem você confia e que você respeita. Mentores e coaches executivos são os ideais, mas qualquer pessoa no trabalho que possa ajudar a identificar seus pontos fortes e talentos pode desempenhar

essa função. Receber um feedback objetivo de uma fonte confiável pode fazer maravilhas para a sua confiança e autoeficácia.
4. **Mantenha um registro de conquistas.** Especialmente quando estamos estressados e certamente quando sofremos de burnout, pode ser fácil esquecer que já realizamos muito e que temos muitas experiências de domínio de alguma aptidão. Um registro de conquistas é um registro permanente da sua eficácia no trabalho.
5. **Defina metas desafiadoras, mas alcançáveis.** Uma maneira infalível de aumentar sua confiança é atingir as metas que você define – sobretudo se forem ambiciosas. Não faltam métodos para ajudar a definir metas, incluindo o popular sistema de metas SMART (sigla em inglês para "específico, mensurável, alcançável, relevante e com um limite de tempo").
6. **Veja os obstáculos de uma perspectiva diferente.** Obstáculos, desafios, contratempos, gargalos, impedimentos e empecilhos são partes naturais e perfeitamente normais do trabalho. Enfrentá-los com uma atitude derrotista, estressada, temerosa ou outras mentalidades improdutivas perpetua a baixa autoeficácia e prejudica a nossa capacidade de lidar com eles. Mesmo se não for natural para você, faça um "test drive" com uma mentalidade de alta eficácia profissional, dizendo a si mesmo algo nas linhas de: "Eu me garanto", "Não estou nervoso; estou animado!", "Sou a pessoa perfeita para esta tarefa". Ao focar a *si mesmo*, você vê o obstáculo de uma perspectiva totalmente nova.

Quando a casa cai

Vamos fazer uma pausa aqui para reconhecer que, às vezes, podemos ser muito conscientes, resilientes e emocionalmente inteligentes, mas a vida pode nos pegar de surpresa de maneiras com as quais não temos como lidar. Uma doença, a perda de um ente querido, o fim de um relacionamento, uma grande e traumática mudança – ou até eventos positivos – podem afetar nossa rotina e nos forçar a usar a energia que até então usávamos para lidar com o estresse no trabalho. Quando isso acontece, ficamos vulneráveis ao burnout.

Natalie era uma engenheira de software sênior que trabalhava há oito anos na mesma empresa. Ela teve muito sucesso, apesar do estresse de ter de se manter atualizada com as novas tecnologias, e adorava os colegas. Então, em 2021, tudo pareceu acontecer ao mesmo tempo: ela se casou, comprou uma casa (depois de dez meses procurando em um mercado imobiliário difícil), mudou-se, tornou-se tia pela primeira vez e, ainda por cima, foi promovida a líder de sua equipe. Em um piscar de olhos, toda a sua atitude em relação ao trabalho mudou. Ela passou a se sentir sobrecarregada, com medo do trabalho e, na maioria dos dias, só queria ficar na cama. Para piorar, ela estava confusa e ansiosa porque "deveria estar" feliz. Afinal, tudo estava dando certo em sua vida e ela passou anos desejando a promoção.

A verdade é que a energia que temos para lidar com as coisas – no trabalho, em casa e na intersecção dos dois – *não* é infinita. Todas aquelas coisas acontecendo ao mesmo tempo, apesar de serem eventos positivos e bem-vindos, foram demais para Natalie e lhe impossibilitavam lidar com o estresse normal no trabalho com a mesma eficácia de antes.

Quando muita coisa acontece de uma só vez, a primeira coisa a fazer é pegar leve consigo mesmo. Sua capacidade para lidar com os eventos da vida é finita e há um limite para o que você pode fazer. Em segundo lugar, não deixe de se cuidar. Nunca é demais enfatizar como isso é importante. Do que você precisa para recarregar as baterias? No caso de Natalie, ela tirou duas semanas de folga para se instalar na casa nova e encontrou um mentor no trabalho para facilitar a transição para líder de equipe. Em terceiro lugar, peça ajuda. Você tem como dividir suas responsabilidades com alguém? Tem como renegociar os prazos ou, pelo menos por um tempo, reduzir o número de tarefas? Tem como contratar pessoas para ajudar com coisas não relacionadas ao trabalho que facilitarão sua vida? As pessoas gostam de ajudar, só não sabem como. Não tenha medo nem vergonha de pedir ajudas específicas – esta é a hora de pedir socorro e você pode ajudar os outros depois.

Conscientize-se e cuide-se

O trabalho pode ser incrivelmente estressante e psicologicamente perigoso. Gerenciar o estresse no trabalho pode consumir tanta atenção e energia que deixamos de ver como isso está afetando todas as outras áreas da nossa vida. Podemos tentar ignorar o estresse, correr dele, buscar uma saída ou fingir que não ele existe, mas sempre estaremos à beira de um burnout se trabalharmos em um ambiente de alto estresse e não estivermos tomando medidas para gerenciá-lo.

O problema é o seguinte: mesmo se tivermos um poder extraordinário de negação, mais cedo ou mais tarde o burnout acionará um sinal de socorro impossível de ignorar. No meu caso, foi a pressão arterial nas alturas que me levou ao pronto-socorro. Mas eu apostaria todas as minhas fichas no fato de que, em cada caso de burnout, incluindo o meu, o corpo e a mente da pessoa já davam sinais há um bom tempo. Nós simplesmente ignoramos esses sinais porque não prestamos atenção.

Uma das medidas mais importantes que tomei na minha jornada de recuperação do burnout foi trabalhar para me conscientizar mais das coisas – do que estava causando a minha vulnerabilidade ao burnout; do que estava desencadeando meu estresse e por quê; e o que eu queria e do que precisava para ter uma relação saudável com o trabalho. O mais importante é que fiquei mais consciente do que precisava mudar – o que *eu* precisava mudar – e tudo se resumia a uma nova prática que eu estava ocupada demais para considerar até que fosse absolutamente necessário. Ou seja, senti uma necessidade urgente de *me conscientizar e me cuidar*. Cuidar mais de mim e das minhas necessidades. Prestar atenção à maneira como o meu estresse estava afetando os outros. Procurar ter um relacionamento saudável com o trabalho, fazendo importantes contribuições enquanto coloco em prática os meus valores e concretizo a minha visão do meu eu ideal.

É o que desejo a você depois de ler este capítulo. Que você tenha aprendido algumas maneiras de se conscientizar mais – e que esteja pronto para começar a cuidar de si mesmo. As pessoas que priorizam o autocuidado saudável – que trabalham ativamente para manter e melhorar a saúde emocional, mental e física, e que procuram ou criam condições no trabalho para apresentar seu melhor desempenho – raramente correm o risco de burnout e são mais felizes e mais produtivas.

3

Faça bom uso do seu estresse
Encontre o ponto ideal do seu estresse

Colin me procurou em busca de coaching executivo quando sua empresa não estava conseguindo atingir as metas de fim de ano, uma situação agravada pela saída repentina do chefe. "Todo mundo estava absurdamente estressado", ele me contou, "e a situação estava horrível". As reuniões transformaram-se em um festival de gritaria, lutas por poder e discussões que degringolavam para xingamentos e acusações. A alta administração não fez nada, optando por ignorar os "problemas pessoais" até que todos atingissem as metas de final de ano. Então, além da carga de trabalho maior, Colin assumiu a responsabilidade de tentar agir como pacificador para os colegas estressados. No entanto, ele não apenas não conseguiu evitar as brigas como também foi envolvido pelo comportamento destrutivo. Colin costuma ser uma pessoa fácil, mas confessou que "perdeu a mão" com os colegas diversas vezes e, no fim do trimestre, estava tão estressado, envergonhado e desmoralizado que nem queria mais ir trabalhar.

Agora, com as cargas de trabalho voltando ao normal, Colin descreveu o clima no trabalho como um caso de "amnésia coletiva". "Todo mundo quer esquecer o inferno que acabamos de viver", relatou ele, "e ninguém está disposto a falar sobre como acabamos de tratar uns aos outros". Ninguém menos Colin. "Não acho certo evitar essa conversa", ele me disse na nossa primeira sessão. "Quero resolver o problema para todo mundo poder voltar ao normal e quero mudar a cultura o quanto antes para garantir que isso nunca volte a acontecer."

Era totalmente compreensível. Ele tinha acabado de passar meses em um ambiente de trabalho descontrolado e disfuncional, onde todos estavam, no mínimo, em um estado de desregulação coletiva. Agora ele queria se curar dos microtraumas que sofreu nos últimos meses, sair do burnout moderado que estava sentindo, reparar muitos relacionamentos danificados e mudar a cultura da empresa – e queria tudo isso para já! A intenção dele era boa; eu aplaudi sua disposição de cuidar de sua saúde mental e emocional e de resolver os problemas no trabalho em vez de simplesmente passar por cima deles.

Mas, é claro, todas essas coisas levariam tempo e muitas estavam fora do controle de Colin. Seria ótimo se tivéssemos uma varinha mágica para resolver instantaneamente as divergências nos relacionamentos no trabalho ou criar imediatamente uma cultura de ajuda mútua e bem-estar psicológico, mas isso leva tempo e requer a adesão e a colaboração de muitas pessoas.

Então, Colin e eu decidimos começar recalibrando suas expectativas, nos concentrando no que ele realmente tinha como controlar. As expectativas mudaram de "Quero consertar tudo hoje" para "Farei o que puder hoje para ajudar a consertar isso". Ele me falou que só essa mudança de mentalidade já reduziu o nível de estresse de 8 para 4 e o liberou para focar as coisas que ele tinha como controlar.

Ele começou se concentrando em seus próprios pontos fortes e nos dos membros de sua equipe. Com isso, assumiu uma atitude mais otimista e usou os pontos fortes como um lembrete de que as pessoas eram muito mais do que o recente mau comportamento induzido pelo estresse. Também começou a prática diária de procurar três coisas positivas que os membros de sua equipe fizeram. Ao fim de cada dia, ele lhes mandava um e-mail com o assunto "O que eu vi hoje". Essa prática fez tanto sucesso que foi adotada por alguns colegas, e as emoções positivas e a camaradagem resultantes ajudaram a curar relacionamentos que haviam sofrido sob o peso do estresse e da ansiedade coletivos. Por fim, em vez de iniciar as reuniões de equipe com uma abordagem do tipo "Vamos ao que interessa", Colin passou a começar com uma pergunta para reflexão, como "O que vocês aprenderam nesta semana que os deixou empolgados?" ou "O que está dando certo para nós, como equipe, e o que poderíamos melhorar?", convidando à discussão e ao feedback. A abordagem centrada na equipe ajudou a melhorar a motivação e, para Colin, poder tomar algumas medidas concretas reduziu o estresse e eliminou parte da sensação de ser uma vítima passiva no trabalho, o que acabou ajudando em sua recuperação do burnout.

Especialistas concordam (e minhas pesquisas confirmaram repetidamente) que uma das maneiras mais eficazes de se proteger do burnout é nos concentrar nas coisas que podemos controlar. Por que isso faz tanta diferença? Bem, pense na situação oposta: sabemos que uma das principais causas do burnout é a falta de controle no trabalho, e ruminar sobre o que *não* está sob o nosso controle pode nos deixar com um sentimento de desamparo e desesperança. Podemos acabar apáticos, sem energia e sem acreditar que as coisas podem melhorar. O resultado é que ficamos ainda mais estressados e podemos acabar pensando: "Para que me dar ao trabalho? Não posso fazer nada mesmo..." ou "É assim que as coisas são e, se eu não consigo lidar com isso, é melhor encontrar outro lugar para trabalhar". Focar as coisas que você não pode controlar é inerentemente estressante, além de desempoderador, e pode levar a sentimentos de derrotismo.

E, se você está lendo este livro, já deve conhecer essa história. Insistir nas coisas que você não tem como controlar pode resultar em alguns sintomas do burnout, incluindo frustração, desmotivação, ceticismo, inação e ineficácia, e pode acelerar o desenvolvimento do burnout.

No entanto, você não precisa comprar essa passagem só de ida! Voltar ativamente a atenção para o que você *pode* controlar é um dos primeiros passos para desenvolver a aptidão mental e a resiliência necessárias para se proteger do burnout. Vamos dar uma olhada rápida no que está e no que não está sob o nosso controle.

Sob o meu controle:

- Meus limites.
- Minhas metas.
- Meus valores.
- Minhas crenças.
- Meus amigos.
- As coisas às quais dedico minha energia.
- A maneira como eu lido com desafios e mudanças.
- Meu nível de franqueza.
- Meu nível de vulnerabilidade e com quem.
- Minhas ações, incluindo:
  - Pedir ajuda.
  - Como eu cuido de mim mesmo (dieta, exercícios físicos e mentais, meus hábitos de sono e higiene, minha escolha de mecanismos de enfrentamento).
  - Como eu trato as pessoas.
  - Como eu reajo a eventos e às pessoas.
  - Como eu gerencio e reajo às minhas emoções.
  - Meus pensamentos, incluindo:
  - Como eu falo comigo mesmo.
  - Minha atitude e perspectiva.

Agora respire fundo e tente ler a próxima lista com leveza. Será um bônus se conseguir ler a lista com uma pitada de senso de humor.

Fora do meu controle:

- O passado.
- (Grande parte do) Futuro.
- O que acontece ao meu redor, especialmente:
  - eventos inesperados ou indesejáveis (atrasos em viagens, ser demitido, pessoas pedindo demissão, escassez de recursos, quedas de energia, doença, perdas etc.).
- Os resultados das minhas ações e como elas serão recebidas pelas pessoas.
- Sentimentos, pensamentos, ações e reações das pessoas, incluindo:
  - Opiniões.
  - Opiniões sobre mim.
  - Estado de espírito e emoções.
  - Coisas que já aconteceram.
  - Coisas que podem acontecer.
  - Medos.
  - Fraquezas.
  - Forças.
  - Limites.
  - Metas.
  - Valores.
  - Crenças.
  - Atitudes e mentalidade.
  - Nível de energia e o que os outros fazem com a energia.
  - Capacidade de lidar com desafios e mudanças.
  - Nível de franqueza.
  - Disposição para pedir ou receber ajuda.
  - Nível de vulnerabilidade.
  - Práticas de autocuidado, ou a ausência delas.
- AS OUTRAS PESSOAS.

Acho que já deu para entender. Em grande medida, o que realmente está sob nosso controle está dentro de nós mesmos. Embora eu mantenha a minha afirmação de que o burnout é mais uma questão organizacional do que individual (e continuarei a ostentar com orgulho a minha camiseta "Não é você; é o seu trabalho"), ancorar-se naquilo que você, e somente você, pode controlar é uma fonte de motivação, poder, cura e alívio do estresse. É uma tábua de salvação quando parece que não podemos mudar as nossas circunstâncias no trabalho – ou quando, como no caso de Colin, não conseguimos mudá-las com rapidez suficiente. O burnout pode nos fazer acreditar que não temos controle nem opções. Contudo, quando nos voltamos para dentro, vemos que cada um de nós tem controle sobre as nossas respostas a qualquer coisa que a vida coloque no nosso caminho.

Neste capítulo e no próximo, examinaremos como a habilidade de regulação nos ajuda a reduzir o estresse e recuperar o senso de controle, mesmo quando as circunstâncias externas são ou estão desreguladas e estressantes. Começaremos falando sobre a fisiologia e a psicologia do estresse e veremos como ele afeta nossos pensamentos, nossas ações e nossa saúde física e mental – para o bem e para o mal. Veremos como a habilidade de regulação pode nos manter no "ponto ideal" do estresse, onde ficamos energizados e motivados e ainda podemos evitar nos sentir sobrecarregados e exaustos. A regulação nos permite nos apoiar nas nossas próprias competências e recursos para enfrentar momentos estressantes com mais tranquilidade e eficácia e para acalmar as nossas emoções, mente e corpo com mais rapidez depois de experiências estressantes. Por fim, aprenderemos como nos imunizar contra o burnout, evitando que o estresse agudo no trabalho se torne crônico e debilitante.

Entendendo e gerenciando nossa resposta ao estresse

Se o burnout é o resultado de estressores crônicos no trabalho, é importante entendermos o que acontece na nossa mente e no nosso corpo quando somos acometidos pelo estresse no trabalho. Novas pesquisas nos deram uma imagem muito mais clara do que acontece emocional, mental e fisiologicamente quando estamos sob estresse – bem como maneiras de nos beneficiar da nossa resposta natural ao estresse. Então venha comigo em uma visita aos bastidores dos mecanismos da resposta ao estresse e, desta vez, vamos fazer um tour mais detalhado do que no Capítulo 2. É importante entender os eventos neuroquímicos, especialmente os que envolvem alguns hormônios e neurotransmissores essenciais, para aprender como domar e regular nossa resposta ao estresse e como passar o menor tempo possível em um estado estressado e desregulado.

Como já vimos, a amígdala aciona o sistema de resposta ao estresse sempre que percebe uma ameaça, não importa se essa ameaça realmente representa um perigo (uma onça faminta) ou se apenas *parece* muito perigosa (falar em público). Tudo faz parte da abordagem "é melhor prevenir do que remediar" do cérebro para o processamento de informações que evoluiu como parte do nosso instinto de sobrevivência. Em questão de milissegundos depois de detectar uma ameaça, a amígdala envia um sinal de alerta ao hipotálamo, que atua como o centro de comando do cérebro. O hipotálamo ativa o sistema nervoso simpático, enviando sinais às glândulas suprarrenais, que respondem inundando a corrente sanguínea com dois hormônios: epinefrina (adrenalina) e norepinefrina. Esses dois hormônios atuam juntos para aumentar a frequência cardíaca, abrir as vias respiratórias e direcionar o sangue para órgãos vitais e grandes grupos musculares, preparando o corpo para uma ação rápida. Também aumentam os níveis de açúcar no sangue e enviam glicose ao cérebro para elevar o estado de alerta e permitir o raciocínio rápido. Em resumo, esses dois hormônios são responsáveis pela *resposta de lutar ou fugir*, muito eficaz para lidar com uma ameaça passageira.

No entanto, se a ameaça persistir, o sistema nervoso simpático permanecerá ativado. Nesse caso, o hipotálamo libera o hormônio liberador de corticotropina (CRH), que chega à glândula pituitária e sinaliza a liberação do hormônio adrenocorticotrófico (ACTH), que, por sua vez, vai às glândulas suprarrenais, que desencadeiam a liberação de cortisol, o famoso "hormônio do estresse". À medida que a onda inicial de adrenalina perde força, o cortisol pega o bastão e continua elevando os níveis de açúcar no sangue para permitir acesso rápido à energia e, em curto prazo, suprime a inflamação, o que tem um efeito de reforço imunológico.

O que desliga esse sistema todo é o sistema nervoso parassimpático. Quando o cérebro percebe que a ameaça deixou de existir – o que, no contexto da resposta de lutar ou fugir, significa que você eliminou a ameaça ou escapou dela – é hora de o sistema nervoso parassimpático pisar no freio. Os níveis de cortisol caem e o sistema nervoso parassimpático abranda toda a resposta ao estresse.[1] Em questão de minutos, você volta ao funcionamento normal e está pronto para ir ao bar celebrar o fato de ter conseguido fugir daquela onça ou, mais condizente com os dias de hoje, de ter escapado de uma rodada de demissões na empresa.

Cabe lembrar que as origens da resposta de lutar ou fugir têm raízes profundas no nosso passado evolutivo, em uma época na qual não era tão incomum deparar com predadores e outras ameaças iminentes à nossa segurança física. Se a nossa vida estiver em perigo, não temos segundos de sobra para combater uma ameaça ou fugir dela. O número de vidas que essa resposta rápida salvou ao longo da existência da humanidade é incalculável.

Mas, como vimos, essa abordagem também tem suas desvantagens. O cérebro nem sempre acerta. O sistema de resposta ao estresse pode ter um gatilho sensível demais ou pode ter dificuldade de desligar. Nossas experiências no passado (coisas como experiências adversas na infância ou outros traumas, ou crescermos com cuidadores que tinham reações exageradas ao estresse) podem resultar em um processamento de informação defeituoso, nos levando a ver ameaças por toda parte, quando na realidade o mundo moderno é, em grande parte, seguro.

Nos dias de hoje também temos mais chances de enfrentar estressores de natureza crônica. Uma rápida olhada no caso de Colin nos dá uma lista de exemplos: trabalho demais e tempo e apoio insuficientes, conflitos constantes com colegas de trabalho e disfunções organizacionais, para citar apenas alguns. Fatores de estresse como esses são persistentes e, quando isso acontece, o sistema nervoso simpático não tem outra escolha a não ser permanecer ativado para lidar com o que acredita ser uma ameaça contínua.

E aqui temos a essência do problema: enquanto o cérebro continuar a perceber uma ameaça, o cortisol continua fluindo pelo corpo, mantendo-o agitado e em alerta máximo. O cortisol alto crônico tem sido associado a outra longa lista de problemas, incluindo ansiedade, depressão, dores de cabeça, pressão alta, problemas gastrointestinais, insônia, ganho de peso, inflamação sistêmica e maior risco de doenças cardiovasculares e disfunção cognitiva.

Entretanto, lutar ou fugir não é a única resposta ao estresse. Você já deve ter ouvido falar da terceira resposta: *congelar*. (Tanto que é comum referir-se à resposta ao estresse como a resposta "lutar-fugir-congelar".) A resposta de congelamento é um pouco diferente. Acontece quando lutar ou fugir simplesmente não são opções viáveis. Quando não há tempo ou oportunidade para responder a uma ameaça – digamos que você está prestes a ser atropelado por um carro –, nosso cérebro responde da única maneira que resta, que é tentar nos anestesiar para a dor inevitável. Este é o cenário clássico de paralisia diante de um perigo inevitável (pense na imagem do cervo parado no meio da estrada diante dos faróis de um carro se aproximando em alta velocidade) e é uma resposta que ocorre diante de um estresse grave, devastador e inevitável, ou o que também é chamado de "estresse traumático". Nesse caso, em vez de o sistema nervoso simpático acelerar o corpo e prepará-lo para a ação, o sistema nervoso parassimpático desliga o corpo. As frequências cardíaca e respiratória despencam, você pode sentir frio ou torpor e, em casos extremos, pode até desmaiar.[2]

Como parte do nosso instinto de sobrevivência, a resposta de congelamento tem suas vantagens. Inunda o corpo com endorfinas, um hormônio do "bem-estar" que promove uma sensação de calma e entorpece a nossa percepção da dor, e fornece um amortecedor entre nós e o evento assustador que desencadeou a resposta. Contudo, tenho certeza de que você pode ver alguns problemas quando a resposta de congelamento – também conhecida como "imobilidade reativa", "imobilidade tônica" ou "imobilidade atenta" – é acionada de forma inadequada. Embora a pessoa que tem essa resposta esteja totalmente alerta e consciente, em sua forma mais extrema ela não consegue se mover nem ter qualquer tipo de reação. Em outras palavras, o estresse é tão grande que a pessoa fica temporariamente paralisada. É mais comum termos a resposta de congelamento em suas formas mais brandas: temos "um branco" na hora H, nos sentimos entorpecidos ou dissociados, sentimos uma fadiga repentina e extrema ou simplesmente nos sentimos não funcionais.

Além disso, a resposta de congelamento está sujeita aos mesmos erros de processamento de informações e reações desproporcionais que a resposta de luta ou fuga. Podemos congelar em situações que não ameaçam a nossa vida, deixando-nos ineficazes (para dizer o mínimo!) e incapazes de lidar com o estresse que provocou uma resposta tão exacerbada. Muitas pessoas congelam ou têm um branco quando são solicitadas inesperadamente a dar sua opinião em uma reunião, por exemplo. E, também neste caso, isso é mais comum quando há um histórico de experiências adversas na infância ou outros traumas. Com a abordagem de "é melhor prevenir do que remediar", o cérebro aprende a ficar hipervigilante e a responder com força total a cada ameaça que detecta.

O resultado dessas três respostas ao estresse é que, quando o sistema de resposta ao estresse é ativado de forma inadequada, com muita frequência ou demora para ser desativado, ele acaba causando ainda mais estresse e, com o tempo, pode ser muito prejudicial ao nosso bem-estar físico e mental.

Quando se trata de estresse e burnout, vale o velho ditado: "Água mole em pedra dura tanto bate até que fura".

Maneiras melhores de responder ao estresse

Os cientistas passaram muito tempo acreditando que lutar, fugir ou congelar eram as nossas únicas opções para responder ao estresse. Na verdade, há duas outras respostas possíveis com resultados muito diferentes. As duas vão além da mera sobrevivência, nos permitindo acessar certas *vantagens* do estresse que não estariam disponíveis de outra forma. São elas: a *resposta ao desafio (challenge response)* e a *resposta de cuidar e socializar (tend and befriend)*. Como veremos, elas também são muito importantes para desenvolver nossa imunidade ao burnout. Vamos dar uma olhada.

A *resposta ao desafio* ao estresse, ou "resposta ao estresse como um desafio", ocorre quando você se sente na obrigação de realizar ou alcançar algo. Se você está se perguntando por que isso não desencadeia a resposta de congelar ou, pelo menos, a resposta de lutar ou fugir, você está fazendo a pergunta certa. A principal diferença está em *como você vê o estressor*: pode ser desafiador e difícil, mas você não o vê como uma ameaça à vida. Embora a resposta ao desafio desencadeie algumas das mesmas respostas fisiológicas que a resposta de luta ou fuga – a frequência cardíaca aumenta e o corpo recebe uma injeção de adrenalina, por exemplo –, você se sente focado, empolgado e confiante, em vez de temeroso, com raiva ou assoberbado.[3]

Como você não se vê diante de um perigo físico, explica a psicóloga e especialista em estresse Kelly McGonigal, seu principal objetivo não é evitar uma ameaça, mas ir atrás do que você quer realizar. Neste caso, a resposta do corpo é mais parecida com a resposta aos exercícios físicos do que a uma ameaça: seus vasos sanguíneos permanecem relaxados em vez de contraídos, seu coração bate mais forte, bombeando mais sangue, e você realmente fica mais energizado do que na resposta de lutar ou fugir. E, apesar de a resposta ao desafio também levar à liberação de cortisol, as glândulas suprarrenais produzem uma taxa mais elevada de DHEA, um hormônio precursor que compensa os efeitos negativos do cortisol.[4] O DHEA também aumenta a capacidade do cérebro de usar as experiências estressantes para aprender a resiliência. O resultado da resposta ao desafio, explica McGonigal, é mais energia, mais foco, mais autoconfiança e mais motivação. Em termos simples, a resposta ao desafio "nos motiva a encarar um desafio e nos dá os recursos mentais e físicos para ter sucesso".[5] E é justamente isso que você quer quando tem de fazer uma apresentação, fazer uma prova, levar um projeto até o fim, negociar um aumento de salário ou trabalhar sob pressão, por exemplo.

Então, a menos que sua vida esteja em risco, é melhor encarar o estresse como um desafio, não como uma ameaça à sua sobrevivência. Tudo isso levanta a questão: onde eu posso comprar um pouco disso? Você vai gostar de saber que é totalmente grátis e que a fonte está na sua própria mente.

Ou, mais especificamente, na sua mentalidade. Vamos analisar em mais detalhes a mentalidade e a perspectiva no Capítulo 6, mas, por enquanto, eis a versão abreviada: pesquisas (incluindo a de McGonigal) mostraram que o fator mais importante para determinar como você responde ao estresse é *o que você pensa sobre a sua capacidade de lidar com ele*. Pense bem no que isso significa. O poder de determinar a melhor resposta ao estresse está nas suas mãos e depende apenas de como você decide ver a sua capacidade de gerenciá-lo. Com um pouco de prática, você pode aprender a mudar de uma resposta à ameaça para uma resposta ao desafio,[6] ainda que tenha passado a vida inteira com uma amígdala hiper-reativa. Veja como a coisa funciona.

Assim que você se vê diante de um estressor, o cérebro passa automaticamente a avaliar a situação e os recursos de que você dispõe para responder a ela. (Esse é o processo de avaliação primário e secundário que vimos no capítulo anterior.) Abaixo da sua consciência, seu cérebro começa a coletar informações: "Vai ser muito difícil? Eu tenho a força, as habilidades, a coragem e a ajuda de que vou precisar para enfrentar e vencer isso?" A conclusão de McGonigal é clara: "Se você acredita que as demandas da situação excedem seus recursos, você terá uma resposta à ameaça. Mas, se acreditar que tem os recursos necessários para ter sucesso, terá uma resposta ao desafio". Esse é um excelente exemplo de como os nossos pensamentos podem ditar nossa realidade.

Para começar a transformar uma resposta à ameaça em uma resposta ao desafio – ou seja, começar a acreditar que você tem os recursos necessários para alcançar o sucesso –, tente ver a sua resposta ao estresse como um recurso. Pode parecer estranho ou até impossível no começo, mas vá aos poucos, devagar e sempre, e eu garanto que você chegará lá. O importante é não parar. Então, faça um teste e veja o seu estresse como algo construtivo e estimulante, em vez de prejudicial e debilitante. As mentalidades não são imutáveis e sempre podem evoluir.

Na próxima vez que sua resposta ao estresse for desencadeada – seu coração disparar, você começar a suar e a se preocupar e a duvidar de si mesmo –, não tente suprimi-la ou evitá-la, o que sempre acaba intensificando o estresse. Reconheça a situação e diga a si mesmo que você vencerá. "Estou estressado, mas tudo bem. Já passei por isso antes e no fim sempre dá certo." O simples fato de aceitar a situação, em vez de combatê-la ou tentar suprimi-la, pode transformar uma resposta à ameaça em uma resposta ao desafio. É assim que a sua mentalidade e os seus pensamentos podem transformar o que está acontecendo no seu cérebro e no seu corpo e ajudá-lo a ter uma resposta mais saudável ao estresse.

Veja mais algumas sugestões de mudanças rápidas de mentalidade que você pode tentar:

- Reconheça os seus pontos fortes.
- Pense em como você se preparou para um desafio específico.
- Lembre-se de situações nas quais você superou desafios semelhantes.
- Imagine o apoio de seus entes queridos.

- Faça uma oração ou pense que outras pessoas estão orando por você.[7]
- Pratique um mantra, como "Eu dou conta", "Eu sou capaz" ou, o meu favorito, "Já passei por coisa pior" (tanto que uso uma camiseta com esses dizeres por baixo da minha vestimenta quando dou uma grande palestra).

A outra boa resposta ao estresse se concentra mais no nosso *comportamento* (externo) do que na nossa mentalidade (interna). A *resposta de cuidar e socializar* ocorre quando buscamos proximidade e conexão com as pessoas para reduzir o estresse e nos ajudar a superar situações desafiadoras e difíceis.

O termo vem de um artigo de pesquisa dos anos 2000 que observou que as respostas das fêmeas ao estresse são mais marcadas por cuidar (proteger e cuidar da prole) e socializar (manter e fortalecer os vínculos sociais) do que lutar ou fugir. A ideia é que, no nosso passado evolutivo, havia dois papéis distintos no que diz respeito a cuidar da prole: os machos saíam para caçar e trazer comida para os grupos familiares, enquanto as fêmeas ficavam cuidando da prole. Nesse sistema, a seleção natural favoreceu os machos capazes de lutar ou fugir, enquanto as fêmeas tiveram mais chances de garantir a própria sobrevivência e a de sua prole formando grupos sociais coesos que atuavam em colaboração para lidar com desafios e ameaças.[8] Não importa como ou quando essa resposta surgiu, sabemos que os comportamentos pró-sociais – atos positivos com um benefício social, como ajudar os outros, voluntariado, cooperação e compartilhamento – ocorrem em todos os gêneros, bem como em muitos animais. (É por isso, entre outras razões, que gosto de chamar esse processo de resposta "a união faz a força" ao estresse.)

Como em outras respostas ao estresse, os hormônios e neurotransmissores liberados durante a resposta de cuidar e socializar são muito importantes na mediação dos efeitos de redução do estresse. Já falamos sobre as endorfinas, que promovem a calma e atuam como analgésicos naturais. Agora vamos conhecer os outros três hormônios do "bem-estar", ou o que alguns chamam de "hormônios da felicidade": ocitocina, dopamina e serotonina.

Kelly McGonigal observa que a resposta de cuidar e socializar aumenta a atividade em três sistemas do cérebro: o sistema de cuidado social, o sistema de recompensa e o sistema de sintonização social. O *sistema de cuidado social* é regulado pela ocitocina, popularmente conhecida como "hormônio do amor" graças ao papel na facilitação da formação de vínculos e intimidade. Quando esse sistema é ativado e a ocitocina flui, você sente mais empatia, conexão e confiança, bem como um desejo mais intenso de criar vínculos ou se aproximar socialmente das pessoas. Essa rede também inibe os centros de medo do cérebro, aumentando a sua coragem.[9] Além do cuidado social, a ocitocina é liberada durante o parto, lactação, exercícios físicos, sexo e outras formas de toque físico, como abraços e massagens. É um dos reguladores naturais mais eficazes, capaz de aliviar emoções difíceis, nos acalmar e ajudar o cérebro a voltar a funcionar depois de uma experiência estressante.

O segundo sistema, o *sistema de recompensa*, libera a dopamina, conhecida como o neurotransmissor do bem-estar. A ativação do sistema de recompensa aumenta a motivação ao mesmo tempo que reduz o medo. Quando a resposta ao estresse inclui uma onda de dopamina, você se sente otimista quanto à sua capacidade de fazer alguma coisa. A dopamina também prepara o cérebro para a ação física, garantindo que você não congele sob pressão.[10] Ajuda a regular o humor, a aprendizagem e a memória, e contribui para sentimentos de felicidade, foco, prazer e alerta. Como a dopamina é liberada quando o cérebro espera uma recompensa, qualquer coisa que você considera agradável tem o potencial de liberá-la.

O terceiro sistema, o *sistema de sintonização social*, é acionado pelo neurotransmissor serotonina. Quando esse sistema é ativado, melhora a percepção, intuição e autocontrole. Com isso, fica mais fácil entender o que é necessário para enfrentar o desafio e você aumenta as chances de maximizar o impacto das suas ações.[11] A serotonina também ajuda na regulação do humor, sono, apetite, capacidade de aprendizagem e memória. Melhora o humor e reduz o estresse, e você pode aumentar naturalmente seus níveis de serotonina com exercícios físicos, exposição à luz e meditação.

McGonigal conclui que, graças a esses hormônios e neurotransmissores, a resposta de cuidar e socializar "nos deixa mais sociáveis, corajosos e alertas. Nos dá a coragem e a esperança das quais precisamos para agir e a conscientização para tomar boas decisões". E eis o que eu acho mais maravilhoso: *"Sempre que decide ajudar os outros"*, ela ressalta, *"você ativa esse estado.* Ajudar os outros aciona os mecanismos biológicos que nos possibilitam ter mais coragem e esperança".[12]

Não é incrível saber que temos dentro de nós a capacidade de acionar esse estado positivo e protetor? Em resumo, escolher uma resposta de cuidar e socializar aumentará a coragem, motivará você a expressar preocupação e interesse pelos outros e fortalecerá as suas relações sociais. Acho que isso ajuda a explicar o comportamento dos participantes da minha pesquisa com imunidade ao burnout que relataram ter uma mentalidade de líder servidor. Eles dizem que são muito motivados a ajudar os outros, o que, por sua vez, lhes dá coragem para lidar com o estresse. De certa forma, essa atitude parece ajudá-los a desenvolver uma espécie de resistência mental.

Eu mesma já experimentei isso. Já tive muitos dias em que me senti sobrecarregada e exausta e, quando olho para a minha agenda e vejo que vou ter três reuniões com alunos e duas sessões de coaching, tenho medo de ouvir as pessoas falarem sobre seus problemas e me preocupo com a possibilidade de não ter energia para ajudá-los. Fico com muita vergonha de me sentir assim, o que aumenta meu estresse.

Sigo, então, o meu dia de trabalho e, assim que começamos a nos conectar, esqueço meus sentimentos de estresse e sobrecarga. Quase instantaneamente sinto mais empatia, conexão e confiança. Também me sinto mais otimista e confiante na minha capacidade de ajudar meus alunos e clientes (o que aumenta a minha autoeficácia). O mais interessante é o seguinte: são justamente essas conversas e sessões que acabam sendo mais produtivas, nas quais os alunos e os clientes saem se sentindo apoiados e com maior clareza sobre o que querem e precisam fazer. É um tipo de conexão muito significativa na qual, em tempo real, sou impulsionada pelos efeitos físicos e mentais positivos das endorfinas, ocitocina, dopamina e serotonina – e os meus clientes e alunos também se beneficiam.

A melhor maneira de acionar a resposta de cuidar e socializar é parar de olhar o próprio umbigo e encontrar maneiras de ajudar alguém:

- Ofereça-se para conversar com um subordinado ou colega que esteja passando por dificuldades.
- Ouça as pessoas com toda a sua atenção.
- Dê às pessoas o benefício da dúvida se você discordar delas.
- Aproveite todas as oportunidades de agradecer as pessoas.
- Seja generoso com os elogios.

A capacidade de desencadear respostas hormonais positivas para regular nossa resposta ao estresse é uma ferramenta altamente eficaz que está totalmente sob o nosso controle. Temos a capacidade inerente de escolher uma resposta melhor e mais produtiva ao estresse, para nos ajudar a nos acalmar, pensar com mais clareza e intencionalidade e tomar melhores decisões e ações.

Considerando todas as vantagens desses quatro hormônios da felicidade, acho que já ficou mais do que claro que nos beneficiaríamos de aumentar esses hormônios e reduzir o cortisol (o hormônio do estresse). Mas não é bem assim. A ideia é *não* evitar totalmente o cortisol, porque, nas circunstâncias certas e na quantidade adequada, ele nos ajuda a ficar alertas, focados e prontos para lidar com os desafios. A ideia é ter o nível certo de estresse nas circunstâncias certas.

O ponto ideal do estresse

Vimos que nem todo estresse é ruim e, portanto, nem sempre é bom evitá-lo completamente. Viver sem qualquer estresse não apenas é impossível, como nem é desejável.

Para maximizar nossa saúde física e mental, bem como o nosso desempenho, seria benéfico nos manter no ponto ideal do estresse, apenas suficiente para nos sentirmos desafiados e motivados, mas não a ponto de nos sentirmos sobrecarregados e ineficazes.

Hormese é um termo técnico do campo da toxicologia que descreve uma reação dose-resposta a um agente ambiental. Em doses elevadas, o agente pode ser fatal, mas em doses baixas pode produzir um efeito protetor. Hoje o termo hormese é usado nos campos da biologia, medicina e psicologia para descrever o efeito do estresse, mas o mecanismo é o mesmo: em "doses" altas, o estresse é tóxico, mas, em doses baixas ou moderadas (e em geral intermitentes), é benéfico. Exemplos comuns de estressores horméticos incluem jejum intermitente, exercícios físicos, atividades cognitivas desafiadoras (embora não impossíveis) e exposição ao frio ou ao calor.[13] A ideia é que a breve exposição a estressores baixos a moderados nos coloca no ponto ideal do estresse: ficamos estressados o suficiente para ativar uma variedade de respostas adaptativas saudáveis que começam no nível celular (o estresse hormonal ajuda a reparar danos celulares, retardar o envelhecimento celular, reduzir a inflamação, melhorar a regulação do açúcar no sangue e ajudar na eliminação de toxinas) e contribuem para a melhorar a saúde como um todo e aumentar a resiliência ao estresse. Um estudo recente da Universidade da Geórgia descobriu que níveis baixos a moderados de estresse melhoram a memória de trabalho e o desempenho mental. Os efeitos foram mais intensos nos participantes que tinham acesso a "recursos psicossociais", como autoeficácia, redes sociais e amizades, e um senso de propósito na vida, uma vez que essas vantagens conferem um efeito protetor contra os fatores de estresse e estão associadas a habilidades de enfrentamento mais eficazes e resultados mais positivos depois de um período de estresse.[14] Não é por acaso que esses recursos psicossociais também ajudam na prevenção do burnout!

Figura 3.1. O ponto ideal do estresse

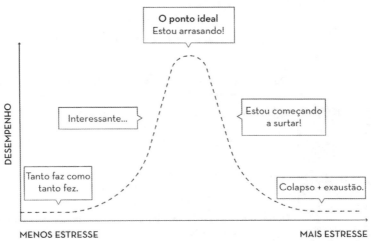

Gosto de pensar no ponto ideal do estresse em termos de um conceito conhecido como *janela de tolerância*. O termo foi cunhado anos atrás por Dan Siegel, especialista em neuropsicologia e mindfulness (atenção plena), e posteriormente elucidado pela autora e psicoterapeuta Linda Graham. A janela de tolerância, segundo Graham, é o nosso "estado básico de funcionamento fisiológico quando não estamos com medo, estressados, cansados ou superestimulados". Nesse estado, diz ela, "estamos ancorados e centrados, sem reagir exageradamente a pessoas ou eventos, mas também sem deixar de agir".[15] É aquele ponto perfeito entre estresse excessivo e zero estresse, entre pilhado e apático. Ficamos em um estado de regulação perfeita: calmos e relaxados, mas também engajados e alertas.[16]

O que nos leva a sair – ou, em alguns casos, sermos expelidos – da janela de tolerância? Você acertou: o estresse. Mas o lance é que, quando a nossa resposta ao estresse é regulada e saudável – quando responde de maneira adequada à ameaça percebida –, somos capazes de voltar rapidamente à janela de tolerância. Graham cita duas "panes" que dificultam o nosso retorno e as duas têm a ver com uma resposta desregulada e improdutiva ao estresse.

Figura 3.2. A janela de tolerância

	Quando o medo está regulado ou ausente:	Quando o medo não está regulado:
Ativação simpática	interesse, curiosidade, exploração, diversão, produtividade, entusiasmo	resposta de luta, fuga ou congelamento, inquietação, agitação, ansiedade, pânico
Janela de tolerância	Linha de base fisiológica de equanimidade: calmo e relaxado, engajado e alerta	
Desativação parassimpática	relaxamento, devaneio, sonhar acordado, cochilar, pegar no sono depois do sexo	resposta de submissão-colapso, desmaio, dissociação, entorpecimento

Fonte: Linda Graham, *Bouncing Back*.[17]

Para começar, o córtex pré-frontal é relativamente lento em comparação com a amígdala, que é programada para detectar ameaças em milissegundos. Assim, quando nos sentimos ameaçados, reagimos automaticamente, em uma fração de segundo, antes de ter a chance de nos engajar em um pensamento mais lento, regulado e reflexivo. Se você já perdeu o controle, saiu furioso de uma reunião ou desmoronou quando se sentiu ameaçado, sabe do que estou falando. Muitos de nós fomos condicionados na infância a responder dessas maneiras. "Se as nossas experiências formativas não nos condicionaram a regular com eficácia as nossas respostas de sobrevivência", explica Graham, "o córtex pré-frontal pode não ter desenvolvido totalmente sua capacidade de autorregulação".[18]

Em segundo lugar, surtos desregulados de cortisol podem interromper temporariamente o funcionamento do córtex pré-frontal. Considerando-se que parte da responsabilidade do córtex pré-frontal é regular os mecanismos que reduzem os níveis de cortisol, ficamos em uma enrascada. "Quando o funcionamento do córtex pré-frontal é desestabilizado por uma resposta ao estresse, mesmo que temporariamente", diz Graham, "podemos ficar presos em um estado crônico de alarme, agitação, hostilidade, raiva, pânico ou terror – ou em um estado de entorpecimento, letargia ou depressão por mais tempo do que seria saudável para nós".[19]

Como voltar à nossa janela de tolerância, ao nosso ponto ideal de estresse, quando a vida nos atropela? E como ficar lá por mais tempo? Antes de entrarmos na lista de recomendações, eu gostaria de falar sobre mais uma coisa que Graham enfatiza: a janela de tolerância é o nosso "estado natural e básico de equilíbrio".[20] É uma base interna e inata a partir da qual, em um mundo ideal, operaríamos o tempo todo. É bem verdade que o mundo está longe de ser perfeito, mas acho muito bom saber que, não importa quais sejam as circunstâncias, a janela de tolerância está sempre lá, esperando pelo nosso retorno.

Veja alguns "remédios emergenciais" para usar imediatamente quando você perceber que foi arrancado da janela de tolerância.

1. **Ative a ocitocina pelo toque.** A ocitocina fornece a maneira mais rápida de regular a resposta do corpo ao estresse e voltar a um estado de equilíbrio tranquilo. Para ativá-la, busque maneiras seguras de tocar ou ser tocado: abraçar, dar as mãos, passar as mãos pelo cabelo, massagear, fazer carinho em um pet ou até massagear as próprias têmporas ou colocar a mão no coração.

Para potencializar o efeito, massageie suavemente o local onde o pescoço encontra a base do crânio. É onde fica o nervo vago, repleto de receptores de ocitocina.[21]

2. **Acione a resposta de cuidar e socializar.** Ofereça ajuda a alguém de quem você gosta. Se puder ser presencialmente, melhor ainda, mas basta um telefonema ou uma mensagem de WhatsApp. Sentir-se apoiado e conectado, bem como ajudar os outros, libera todos os quatro hormônios do bem-estar.

3. **Use a técnica do suspiro fisiológico.** Esta é uma técnica de respiração muito eficaz na qual você inspira duas vezes pelo nariz e depois expira devagar pela boca. De acordo com o neurobiologista Andrew Huberman, inspirar duas vezes "abre" todos os alvéolos nos pulmões, maximizando a absorção de oxigênio, enquanto a expiração longa elimina o dióxido de carbono que se acumulou durante a resposta ao estresse.[22]

4. **Exercite-se.** A relação entre os exercícios físicos e a prevenção e o alívio do estresse já foi testada e comprovada. Encontre um exercício do qual você gosta, ou que pelo menos você consiga tolerar, que aumente sua frequência cardíaca. Aulas em grupo têm o benefício adicional da socialização. E exercitar-se ao ar livre oferece o benefício adicional do próximo "remédio".

5. **Passe um tempo em contato com a natureza.** Não faltam evidências de que passar um tempo ao ar livre em espaços arborizados reduz o estresse, promove a autorregulação, aumenta a atenção e é um forte preditor de felicidade e bem-estar. Em apenas dez minutos você já pode sentir os efeitos de redução do estresse.[23]

6. **Desabafe com uma boa sessão de choro.** Chorar faz tão bem para os adultos quanto para os bebês. O choro libera ocitocina e endorfinas e é uma excelente maneira de se reconfortar, regular o humor e reduzir o estresse.[24]

Quais são os seus gatilhos de estresse no trabalho?

A ideia é simples: se você trabalha em um ambiente que desencadeia sua resposta ao estresse com frequência, você será mais vulnerável ao burnout. Considerando que cada pessoa tem seus próprios limites e fontes de estresse diferentes, o segredo é identificar com precisão os eventos específicos que desencadeiam o *seu* estresse no trabalho.

Hoje em dia todo mundo fala em *gatilho*, mas gosto da definição simples e direta do psicoterapeuta e escritor David Richo: "Um gatilho é qualquer palavra, pessoa, evento ou experiência que desencadeia uma reação emocional imediata". Os gatilhos, segundo ele, incitam reações automáticas sobre as quais não temos controle algum.[25] Você se lembra de Ben, aquele meu colega do meu primeiro emprego que vivia fazendo gaslighting comigo? Bastava eu ver o nome dele na minha caixa de entrada ou ouvir sua voz no corredor que meu estômago revirava e meu coração batia forte. Até hoje, depois de todos esses anos, escrever sobre ele me dá arrepios. Todas essas são manifestações físicas da minha reação emocional imediata de medo.

Diante de um gatilho, nossa eficácia fica comprometida porque o nosso cérebro racional – a área responsável pela resolução de problemas, tomada de decisões e pensamento racional – na prática é desligado. As emoções assumem o controle e recebemos uma onda de adrenalina e cortisol. Nesse estado de gatilho desregulado, não temos condições de ver a situação com clareza nem tomar decisões acertadas e ficamos nesse modo até o gatilho se dissipar.[26]

Parece péssimo, não? Agora pense no que acontece se você for exposto a gatilhos *todos os dias* no trabalho. Apesar de sermos capazes de suportar picos ocasionais de estresse sem grandes dificuldades – como vimos, a função da resposta ao estresse é nos ajudar a lidar com uma ameaça imediata e de curto prazo –, quando o estresse se torna crônico, ficamos muito vulneráveis ao burnout. É por isso que precisamos nos conscientizar do que desencadeia o nosso estresse no trabalho e por quê.

Não saberemos lidar com os nossos gatilhos se não formos capazes de identificá-los e entendê-los.

Um participante de um dos meus estudos foi um cirurgião traumatologista até que uma lesão nas costas o obrigou a "pendurar o bisturi" e assumir o cargo de diretor hospitalar em um hospital. Ele não sentia estresse algum atendendo no pronto-socorro pacientes com lesões potencialmente fatais, mas, em sua nova função de liderança, ele estava sofrendo de estresse crônico pela primeira vez em sua carreira. "O que eu sei fazer é tratar de traumas", ele me explicou, "e o resultado é imediato. Mas esse negócio de orçamento? Não é a minha praia e me dá nos nervos não saber na hora qual vai ser o resultado de uma decisão". Como um traumatologista experiente, ele desenvolveu a resiliência mental e emocional necessária para se manter focado e eficaz em um ambiente de estresse agudo. Mas, como líder administrativo, ele se mostrava muito mais sensível aos efeitos do que, *para ele*, era um ambiente de estresse crônico.

Considere também as respostas de um grupo de líderes do Instituto de Liderança Policial quando fiz a seguinte pergunta: "O que faz o seu nível de estresse saltar de 2 ou 3 para 7 ou mais em questão de segundos?" Presumi que seria algo como lidar com uma ameaça urgente, como um tiroteio. Nada disso! A maioria daqueles policiais experientes e qualificados disse que não se estressava nesse tipo de cenário. Seus maiores gatilhos concentraram-se em uma das duas situações a seguir: problemas de pessoal quando dezenas de policiais pediram licença por terem contraído covid-19 no mesmo dia ou ter de lidar com a desinformação na mídia.

Em resumo, um evento que mal chega a entrar na escala de estresse de uma pessoa pode ser um gatilho enorme para outra. Isso explica por que é tão importante que cada pessoa se conscientize dos próprios gatilhos específicos.

Alguns gatilhos podem ser óbvios, seja porque são vívidos e inegáveis – seu chefe grita com você ou alguém faz uma mudança de última hora na sua agenda, por exemplo – ou por ser um gatilho com o qual você já conviveu por um bom tempo. Meu maior gatilho me acompanha desde a infância: ver alguém usar sua posição de poder para atacar ou menosprezar outra pessoa. Não importa se o ataque for direto ou pelas costas, a mamãe ursa dentro de mim entra em cena imediatamente e eu quero saltar para defender a vítima do ataque. Outros gatilhos são mais sutis e exigirão atenção para ser identificados, enquanto outros são totalmente invisíveis para nós.

Este último grupo tem o potencial de ser o mais perigoso, pois não sabemos como esses gatilhos inconscientes afetam o nosso humor e padrões de pensamento e comportamento. Veja algumas perguntas para ajudar a identificar os seus gatilhos no trabalho.

> **EXERCÍCIO: CONSCIENTIZE-SE DOS SEUS GATILHOS NO TRABALHO**
>
> **PARTE 1**
> 1. Meu estômago embrulha quando _____.
> 2. Eu absolutamente não consigo tolerar quando _____.
> 3. Tenho vontade de gritar quando meu chefe/colega/subordinado direto _____.
> 4. Fico furioso quando _____.
> 5. Eu perco totalmente o foco e meu cérebro praticamente desliga quando _____.
> 6. Eu me sinto fora de controle quando _____.
> 7. Minha ansiedade dispara quando _____.
> 8. Acho muito injusto comigo quando _____.
> 9. Minha autoconfiança despenca quando _____.
> 10. _____ faz com que me sinta impotente.
> 11. Quando meu colega/superior _____, eu me sinto como se eu fosse uma criança.

PARTE 2

Você lembrou de outros gatilhos ao responder a essas perguntas? Se sim, anote-os aqui:

1. _____
2. _____
3. _____

PARTE 3

Também podemos identificar nossos gatilhos lembrando o *resultado* do gatilho e pensando no que o causou. Pense nas últimas semanas. Procure qualquer ocasião que tenha causado alguma resposta emocional ou física imediata, uma mudança abrupta na sua mentalidade ou estado mental, ou uma mudança repentina no seu comportamento. Você pode ter ficado triste, irritado, frustrado, apático ou oprimido de repente. Ou pode ter sentido náusea, tensão muscular, tremores ou dor. Você pode ter sido tomado pela negatividade ou por um impulso de se isolar. Pode ter atacado alguém, ter adotado uma atitude passivo-agressiva ou caído no choro.

Qualquer uma dessas reações automáticas é indício de um gatilho. Depois de identificar o que aconteceu, vá voltando no tempo até descobrir o que desencadeou o resultado. Esse é o seu gatilho.

Como aprendi a regular minha resposta ao estresse

Nos primeiros anos depois da minha crise de pressão alta, tentei várias estratégias de mindfulness para lidar com a situação – meditação andando, meditação dobrando roupas, meditação tradicional, ioga, meditação na cama. Não duvido da eficácia de qualquer um desses métodos e, à medida que aprendi a entrar em sintonia comigo mesma e a me conscientizar das sensações do meu corpo quando eu estava estressada (ombros curvados, uma dor incômoda entre os olhos, às vezes uma sensação de estar aérea ou tonta), aprendi a reconhecer quando meus níveis de cortisol e minha pressão arterial estavam aumentando. Para mim, era uma questão de vida ou morte. Minha prioridade era manter a pressão arterial sob controle.

Só que eu também queria um método para me acalmar, regulando minha resposta ao estresse diante de um gatilho. Sim, eu estava melhorando, mas meu estresse ainda disparava com muita frequência e rapidez do nível 3 (tolerável) para 7 ou mais (grave ou muito grave) em resposta a eventos no trabalho. Coisas como receber um e-mail de um cliente insatisfeito, ser atacada verbalmente por um colega em uma reunião, ser acusada de um mal-entendido ou saber que seria transferida para uma cidade que me obrigaria a viajar muito mais eram grandes gatilhos para mim e eu sabia que não podia simplesmente me entupir de ansiolíticos toda vez que ficasse estressada.

Foi só quando conheci Howard Stevenson, durante meu doutorado na Universidade da Pensilvânia, que descobri um método que me caiu como uma luva. Stevenson é um psicólogo clínico e especialista em estresse e trauma raciais e desenvolveu esse método como uma "habilidade de reformulação" ("recasting") para lidar com interações raciais altamente estressantes. Ele ensina a técnica em muitos contextos diferentes e em todo tipo de situações de estresse agudo. O método de Stevenson é chamado de método CLCBE e, no meu caso, sempre funciona para regular minha resposta ao estresse e evitar um sequestro da amígdala. CLCBE é a sigla em inglês para calcular, localizar, comunicar, inspirar ("breath") e expirar. Funciona assim:

- **Calcule.** Em uma escala de 1 a 10, sendo 10 o "pior estresse possível", qual é o seu nível de estresse? Se for 8 ou mais, você está em um estado de desregulação e ameaça aguda. O seu cérebro está "offline".
- **Localize.** Identifique onde você sente o estresse em seu corpo. Quanto mais específico, melhor.

- **Comunique.** Identifique o que você diz a si mesmo nos momentos de alto estresse. O diálogo interno negativo só agrava o estresse. Já o diálogo interno positivo pode ajudá-lo a se acalmar com mais rapidez.
- **Respire.** Inspire lentamente e conte até 4.
- **Expire.** Expire lentamente e conte até 7.

"Esses passos", explica Stevenson, "visam a reduzir o estresse rapidamente, de preferência em 60 segundos ou menos. Em situações de ameaça, o cérebro desliga. Quanto mais você conseguir relaxar, mais poderá acessar o que sabe. Ao se sentir menos assoberbado, o processo de tomada de decisão fica muito mais claro".[27] É justamente isso o que queremos com a regulação.

À medida que fui desenvolvendo minhas habilidades de conscientização, notei que precisava de diferentes métodos de regulação para controlar minha resposta ao estresse com base no tipo de estresse e no quão agudo ele estava sendo. Para um estresse menos agudo, como receber uma crítica a um trabalho na pós-graduação, bastava respirar fundo para voltar ao nível 2 ou 3 e retomar a capacidade de pensar com clareza e me lembrar de usar o feedback para melhorar.

Mas, para níveis mais agudos de estresse, eu precisava do CLCBE para conseguir manter a calma e o profissionalismo, especialmente quando não era possível ou apropriado lidar com as minhas fortes reações emocionais no momento.

Vários meses depois de aprender o método CLCBE, tive uma oportunidade perfeita de colocá-lo em prática. Continuei trabalhando em consultoria enquanto fazia o doutorado e fui contratada para conduzir um workshop sobre gestão de mudanças para uma organização de saúde que estava prestes a passar por uma reestruturação grande, complicada e muito impopular. Minha equipe não me passou qualquer detalhe sobre os participantes – eu só sabia que o CEO e uns dez altos executivos e tomadores de decisão estariam presentes.

Sentei-me na frente da sala, diante de uma grande mesa retangular com executivos sentados nos dois lados. Na outra ponta da mesa havia uma cadeira vazia. Presumi que a cadeira estava reservada para o CEO e que ele chegaria atrasado ou teve algum outro compromisso e comecei. Por vinte minutos tudo correu muito bem – o grupo estava engajado e interagindo bastante, a conversa estava animada, positiva e respeitosa e, ouso dizer, estávamos até nos divertindo, apesar dos tópicos tensos de discussão.

De repente, a porta se abriu e um sujeito agitado, suando muito e claramente exasperado entrou na sala e sentou-se na cadeira vazia. A energia na sala mudou na hora. As pessoas afundaram nas cadeiras e a conversa se transformou em silêncios constrangedores e algumas interjeições forçadas, enquanto o CEO carrancudo ficou de braços cruzados.

Meu estresse disparou de 2 para 5 ou 6, relaxei deliberadamente meus ombros e desacelerei a respiração para manter minha resposta ao estresse sob controle. Funcionou até o CEO começar a gritar.

"Olha só, vou ter que dizer, não sei o que estamos fazendo aqui!", ele bradou. "Passamos anos dando conta de tudo e não precisamos de ajuda para nada." Ele começou a apontar para algumas pessoas ao redor da mesa. "Quem contratou essa mulher?", exigiu saber. "Foi você? Você? Por que é que eu só fiquei sabendo disso agora?"

Meu nível de estresse foi às alturas e fiquei furiosa. (Você sabe como me sinto sobre bullies no trabalho.) Contudo, consegui percorrer todos os passos do método CLCBE na velocidade da luz. Calcular: nível de estresse, 9. Localizar: estômago embrulhado, náusea. Comunicar: fiz um esforço deliberado para me ancorar em um diálogo interno positivo: "Você já passou por coisa pior e deu tudo certo". E, é claro, a respiração. Sempre, sempre funciona, então me concentrei em respirar o mais lenta e profundamente possível.

Vale lembrar que isso tudo aconteceu internamente e em segundos. Mas foi o suficiente para me impedir de gritar com o CEO grosseiro, mudar minha mentalidade do pânico para o desafio e desacelerar meus pensamentos. Nesse estado mais calmo e estável, percebi que meu trabalho naquele momento era reduzir a intensidade emocional e não jogar mais lenha na fogueira.

Meu sangue ainda estava fervendo, mas respondi com empatia. "Sei que não deve ser fácil", eu disse, "especialmente na sua posição. São muitas mudanças e sei que muitas pessoas contam com você". Olhei ao redor da sala para incluir os participantes no que eu estava dizendo – afinal, eles também faziam parte da equipe executiva. O que vi no rosto deles foi uma mistura de alívio e constrangimento.

Acho que aquela pausa foi suficiente para o CEO recuperar um pouco do equilíbrio porque, de repente, ele pareceu notar o desconforto na sala. Ele se desculpou pela explosão e encerrou abruptamente a reunião. "Vamos recomeçar amanhã", declarou.

No dia seguinte, fui informada de que ele estava atrasado porque havia acabado de chegar de uma reunião do conselho na qual tinha sido duramente criticado. Ele chegou ao workshop já estressado e na defensiva, e seu comportamento grosseiro e disruptivo destruiu qualquer chance de uma reunião produtiva. A desregulação pode cobrar um preço muito alto.

Aquela reunião transformou a maneira como aprendi a regular minha resposta ao estresse. Eu não queria ser como aquele CEO. E me orgulhei por ter conseguido manter a calma, apesar do furacão emocional.

Até hoje faço de tudo para me manter no meu ponto ideal de estresse. Não tenho dúvida de que todo e qualquer tempo e esforço que dedico a isso vale muito a pena mim e para todos no trabalho.

4

O poder e a promessa da regulação do estresse

Mantenha a eficácia em meio ao estresse

"De uns tempos para cá, ou estou chorando escondida no banheiro ou fico sozinha na sala dos enfermeiros ruminando a minha raiva. Não consigo voltar aos eixos." – Shireen, enfermeira

"Vivo à beira de um ataque de nervos no trabalho. Só consigo relaxar bebendo." – Billie, administradora de sistemas

"Fico nervoso só de pensar no trabalho." – Gil, contador

"Eu adorava o trabalho, mas a nossa empresa foi comprada e metade da minha equipe foi demitida. Os que ficaram estão sobrecarregados e vivem com medo de serem os próximos. E não podemos fazer nada." – Louis, administrador de sistemas

Essas falas são de pessoas que estavam em um estado ativo de burnout quando as entrevistei. As palavras que elas usaram refletem alguns sinais clássicos do esgotamento e da exaustão emocional que muitas pessoas que sofrem de burnout sentem. Todas essas pessoas se recuperaram ou estão a caminho da recuperação, mas, quando o burnout estava no auge, nenhuma delas acreditava que poderia voltar a ser feliz no trabalho. Tudo parecia fora de controle e elas se sentiam incapazes de melhorar ou mudar a situação. Como Louis disse, "não podemos fazer nada".

Esse cenário desalentador é ainda mais trágico considerando que cada um desses funcionários costumava ter sentimentos muito positivos no trabalho – eram otimistas, empenhados, eficientes e se orgulhavam do que faziam. Mas, conforme as incompatibilidades entre suas necessidades individuais e o que a organização fornecia aumentavam e o estresse se tornava crônico e incontrolável, o burnout corroeu seus sentimentos positivos e os substituiu por sentimentos de exaustão, sobrecarga e desmoralização.

A perda de trabalhadores motivados, satisfeitos e de alto desempenho, bem como de suas contribuições, é uma das piores consequências do burnout. Tanto que, dos quatro trabalhadores que citados no início deste capítulo, Billie acabou saindo em uma licença médica prolongada e Shireen, que trabalhava no hospital há mais de 20 anos, pediu demissão e foi trabalhar em uma startup de telemedicina.

No capítulo anterior, vimos como a regulação nos ajuda a gerenciar a resposta ao estresse. Agora, veremos como a regulação pode nos ajudar a gerenciar nossas emoções, pensamentos e ações no trabalho. Acho importante esclarecer que a regulação *não* é uma tentativa de reprimir nossos sentimentos, policiar nossos pensamentos ou refrear nossas reações naturais. Tampouco significa a ausência de emoção, tentar parar de pensar (boa sorte com isso!) ou sermos inflexíveis com nossos pensamentos ou comportamentos.

A regulação é a capacidade de chegar a um estado de tranquilidade e calma, mesmo diante de um pico de estresse, e entrar em um estado de foco, clareza e equilíbrio. Esqueça a ideia de que a regulação tem alguma coisa a ver com *restrição*. Na verdade, tem muito mais a ver com liberdade, no sentido de nos livrar de emoções destrutivas, pensamentos descontrolados e ações impulsivas. Liberdade para conhecer nossos próprios valores e aplicá-los de maneira autêntica e deliberada. Liberdade para ser quem somos, manter uma visão clara e apresentar nosso melhor desempenho, mesmo em ambientes altamente estressantes.

Figura 4.1. O que a regulação significa e o que não significa

O que a regulação de emoções, pensamentos e ações significa:	O que a regulação de emoções, pensamentos e ações não significa:
• Trabalhar COM. • Reconhecer emoções e pensamentos. • Conscientizar-nos de nossas ações e suas consequências. • Avançar em direção a um estado de equanimidade. • Projetar calma em nossas ações. • Adotar uma postura de autocompaixão. • Gerenciar a nós mesmos para concretizar nossos valores.	• Trabalhar CONTRA. • Suprimir ou negar emoções. • Censurar ou nos envergonhar dos nossos pensamentos. • Agir com rigidez e inflexibilidade. • Autorrecriminação ou punição. • Monitorar os sentimentos, pensamentos ou ações dos outros.

Neste capítulo, veremos como emoções, pensamentos e comportamentos desregulados podem agravar o estresse no trabalho, prejudicar nosso desempenho e aumentar nossa vulnerabilidade ao burnout. Em contrapartida, veremos também como a regulação, praticada com autocompaixão, pode eliminar esses riscos. Você aprenderá como:

- gerenciar – e até alavancar – suas emoções em vez de viver à mercê delas;
- usar seus pensamentos para melhorar seu desempenho e produtividade, em vez de ter pensamentos fora do controle reduzindo seu foco, motivação ou confiança;
- identificar comportamentos impulsivamente reativos e ter comportamentos mais deliberadamente responsivos; e

- comportar-se de uma maneira que reflita seus valores e promova o seu bem-estar, de seus colegas e a cultura da organização.

Com algum esforço e prática, todos nós *podemos* aprender a regular nossas emoções, pensamentos e comportamentos, mesmo quando estivermos estressados e as coisas começarem a ficar fora de controle. Com a prática, a regulação é uma das melhores maneiras de nos imunizar contra o burnout e de permanecermos felizes e saudáveis no trabalho.

Regulando suas emoções em meio ao estresse

Já vimos que o burnout exaure a nossa energia física, mental e emocional, nos atrai para pensamentos negativos e prejudica a nossa eficácia e desempenho. Um de seus efeitos mais perigosos é a exaustão emocional. Isso porque nossas emoções são envolvidas em tudo que fazemos. Elas afetam tudo, incluindo o que pensamos, a maneira como reagimos, nossa percepção das circunstâncias, a saúde dos nossos relacionamentos, a maneira como abordamos e resolvemos os problemas – e até a forma como nos vemos –, tendo um papel descomunal mesmo se não nos conscientizamos disso. (Sim, até os seus colegas mais estoicos passam o tempo todo sentindo e processando emoções – eles só não as *expressam* com a mesma abertura ou frequência que os outros.) Por tudo isso, uma das práticas mais eficazes não apenas para nos imunizar contra o burnout, mas também para melhorar nosso bem-estar em qualquer contexto, é aprender a regular nossas emoções.

No contexto da inteligência emocional, a regulação emocional é chamada de "autocontrole emocional". Os dois termos se referem à capacidade de gerenciar as nossas emoções a fim de manter a eficácia e o controle mesmo em situações de alto estresse. Entretanto, eu gostaria de expandir esse conceito e acrescentar três fatores importantes. A regulação emocional também implica a capacidade de:

1) nos conscientizar das nossas emoções em toda a sua diversidade e multiplicidade, 2) entender de onde elas vêm e 3) aceitar essas emoções, mesmo as mais difíceis.

Vamos começar pela aceitação, e acho importante esclarecer o que quero dizer com isso. Aceitar *não* significa nos resignar a um estado emocional negativo ou difícil e não fazer nada para superá-lo nem lidar com as circunstâncias que o causaram. Ficarmos presos em um estado de raiva, constrangimento, vergonha ou desapontamento, por exemplo, não apenas é desagradável, mas improdutivo e, com o tempo, danoso. Aceitar significa nos conscientizar de toda a gama das nossas experiências emocionais e acolher plenamente a realidade dessas emoções (o ponto 1 que acabamos de mencionar). Em outras palavras, significa não negar, suprimir, nos entorpecer ou fugir das nossas emoções, incluindo as desconfortáveis ou difíceis.

Aceitamos que elas existem e que estão lá por uma boa razão (ponto 2). Pense nas emoções como se fossem dados que nos fornecem informações. Entender sua origem – em outras palavras, por que estamos tendo uma reação emocional específica a uma circunstância específica – ajuda a revelar quem somos, quais são os nossos valores, o que acreditamos ser importante e, muitas vezes, quais são os nossos limites e os nossos gatilhos.

Sabe a mãe ursa furiosa que vem à tona quando vejo uma pessoa em posição de poder atacando um oprimido? Parte do meu processo de regulação emocional consiste em aceitar esse estado emocional difícil como parte de quem eu sou, me conscientizar do que o desencadeia e perceber quando ele está ganhando força muito antes de sequestrar meus pensamentos e influenciar negativamente minhas ações. (A "raiva cega" existe mesmo e é real!) Sem a regulação emocional, esse gatilho me deixa dominada por pensamentos improdutivos – ou eu posso ficar tão tomada pelas emoções que nem consigo pensar (a resposta de congelamento ao estresse). E, se eu estiver em um desses estados desregulados, corro o risco de ser dominada por uma emoção, me levando a, na melhor das hipóteses, me comportar de modo totalmente inútil ou, na pior, de maneira a prejudicar as pessoas ao meu redor.

Lembrando que não é por acaso que a minha ira vai de 0 a 100 em dois segundos. Quais informações essa reação emocional revela? No meu caso, nem preciso refletir muito para encontrar as raízes da minha raiva: eu cresci vendo pessoas no poder desprezando e depreciando a minha família. Na época, as pessoas no poder não eram pessoas ricas e influentes, mas pessoas comuns que apenas tinham mais do que nós. Provavelmente, a experiência de ser tratada como inferior foi tão marcante porque ocorreu em um momento crucial do meu desenvolvimento e acabou se tornando um dos meus maiores gatilhos.

Na ausência da regulação emocional, esse gatilho tem o potencial de ser muito destrutivo. Mas, com a regulação emocional, posso usar toda a energia, ímpeto e motivação que a raiva me fornece como um combustível para ações ponderadas e deliberadas que têm o poder de reparar uma injustiça. Não é incrível usar a raiva para causar uma mudança positiva? Essa é uma das razões pelas quais, embora a raiva seja um estado emocional muito difícil, eu não quero negá-la, suprimi-la ou me entorpecer diante dela nem fugir dela. Quero acolher minha raiva por fazer parte de uma experiência autêntica, descobrir a história que ela tem para me contar e, pelo superpoder da regulação emocional, fazer um uso saudável dela.

A regulação emocional não se aplica apenas às emoções difíceis, mas a toda a nossa gama de sentimentos. Afinal, os sentimentos são uma parte integral da natureza humana e, muitas vezes, sentimos antes de pensar – o que afeta diretamente as nossas ações e as pessoas ao nosso redor. A regulação emocional nos permite agir em um estado de equilíbrio tranquilo, quando o cérebro apresenta seu melhor desempenho, nossos sentimentos não nos impedem de pensar com clareza e nos sentimos no controle e eficazes.

Nas minhas pesquisas, descobri que as pessoas imunes ao burnout são capazes de usar habilidades de inteligência emocional para regular e manter o controle das emoções mesmo em situações de alto estresse. Vamos dar uma olhada em três estratégias que aprendi com a experiência dessas pessoas e que você também pode aprender para desenvolver suas habilidades de regulação emocional e ficar o maior tempo possível no ponto ideal do estresse.

Estratégia de regulação emocional nº 1: as pessoas imunes ao burnout veem os estressores como problemas que podem ser resolvidos

Essas pessoas assumem uma atitude de resolução de problemas aos estressores, o que lhes dá um senso de controle sobre a situação. Além disso, elas se cercam de outros solucionadores de problemas. Se a sua atitude for "Tudo bem, a situação não é fácil, mas sei que sou capaz de resolver o problema e tenho pessoas a quem posso pedir ajuda", são poucas as chances de sua amígdala ser sequestrada e de você ser arrastado a um estado de agitação emocional no qual precisará controlar as emoções antes de conseguir resolver os problemas.

Agora, se estiver pensando: "Parece tudo muito lindo, mas eu simplesmente não sou assim – minha amígdala é sequestrada pelo menos duas vezes por dia!", fique tranquilo. Qualquer prática que ajude você a transformar a resposta ao estresse de lutar, fugir ou congelar (como meditar, respirar fundo, exercitar-se, escrever um diário, fazer terapia, ter contato com a natureza e assim por diante) em uma resposta menos negativa ao estresse ajudará a enfrentar a situação com alguma regulação emocional. Com isso, você poderá resolver os problemas imediatamente, em vez de ter de parar para controlar suas emoções.

Dito isso, quero deixar claro que cuidar primeiro das emoções – o que os psicólogos chamam de "enfrentamento focado na emoção" – não é uma abordagem inferior para lidar com o estresse. Na verdade, pode ser até mais eficaz que o chamado "enfrentamento focado no problema" para lidar com estressores que não temos como controlar.

Digamos que você fique sabendo que será demitido. Estamos falando de um evento que está totalmente fora do seu controle – não há nada que você possa fazer para reverter essa decisão da empresa – e, como seria de esperar, você sentirá muitas emoções fortes em resposta a uma situação tão assustadora. Este é o momento para adotar a abordagem de enfrentamento focado na emoção. É importante aceitar e regular sua intensa resposta emocional antes de lidar com o estressor. Ninguém é capaz de resolver um problema no meio de um turbilhão emocional.

A ideia é não ficar preso nesse estado. O enfrentamento focado na emoção é problemático quando usado como um meio de evitar o problema. Se você dedica todo o seu tempo e energia a tentar gerenciar ou mudar seus sentimentos em relação a uma situação, você posterga ou talvez nunca consegue lidar com o estressor. Além disso, muitas das maneiras pelas quais as pessoas usam o enfrentamento focado na emoção como forma de evitação – como ficar indiferente, suprimir as emoções, entrar em negação, desistir ou usar substâncias como álcool, drogas ou comida – têm suas próprias consequências negativas e podem agravar ainda mais o estresse.

Isso nos traz de volta às pessoas imunes ao burnout. Notei as seguintes diferenças nesse grupo de pessoas: 1) sua perspectiva em geral é ver os estressores como um desafio superável ou um problema que pode ser resolvido (ou seja, respondem ao estresse como um desafio); 2) diante de um estressor, eles têm mais chances de recorrer ao enfrentamento focado no problema; 3) quando se engajam no enfrentamento focado na emoção, tendem a passar menos tempo nessa resposta e mais tempo engajados na resolução do problema. Em outras palavras, levam menos tempo para se engajar no enfrentamento focado no problema.

Em resumo, as pessoas com grande capacidade de regulação emocional sentem emoções fortes em situações de alto estresse, mas não são dominadas por elas. Conseguem lidar com emoções intensas sem perder o controle, o que lhes permite encontrar soluções para o problema que gerou o estresse.

COMO PRATICAR A ESTRATÉGIA DE REGULAÇÃO EMOCIONAL Nº 1:
- **Reconheça e cuide das suas necessidades emocionais.** Quando somos dominados por um gatilho e perdemos o controle, não conseguimos pensar direito nem agir com eficácia. Tire um tempinho para se conscientizar do que está sentindo, distancie-se um pouco do estressor e tome medidas para voltar à sua janela de tolerância. Respirar fundo, sair para andar um pouco, ligar para um amigo ou visualizar-se em um estado de tranquilidade e equilíbrio são excelentes maneiras de cuidar das suas necessidades emocionais em uma situação de alto estresse.
- **Peça ajuda.** Quando a casa cai, a pior coisa que você pode fazer é se isolar. Peça ajuda para gerenciar suas emoções e lidar com o estressor. (Lembrando que os solucionadores de problemas se cercam de outros solucionadores de problemas e levam menos tempo para encontrar soluções.)
- **Avalie se você tem como controlar o estressor, mesmo se apenas em parte.** Especialmente diante de muitas emoções intensas, você pode achar que não tem controle em uma situação e nenhuma possibilidade de afetar o resultado. No entanto, procure um pouco mais e você poderá encontrar soluções inesperadas. Um cliente entrou em pânico quando seu braço direito na empresa pediu demissão sem aviso prévio. Ele não conseguiu convencê-la a ficar e presumiu que o projeto que ela liderava teria de ser cancelado. Depois de se acalmar, ele percebeu que, apesar de não ter como manter a funcionária, poderia redistribuir a carga de trabalho dela entre outros membros da equipe enquanto buscava alguém para preencher o cargo.
- **Reconheça o que você realmente tem como controlar e concentre-se nisso.** As pessoas imunes ao burnout não perdem tempo pensando no que não podem controlar; elas procuram o que realmente está sob o controle delas e dedicam toda a atenção

e energia a isso. (Reveja a lista de coisas que você pode e não pode controlar nas páginas 88-89)
- **Aceite o que está fora do seu controle.** Pode não ser fácil, mas o fato é que simplesmente não podemos e jamais poderemos controlar algumas coisas. É só depois de aceitar esse fato que você poderá resolver os problemas que estão sob o seu controle. Meu cliente não tinha como controlar os pensamentos ou ações da funcionária que pediu a demissão. Mas tinha como controlar sua própria resposta, o que o levou a encontrar uma solução para o problema de fluxo de trabalho causado pela demissão da funcionária. (O que, aliás, aliviou bastante o estresse dele!)
- **Use as suas emoções negativas ou difíceis para atingir um resultado positivo e produtivo.** A raiva pode ser transformada em um grande motivador para reparar uma injustiça. A ansiedade pode ser mobilizada e transformada em energia para realizar uma tarefa. A frustração pode ajudar a identificar o que não está dando certo e ser usada para encontrar soluções. Encontre o lado positivo da sua emoção difícil e use isso a seu favor.

Estratégia de regulação emocional nº 2: as pessoas imunes ao burnout gerenciam proativamente seu envolvimento emocional no trabalho

Uma das maiores causas do burnout é envolver-se demais emocionalmente no trabalho. Quer você esteja profundamente insatisfeito ou seja apaixonado pelo seu trabalho e esteja feliz dando tudo de si, a ausência de limites claros entre a vida profissional e a pessoal pode resultar no tipo de estafa emocional e esgotamento de energia característico do burnout. Alguns sinais que indicam que você pode estar dedicando muita energia emocional ao trabalho incluem levar as críticas para o lado pessoal; passar mais tempo no trabalho que o necessário; trabalhar fora do horário de trabalho; falar demais sobre o trabalho com amigos e com a família; viver pensando sobre o trabalho; querer agradar a todos no trabalho; atrelar sua autoestima a seu desempenho no trabalho; ou ter o trabalho como principal fonte de realização.

Descobri que as pessoas imunes ao burnout encontram maneiras de impor limites ao investimento emocional no trabalho. Isso se aplica tanto a pessoas apaixonadas pelo trabalho, que gostam de trabalhar muito e dedicar muita energia ao trabalho, quanto àquelas que, por qualquer motivo, estão insatisfeitas com o trabalho, mas sentem que não têm como sair. Esses dois grupos precisam tomar precauções especiais para se proteger. Veja o exercício "Quando você evoluiu, mas a sua organização não" para ter mais informações a respeito.

COMO PRATICAR A ESTRATÉGIA DE REGULAÇÃO EMOCIONAL Nº 2:
- **Não tente agradar a todos.** Fazer isso implica dedicar todas as suas energias, 24 horas por dia e 7 dias por semana, e é um trabalho sem fim.
- **Restrinja seu tempo e suas interações com os vampiros de energia no trabalho ou colegas que têm uma atitude negativa ou cética em relação ao trabalho.** Conviver com esse tipo de pessoa é uma categoria à parte de burnout emocional. Tente se associar com colegas que o deixem energizado e otimista.
- **Estabeleça limites firmes em relação ao trabalho.** Bloqueie na sua agenda horários nos quais você não estará disponível, comunique esses limites e siga-os.
- **Crie e mantenha limites emocionais.** Reserve um tempo depois do trabalho – enquanto volta para casa, por exemplo – para se distanciar dos acontecimentos do dia e não levar para casa a bagagem emocional do trabalho. Quando tiver de fazer tarefas emocionalmente desgastantes, reserve um tempo depois para atividades saudáveis que renovarão sua energia emocional.
- **Nunca se esqueça de quem você é.** Pessoas que se identificam demais com o trabalho têm dificuldade de se desatrelar do

trabalho. Quem é você e o que lhe dá prazer fora do trabalho? Arranje um tempo para essas coisas.
- **Tente não levar as coisas para o lado pessoal.** Mantenha em mente que coisas que podem parecer ataques pessoais muitas vezes não têm a ver com você, mas com o seu papel no trabalho.
- **Seja proativo para ficar e se manter emocionalmente centrado, conectando-se com pessoas, lugares e experiências que lhe dão paz.** Meditar uma vez por dia, orar, fazer uma lista de coisas pelas quais você é grato, fazer ioga ou outra atividade física, pequenas pausas durante o dia de trabalho, tirar um tempo para se desconectar do trabalho e conversar com pessoas de confiança são ótimas opções.
- **Neutralize experiências emocionais negativas com experiências emocionais positivas.** Uma chefe de polícia me contou que gosta de fazer spinning na academia não apenas pelos benefícios para a saúde, mas porque ela fica energizada com a empolgação de seu instrutor. Outra chefe de polícia disse que gosta de ver filmes e músicas inspiradoras para melhorar seu humor.

EXERCÍCIO: QUANDO VOCÊ EVOLUIU, MAS A SUA ORGANIZAÇÃO NÃO

Ao responder às perguntas deste teste – lembrando que não há resposta errada –, tente pensar em como cada aspecto de quem você é impacta e se relaciona com a sua função no trabalho e o seu ambiente de trabalho. Com base nas suas respostas, você diria que está alinhado com o seu trabalho e o seu ambiente de trabalho?

Ao decidir melhorar suas habilidades de regulação, você pode ver que está mudando, melhorando e evoluindo, mas que a sua organização está presa aos mesmos velhos padrões. Muitos trabalhadores experientes e empenhados que lutam com a crescente vulnerabilidade ao burnout expressam essa frustração. Têm um alto nível de autoconsciência, grande capacidade de regulação e veem com clareza as incompatibilidades entre as suas necessidades e o que o seu ambiente de trabalho pode proporcionar. O problema enfrentado por esses dois grupos é que eles se sentem impotentes para mudar seu ambiente de trabalho, deixando-os vulneráveis ao burnout.

Se você está convencido de que seu ambiente não pode (ou não vai) mudar, é hora de uma autorreflexão profunda e honesta. Reflita sobre: 1) o que você está sacrificando pelo seu trabalho, 2) por quanto tempo você está disposto a fazer esse sacrifício, 3) do que você absolutamente não se dispõe a abrir mão pelo seu trabalho e 4) se não seria melhor pedir as contas.

O que esse exercício de reflexão revelou? Seu trabalho exige mais de você do que você está disposto a dar? Você se identifica com a missão, os valores e/ou a cultura da sua organização a ponto de se dispor a fazer certos sacrifícios? Por quanto tempo? As incompatibilidades que você identificou são toleráveis? Por quanto tempo? Os sacrifícios que você está fazendo valem o investimento de tempo, energia emocional e esforço?

Só você pode responder a essas perguntas. Mas continue desenvolvendo e praticando suas habilidades de regulação e você terá a liberdade e a tranquilidade de tomar as melhores decisões para o seu futuro.

Estratégia de regulação emocional nº 3: pessoas imunes ao burnout praticam a regulação emocional adaptativa

"Regulação emocional adaptativa" é um termo amplo que se refere a respostas proativas ao estresse caracterizadas por crescimento, flexibilidade, melhoria da saúde mental e maior bem-estar. As práticas adaptativas de regulação emocional nos aproximam de uma vida saudável. Exemplos incluem resolução de problemas, planejamento, aceitação, buscar ajuda, reavaliação positiva (passar a ver eventos estressantes como positivos ou até benéficos) e autocompaixão.

Compare isso com práticas de enfrentamento desadaptativas, que até podem nos dar um alívio por um tempo, mas sempre aumentam o estresse em longo prazo. Essas respostas nos afastam de uma vida saudável e incluem coisas como ruminação, procrastinação, uso de substâncias, evitação, comportamento de risco e autocrítica.

Não faltam pesquisas, artigos científicos e livros dedicados a respostas de enfrentamento adaptativas e desadaptativas, habilidades de regulação emocional e respostas positivas e negativas ao estresse. Neste livro, eu gostaria de restringir o foco às práticas de regulação emocional adaptativa que observei nos participantes das minhas pesquisas e nos meus clientes com imunidade ao burnout e que parecem ser especialmente eficazes na prevenção do burnout.

COMO PRATICAR A ESTRATÉGIA DE REGULAÇÃO EMOCIONAL Nº 3:
- **Mantenha-se ciente das suas emoções em meio a uma experiência estressante e quando estiver chegando ao seu ponto crítico.** Todo mundo tem "sinais" que indicam quando estamos prestes a sair da nossa janela de tolerância e entrar na zona de perigo. Aumento da raiva ou ansiedade, uma sensação de entorpecimento ou de "sair do ar", pensamentos acelerados, incapacidade de pensar com clareza ou sensações corporais como alta frequência cardíaca, náusea ou tontura são sinais de que você está se aproximando da zona de perigo. Entretanto, as pessoas imunes ao burnout também são capazes de identificar sinais mais sutis ou específicos. Um designer gráfico, por exemplo, percebeu que, quando seus níveis de estresse atingiam o ponto crítico, ele ficava menos criativo. Uma médica notou que suas crises de culpa, que pareciam chegar "do nada, sem motivo algum", na verdade estavam associadas a picos de estresse. Quais são os seus sinais específicos?

- **Identifique o que é necessário para você permanecer na sua janela de tolerância – e alavanque isso.** À primeira vista, pode parecer óbvio, mas não descarte a enorme autoconsciência e presença de espírito necessárias para se defender em uma situação altamente estressante. Quando os níveis de estresse ameaçam comprometer sua eficácia, um diretor hospitalar que fez um dos meus workshops recorre a uma prática que consiste em sair para uma caminhada nas dependências do hospital enquanto conversa com um colega para voltar aos eixos. (Eles se revezam quando o colega precisa de apoio emocional.) Uma advogada corporativa se distrai do gatilho que está aumentando seu estresse olhando as fotos da família que ela mantém em sua sala – apenas alguns momentos são suficientes para ela se acalmar e voltar aos eixos e poder enfrentar o estressor com mais presença de espírito e eficácia.
- **Rotule as suas emoções.** Pesquisas demonstram que o simples fato de expressar nossos sentimentos em palavras reduz a reatividade emocional, em parte porque ajuda a nos distanciar da emoção temporária que estamos sentindo. Pessoas com imunidade ao burnout conseguem rotular suas emoções com rapidez e precisão. Um cliente de coaching pratica a rotulagem emocional fazendo uma pausa e pensando: "Estou irritado" ou "Estou me sentindo pessimista agora", o que o ajuda a ver a situação com mais objetividade e menos reatividade. Também é um lembrete de que o sentimento é temporário; como todos os sentimentos, isso vai passar. Para ampliar seu vocabulário emocional, procure uma lista de emoções na internet. Sou fã da lista de 87 Emoções e Experiências Humanas de Brené Brown e os Guarda-chuvas de Granularidade Emocional de Susan David; as listas estão disponíveis para download nos sites das autoras.
- **Regule e adapte positivamente suas emoções durante uma crise.** Pessoas imunes ao burnout parecem ter um talento

natural para fazer isso, mas todos nós podemos aprender essa habilidade. Uma das histórias mais extraordinárias que ouvi foi a de um diretor hospitalar que me disse: "Não é raro cirurgiões invadirem a minha sala achando que tenho origem humilde, que sou burro como uma porta ou não sou digno de continuar vivendo. Eu só espero eles desabafarem e digo: 'Tudo bem. Agora me diga como você acha que podemos trabalhar juntos para resolver isso'. Eu reajo à situação, não ao ataque". Isso é que é regulação emocional! Para nós, meros mortais, manter a calma sob pressão fica mais fácil com a prática. Fazer uma pausa para respirar fundo antes de reagir sempre ajuda, assim como a prática desse diretor hospitalar de focar a situação, não as emoções. Dependendo das circunstâncias, você também pode se distanciar por um tempo da situação para se acalmar, conversar com um colega de confiança ou mentor ou anotar seus pensamentos e seu plano de ação antes de voltar à situação.

- **Identifique os gatilhos da sua reação emocional ao estresse.** Munido desse conhecimento, você pode se preparar para situações que sabe que irão desestabilizá-lo e deixá-lo vulnerável a um sequestro de amígdala. (Se precisar de um lembrete, veja as suas respostas ao exercício "Conscientize-se dos seus gatilhos no trabalho", nas páginas 109-110). De tudo o que precisa fazer no trabalho, uma chefe de polícia de polícia diz que advertir policiais insubordinados é a tarefa mais estressante. Em preparação para essas conversas, ela se certifica de dormir o suficiente, evita cafeína e passa vários minutos praticando a conversa mentalmente.

- **Entenda as causas dos seus gatilhos em determinadas situações.** Sabe aquela médica que percebeu que sua culpa inexplicável era, na verdade, uma resposta ao estresse? Na terapia, ela descobriu que se tratava de uma reação persistente a um evento traumático da infância. Uma vez desvendados o gatilho e sua reação, ela deixou de ficar alarmada ou ainda mais estressada quando tinha a crise de culpa e desenvolveu a capacidade de se colocar em um lugar de autocompaixão. Um dos meus clientes de coaching, um diretor executivo de uma ONG, tinha um gatilho irracional sempre que precisava se reunir com seu conselho de administração. Ele já entrava nas reuniões em estado de desregulação emocional, na defensiva, hipervigilante e esperando o pior. Começou a escrever um diário e percebeu que a causa de sua reação emocional exacerbada vinha de seu emprego anterior. Naquele emprego, o CEO passou anos enviando-o para reuniões do conselho com informações muito limitadas (o que, por si só, era estressante) e ele era deixado para arcar com o peso das frustrações do conselho. Quando percebeu que seus sentimentos não tinham nada a ver com seu emprego atual, ele conseguiu participar das reuniões do conselho com presença de espírito e uma atitude de abertura, o que levou a relacionamentos menos tensos e maior produtividade.

- **Aprenda a tolerar emoções negativas sem reagir impulsivamente.** Sei que não é fácil fazer isso e veremos em detalhes como regular suas ações um pouco mais adiante. Por enquanto, vamos dar uma olhada em um exemplo. Um diretor hospitalar recebeu a notícia que executivos de muitos setores temem receber: o conselho decidiu fazer um grande corte de orçamento. No caso dele, isso não apenas resultaria em redução de pessoal, como também comprometeria o atendimento aos pacientes. Como seria de esperar, ele ficou lívido. Contudo, reconheceu que ficou tão desestabilizado que nada que pudesse dizer ou fazer enquanto estivesse nesse estado seria produtivo e até poderia ser destrutivo. Então, em vez de mandar um e-mail de protesto a todos os membros do conselho, doadores e membros da equipe de liderança, ele decidiu cuidar de si mesmo primeiro. "Ficou claro para mim que eu precisava priorizar meu estado emocional", disse ele. "Absolutamente nada de produtivo aconteceria se eu reagisse enquanto estava com os nervos tão à flor da pele e tão furioso." Ele decidiu não fazer nada por uns dias. E dedicou o fim de semana a atividades que lhe davam prazer – fazer caminhadas, ir à feira e ver um filme com a esposa –, só parando para planejar sua resposta formal depois que o turbilhão de emoções passou.

Regule seus pensamentos para manter a clareza e a calma

Um dos melhores resultados da regulação das emoções é a capacidade de desacelerar o *pensamento*. Quando o nível de estresse está em 7 ou mais, o cérebro fica praticamente "offline". A pesquisadora e professora Brené Brown define esse estado de sobrecarga como "um nível extremo de estresse, um estado emocional e/ou cognitivo tão intenso a ponto de você se sentir incapaz de funcionar". Segundo Brown, várias pesquisas indicam que não processamos informações emocionais com precisão quando nos sentimos emocionalmente sobrecarregados, o que nos leva a tomar decisões inadequadas.[1] Quando nossos níveis de estresse estão nas alturas e estamos com os nervos à flor da pele, pode ser difícil ter a presença de espírito para ver a situação com clareza.

Este é um excelente momento para desacelerar seu pensamento.

Vá com calma

Se você ainda não leu *Rápido e devagar*, do psicólogo Daniel Kahneman, recomendo fortemente a leitura. Não é por acaso que o livro é um best-seller e continua sendo uma das principais referências sobre tomada de decisões e resolução de problemas. O livro também apresenta um insight importante sobre a prevenção do burnout que muitos especialistas deixaram passar. Veja um guia rápido para você começar.

Uma das observações mais importantes de Kahneman é que o cérebro tem dois sistemas operacionais. O pensamento rápido, que

Kahneman chama de pensamento do Sistema 1, é inconsciente e automático. Acontece sem esforço, com pouco ou nenhum senso de controle voluntário. Sua função é avaliar uma situação e fornecer atualizações, e processa informações com grande rapidez – tanto que nem percebemos que estamos pensando. Já o pensamento lento, ou pensamento do Sistema 2, é consciente, intencional, racional e lógico. Requer esforço, controle e deliberação. Sua função é buscar informações e tomar decisões e, como o próprio nome sugere, ocorre lentamente; somos plenamente conscientes dele. As decisões do Sistema 1 são intuitivas e imediatas, enquanto as decisões do Sistema 2 são metódicas e levam um tempo.

Gostamos de acreditar que somos pensadores racionais do Sistema 2, que abordam as decisões com lógica e deliberação consciente, mas acontece que uma esmagadora parcela de 98% do nosso pensamento é do Sistema 1, o pensamento rápido. Isso significa que, na maior parte das vezes, nossos processos mentais são automáticos e irrefletidos – ou, em outras palavras, irracionais! Mas não precisa entrar em pânico – esse é o nosso cérebro nos fazendo um favor. Os seres humanos tomam, em média, cerca de 35 mil ou mais decisões todos os dias e a maioria delas são escolhas de risco muito baixo, como comer cereais matinais ou ovos no café da manhã, ou virar à direita ou à esquerda no fim da escada. O pensamento do Sistema 1 coloca essa infinidade de decisões de baixo risco no piloto automático para não termos que perder tempo e energia com elas. A ideia é preservar nosso tempo e energia para as decisões de alto risco que exigem o pensamento do Sistema 2. O pensamento rápido do Sistema 1 é o domínio dos hábitos e da heurística. Os hábitos são as rotinas do piloto automático resultantes de tarefas cotidianas, enquanto as heurísticas são os atalhos mentais que o cérebro usa para acelerar o processo decisório e alcançar um objetivo imediato.

Não poderíamos sobreviver sem o pensamento do Sistema 1, mas ele tem seus problemas. Os hábitos podem ser contraproducentes ou prejudiciais, e pode acontecer de a heurística estar totalmente errada. Pense no problema do viés, por exemplo. É incrivelmente fácil – e incrivelmente comum – fazer um julgamento precipitado sobre alguém em questão de segundos. Como parte do nosso mecanismo básico de sobrevivência, é útil tirar conclusões rápidas: precisamos do pensamento do Sistema 1 para sermos capazes de detectar imediatamente uma ameaça à nossa sobrevivência. Mas e se você fizer um julgamento precipitado, e completamente equivocado, sobre um candidato a emprego? Ou uma importante decisão de negócios com base em uma intuição que se revela errada? Esse é o maior perigo do pensamento rápido, e é por isso que é importante praticar o pensamento lento, especialmente quando os riscos são altos e precisamos tomar decisões importantes.

É neste ponto que a pesquisa de Kahneman se relaciona com a experiência do burnout. Adivinha o que nos prende ao pensamento rápido – o que nos leva a tomar decisões inconscientes e baseadas nas emoções, em vez de decisões conscientes e baseadas em fatos? O estresse. E adivinha o que acontece quando tomamos decisões erradas com péssimos resultados? Você acertou – mais estresse. Agora extrapole esse ciclo vicioso para o nível organizacional. Coloque muitos funcionários estressados em um ambiente de trabalho, sofrendo as consequências de muitas decisões erradas baseadas em pensamentos rápidos e irrefletidos, e eles continuarão a perpetuar o estresse. Acrescente a isso o contágio emocional e um estresse crônico e implacável, e você terá exatamente o tipo de condições de trabalho psicologicamente perigosas que se transformam em um terreno fértil para o burnout.

Agora vamos dar uma olhada no funcionário que está preso nesse ambiente de alto estresse. O pensamento dele fica preso no modo rápido, no pensamento do Sistema 1, onde ele terá muito mais chances de cometer erros, tomar decisões baseadas em vieses ou suposições erradas, perder a capacidade de ver perspectivas diferentes ou cair em qualquer uma das incontáveis armadilhas mentais (veja a página 140) às quais ficamos vulneráveis quando estamos estressados. Um bom exemplo é o raciocínio emocional, um padrão de pensamento negativo que nos leva a acreditar que a maneira como nos sentimos é um reflexo preciso da realidade. O raciocínio emocional diz: "Eu me sinto assim, portanto deve ser um fato". Só que, na verdade, o que está acontecendo é exatamente o contrário: quando estamos desestabilizados, nossas emoções estão à flor da pele e nossos pensamentos estão fora de controle – em outras palavras, quando estamos em um estado desregulado –, é quase impossível ver uma situação com clareza e, portanto, conseguir tomar a decisão certa ou tomar medidas produtivas.

Você já esteve 100% convencido de que um problema no trabalho simplesmente não tinha solução ou que você absolutamente não conseguiria passar por uma negociação difícil ou levar um projeto desafiador até o fim? A situação pode parecer impossível no momento e você pode jurar de pés juntos que é o caso, mas a realidade é que são raríssimos os problemas e desafios sem solução se você tiver acesso a ajuda e apoio. Esse é o raciocínio emocional em ação e é o tipo de erro de pensamento que ocorre quando estamos muito estressados e presos ao pensamento rápido.

Figura 4.2. A voz interior do pensamento rápido

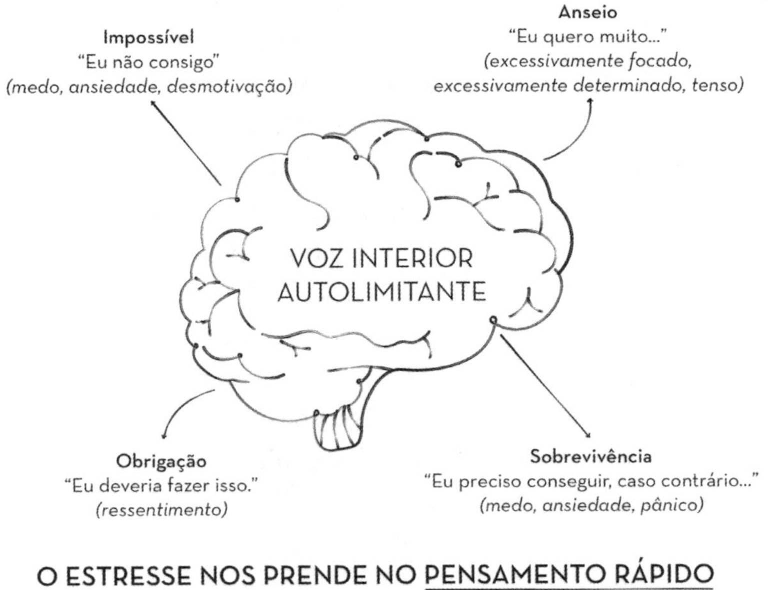

Impossível
"Eu não consigo"
(medo, ansiedade, desmotivação)

Anseio
"Eu quero muito..."
(excessivamente focado, excessivamente determinado, tenso)

VOZ INTERIOR AUTOLIMITANTE

Obrigação
"Eu deveria fazer isso."
(ressentimento)

Sobrevivência
"Eu preciso conseguir, caso contrário..."
(medo, ansiedade, pânico)

O ESTRESSE NOS PRENDE NO PENSAMENTO RÁPIDO

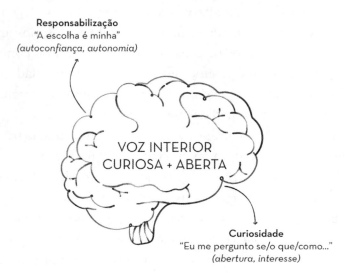

Figura 4.3. A voz interior do pensamento lento

O PENSAMENTO LENTO NOS ABRE A POSSIBILIDADES

O pensamento rápido resultante do estresse muitas vezes atua com uma voz autorrestritiva. Ela diz coisas como: "Eu não consigo", "Precisa ser assim", "Eu não tenho escolha" ou "Eu preciso fazer isso, caso contrário…" Distorce e estreita a nossa visão e nos impede de sermos criativos, abertos e empáticos. A voz interior do pensamento lento, por sua vez, é curiosa, aberta e empoderada. Diz coisas como: "Eu tenho uma escolha aqui", "Estou aberto a múltiplas possibilidades" e "O que será que aconteceria se…" É flexível, adaptável e capaz de aprender e inovar. Pessoas capazes de regular seus pensamentos de modo a se engajar no pensamento lento são mais eficazes e satisfeitas no trabalho e são mais fáceis de trabalhar do que pessoas com pensamentos – e, portanto, atitudes e ações – em um estado desregulado. E, no fim das contas, são menos vulneráveis ao burnout.

Em situações de alto estresse, crônico ou agudo, como regular nossos pensamentos para desacelerar o pensamento e ver a situação com clareza? Veja algumas técnicas.

1. **Use um mantra.** Quando você está à flor da pele e precisa de um alívio *imediato*, um mantra pode reduzir sua resposta física e emocional ao estresse e ajudá-lo a pensar com mais clareza. Em práticas tradicionais de meditação, um mantra é uma palavra ou som repetido que nos ajuda a nos concentrar. Hoje em dia, mantras são usados em diversos contextos, incluindo desenvolvimento profissional, terapia, psicologia positiva, coaching e práticas de mindfulness. Encontre uma palavra, expressão ou frase que ajude você a se concentrar em algo diferente do estressor grande e aterrorizante à sua frente. Para se tranquilizar ainda mais, atrele seu mantra à respiração. Por exemplo, ao inspirar, pense "paz dentro de mim" e, ao expirar, pense "paz fora de mim". Gosto de ter um punhado de mantras diferentes prontos para usar de acordo com a situação. Veja alguns dos meus favoritos:

- Um passo de cada vez.
- A calma é contagiante.
- Inspirando a calma, expirando a tensão.
- Inspirando confiança, expirando preocupação.
- Estou no controle da minha resposta ao estresse (ou às emoções, pensamentos ou ações).
- Vai dar tudo certo.

2. **Vá para outro lugar.** Você ficaria surpreso com a eficácia dessa medida simples em interromper a resposta ao estresse e direcionar seu foco a algo diferente do que está desencadeando seu estresse. Se puder sair para a rua, melhor ainda. Sara, uma

cliente de coaching, encontrou uma maneira muito criativa de obter o mesmo efeito de redução do estresse quando não pode sair de onde está. Quando recebe um e-mail grosseiro e sua ansiedade começa a aumentar, Sara tira as mãos do teclado e empurra a cadeira para trás, afastando-se da mesa. Ela respira fundo até seu coração e sua respiração diminuírem e suas emoções e pensamentos se acalmarem. Isso não apenas a acalma, mas também a impede de mandar uma resposta da qual se arrependerá mais tarde.

3. **Pense em memórias que evocam emoções positivas.** Pesquisas demonstram que, em uma experiência de estresse agudo, o simples fato de pensar em uma memória feliz reduz o estresse e melhora o humor instantaneamente. Pensar na memória feliz não apenas reduz os níveis de cortisol como também aumenta a conectividade no córtex pré-frontal do cérebro, uma área responsável pela regulação emocional.[2] Se precisar de uma ajudinha, faça um álbum de fotos com momentos em que você esteve relaxado e feliz. Inclua fotos de sua família, férias ou seu pet.

4. **Dê uma boa risada.** Seja rolar de rir ou só aquela risadinha por dentro, o riso tem um efeito imediato no combate ao estresse. Reduz o cortisol, a pressão arterial, a frequência cardíaca e a frequência respiratória e desencadeia a liberação de endorfinas, os hormônios do "bem-estar". Recorra a tudo o que você acha engraçado – vídeos de gatos no TikTok, memes, vídeos do seu comediante favorito, filmes de comédia – ou vá conversar com aquele colega de trabalho que sempre tem uma piada para contar. Tenho um vídeo curto da minha irmã Jodi e eu dançando "à la Elaine" (da série de TV *Seinfeld*) no casamento da minha sobrinha que sempre me faz rir. Ele me salvou várias vezes quando estou tensa e preciso mudar meu humor.

5. **Faça exercícios respiratórios.** Quando comecei a ler sobre como a respiração pode reduzir o estresse e a ansiedade, confesso que não acreditei muito. Eu achava que o meu estresse não era páreo para um simples respirar fundo! Mas, caramba, como eu estava errada! Nem tenho palavras para dizer o quanto é reconfortante saber que temos acesso imediato a uma técnica capaz de interromper o estresse. Há vários exercícios respiratórios disponíveis (basta fazer uma rápida busca no Google para encontrar muitos), mas um dos meus favoritos é a técnica clássica 4–7–8. Basta inspirar contando até quatro, segurar contando até sete e expirar contando até oito. Qualquer tipo de respiração diafragmática atenta o tranquilizará na hora e, quando praticada regularmente, tem o potencial de transformar sua vida.

6. **Distraia-se.** A psicóloga Gretchen Schmelzer ressalta que, quando somos tomados pelas emoções ou nossos pensamentos estão presos em um ciclo interminável, às vezes a melhor coisa a fazer é dar ao cérebro superestimulado e estressado um tempo para descansar e reiniciar. Concentre-se em qualquer coisa que não seja o estressor, a emoção forte ou o ciclo de pensamentos. "A distração", diz ela, "pode ter um efeito muito curativo. É o equivalente emocional de uma tipoia para o cérebro". Ela aconselha os clientes a criar uma lista de distrações que eles poderão usar sempre que se sentirem estressados e o cérebro ficar fora de controle. Mude de atividade, mude de local, ouça uma música, veja um vídeo, socialize, dedique-se a um hobby, leia para seus filhos, saia para uma caminhada. Distrações como essas podem interromper um ciclo de sentir-se estressado e estagnado.[3]

Evite as armadilhas do pensamento ou liberte-se delas

O pensamento rápido nos deixa vulneráveis às armadilhas do pensamento. Também conhecidas como erros de pensamento, erros cognitivos ou distorções cognitivas, são padrões de pensamento negativo que nos dão uma percepção imprecisa da realidade.

Às vezes me refiro a esses padrões de pensamento improdutivos e falhos como "armadilhas de estresse autoinduzidas", porque eles têm o poder de criar e amplificar o estresse evitável. Se não forem controlados, ficamos ainda mais vulneráveis ao burnout. Um exemplo clássico é pensar em termos de "deveria". Essa armadilha cognitiva ocorre quando dizemos a nós mesmos que as coisas *deveriam* (ou não deveriam) ser de uma determinada maneira, sem exceções e sem levar em conta as circunstâncias. "Eu deveria ser mais parecido com o Bob", "Eu deveria saber que isso ia acontecer", "Eu não deveria mais cometer erros tão básicos", "Eles já deveriam ser capazes de lidar com isso".

Pensar em termos de "deveria" impõe uma série de expectativas sobre nós mesmos ou sobre as pessoas que provavelmente não se concretizarão por não terem base na realidade. É realmente possível não cometer nenhum erro, por exemplo? É claro que não, e acreditar que você deveria ser perfeito o deixa sujeito a muita autocensura, vergonha e culpa. As armadilhas do pensamento nos levam a ver tudo ao nosso redor – acontecimentos, pessoas (e as motivações delas), a nós mesmos – de maneira distorcida e irracional. Portanto, é natural que as decisões e ações que tomamos com base na armadilha do pensamento de uma versão equivocada da realidade levem a consequências negativas, mais pensamentos negativos e, para a surpresa de ninguém, mais estresse.

Pesquisadores chegaram a documentar uma relação neurobiológica direta entre o pensamento negativo e o estresse. Em um estudo com pessoas que sofriam de depressão grave (caracterizada por pensamentos negativos, desânimo e perda de interesse), os pesquisadores encontraram níveis mais altos de cortisol e níveis mais baixos de ocitocina. Além disso, eles identificaram uma correlação positiva direta entre os níveis de cortisol e a frequência e a intensidade dos pensamentos negativos dos participantes. Em outras palavras, quanto maior a frequência na qual os participantes da pesquisa caíam nas armadilhas do pensamento e quanto mais acreditavam nelas, mais alto era seu nível de estresse.[4] Se não forem gerenciadas, as armadilhas do pensamento podem levar a ansiedade e depressão ou intensificá-las, deixando-nos desamparados e resultando em comportamentos autodestrutivos. No trabalho, podemos nos sentir ineficazes, inseguros e menos capazes de resolver problemas, nos comunicar com eficácia e tomar decisões acertadas. E, como sempre, quanto mais tempo permanecermos nas garras da armadilha do pensamento, pior será o resultado, tanto interna (estresse mais intenso e mais prolongado, ceticismo, insegurança) quanto externamente (baixo desempenho, ineficácia, visão estreita, decisões erradas).

Há muitas armadilhas do pensamento, mas aqui estão as cinco que observei com mais frequência nos meus clientes, alunos e participantes de pesquisas. Veja se você se identifica com alguma delas. O primeiro passo para se livrar da armadilha do pensamento é se conscientizar de que você caiu nela.

- **A armadilha do filtro negativo.** Esta armadilha do pensamento conquistou o primeiro lugar na minha lista de distorções cognitivas por ser um grande acelerador do burnout. Quando caímos na armadilha do filtro negativo, focamos exclusivamente (e muitas vezes excessivamente) os aspectos negativos de uma situação e somos incapazes de ver quaisquer aspectos positivos. Quando o filtro negativo é muito intenso, pode nos convencer de que não temos quaisquer qualidades positivas. Certa vez, Kristin, uma cliente de coaching, chegou a uma consulta visivelmente consternada. Chorando, ela contou que recebeu uma péssima avaliação de desempenho, passou a semana inteira pensando em cada palavra do feedback negativo e concluiu que não era qualificada para o emprego e que sua única opção era pedir demissão. Em meio a seu choque, decepção e pânico, tudo que ela conseguia ver era aquela única crítica, ignorando totalmente seus mais de seis anos de alta performance na empresa.

Esse é um exemplo de filtro negativo agudo e bastante drástico desencadeado por um evento doloroso. Agora imagine os resultados se o filtro negativo criar raízes na sua mente e você desenvolver o *hábito* de insistir no negativo em detrimento do positivo. (Lembrando que, como já vimos, o que persiste nos desgasta e nos exaure aos poucos.) Exemplos de filtro negativo no trabalho incluem ruminar sobre um feedback negativo, ficar obcecado com os pontos fracos dos colegas ou subordinados, ficar obcecado com *seus* próprios pontos fracos, cometer um pequeno erro e presumir que o projeto/apresentação/tarefa inteiro foi um desastre ou perder um prazo ou deixar passar um detalhe e presumir que você é incompetente. O filtro negativo não apenas nos leva a uma visão distorcida da realidade como também aumenta o estresse e prejudica gravemente o nosso desempenho. Ficar preso nessa armadilha do pensamento pode criar um ciclo vicioso, com a negatividade gerando mais negatividade e resultando no tipo de ceticismo e pessimismo profundos que caracteriza o burnout.

Para se livrar dessa armadilha, analise os fatos. Se estiver nas garras da espiral da negatividade ou, como Kristin, suas emoções e pensamentos estiverem fora de controle e o cérebro estiver "offline", peça a ajuda de um observador objetivo. Será que uma única avaliação negativa *de fato* neutraliza tudo que você fez de bom e é uma prova de que você é incompetente e que deveria largar o emprego?

Uma nota baixa *realmente* significa que você é burro e deveria abandonar os estudos? É claro que não.

Essa tática também ajuda a neutralizar seus pensamentos negativos ao se lembrar de todas as coisas positivas. Também neste caso, pode ser útil examinar os fatos. Kristin, por exemplo, tinha seis anos de avaliações de desempenho positivas. Se você não tiver esse tipo de evidência concreta, faça uma lista de coisas pelas quais sente gratidão – incluindo coisas muito pequenas. Olhe ao redor e encontre cinco coisas pelas quais você é grato – sua caneta favorita, o vasinho de suculenta na sua mesa, as meias que está usando, a luz do sol entrando pela janela, o copo d'água ao seu alcance – para redefinir rapidamente seu estado de espírito. Pesquisas demonstram que praticar a gratidão aumenta as emoções positivas, o otimismo e a autoestima, ao mesmo tempo que diminui o estresse, a depressão e o ceticismo.

- **A armadilha do "É impossível!".** Quando cai nessa armadilha do pensamento, você se convence de que todos os seis objetivos são inalcançáveis e que todos os seus problemas não têm solução. Tendemos a cair nessa armadilha quando já estamos sobrecarregados e estressados e nos convencemos de que é impossível fazer qualquer progresso. As emoções podem se intensificar e o pensamento rápido se instala. Quando caímos na armadilha do "É impossível!", reagimos aos estressores com um senso de sobrecarga e derrota. Quando nos vemos presos nessa armadilha, somos incapazes de ter uma visão objetiva da situação ou determinar um curso de ação adequado – ou até determinar *qualquer* curso de ação, resultando em paralisia e ineficácia.

Quando a situação parece impossível, uma das melhores coisas que você pode fazer é escolher a resposta de cuidar e socializar ao estresse e recorrer à ajuda de alguém. Somos mais vulneráveis a essa armadilha do pensamento quando nos isolamos. As pessoas não apenas podem nos ajudar a ter uma visão mais objetiva e realista da situação (a maioria dos desafios no trabalho tem solução) como também podem nos ajudar a avançar em direção aos nossos objetivos. Até mesmo os menores passos são um antídoto para sentimentos de derrota, ceticismo e resignação. Divida a sua tarefa em etapas muito pequenas e concentre-se em fazê-las uma a uma. Quando paramos um pouco para vencer nossa primeira reação automática de achar que nada pode ser feito e pedimos ajuda, podemos nos libertar dessa armadilha e evitar o burnout.

- **A armadilha das expectativas irrealistas.** Tudo bem ter metas ambiciosas, mas é fácil cair nesta armadilha quando as suas expectativas são tão altas que você não tem chance de alcançá-las. Você pode ter estabelecido a meta de ser um CEO aos 27 anos ou de receber uma promoção a cada dois anos, sem exceção. Você pode ter jurado que escreveria um livro em três meses porque seu autor favorito fez isso. Ou você pode querer se aposentar aos 40 anos.

Quando definimos expectativas irrealistas, podemos ser rigorosos demais conosco, trabalhar demais sem nos dar tempo suficiente para descansar e recarregar as baterias, além de ficar decepcionados, frustrados e autocríticos quando não atingimos essas metas inalcançáveis. A busca crônica de expectativas irrealistas pode levar ao ceticismo, à apatia e à ineficácia – para que continuar se nada parece dar certo?

Se cair nessa armadilha, tente definir metas menores e mais realistas. É melhor avançar aos poucos do que ficar paralisado, e atingir qualquer meta deixará você menos estressado, mais confiante e com mais energia para continuar. Nada é mais gratificante do que eliminar itens de uma lista de tarefas!

O mesmo pode ser dito quando se trata de nossas expectativas em relação aos outros. Assim como você, todo mundo tem seus pontos fortes e suas dificuldades. Em vez de se perguntar "Por que ele não pode simplesmente terminar logo a tarefa?" ou "Como é que ela ainda não aprendeu a fazer isso?", lembre-se de que aquilo que é fácil para você pode não ser fácil para os outros. Além disso, as pessoas têm suas próprias cargas de trabalho e prioridades, que podem não ser as mesmas que as suas.

Para livrar-se da armadilha das expectativas irrealistas, você precisará abrir mão de um certo grau de controle e se conscientizar dos seus limites. Ao examinar as suas expectativas, veja se você de fato tem o controle que a expectativa requer. Você realmente tem como se tornar um CEO aos 27 anos? Pode, de fato, esperar que todos os membros da sua equipe superem a meta de receita do último trimestre? É realista esperar escrever um livro em três meses quando você tem um emprego de tempo integral? Conhecer nossos limites e perceber que caímos na armadilha das expectativas irrealistas não significa que não somos qualificados ou que estamos sendo derrotistas. Significa que estamos empregando uma importante habilidade de conscientização que, no fim das contas, promoverá mais tranquilidade e felicidade, e ocasionará muito menos estresse e burnout.

- **A armadilha do herói.** Essa armadilha do pensamento nos leva a acreditar que o mundo vai acabar se não chegarmos com a nossa capa de super-herói para salvar o dia. Você pode pensar: "Eu sou o único capaz de fazer isso" ou "Ninguém vai fazer se eu não me oferecer". A armadilha do herói pode vir disfarçada de diligência no trabalho: "Preciso salvar meu colega em dificuldades". E, vamos ser sinceros, *todos* esses padrões de pensamento têm raízes no desejo de controle. Esse caminho pode parecer gratificante por um tempo – você está sendo produtivo, está ajudando as pessoas, se sente necessário, se sente no controle –, mas, conforme assume cada vez mais responsabilidades (e estresse!), você corre o risco de se colocar na rota para o burnout.

Se cair nessa armadilha, é importante lembrar que você literalmente *não tem como* fazer tudo. Você precisa dar conta do próprio trabalho e, se criar o hábito de correr para salvar todo mundo, é questão de tempo para não conseguir dar conta de tudo. Tente se perguntar se você realmente é a melhor pessoa para liderar esse projeto ou tarefa ou se a sua presença realmente é necessária naquela reunião.

Além disso, você nem *deveria* fazer tudo. E, quando você entra em cena e resolve os problemas por alguém, está privando a pessoa da oportunidade de se tornar mais qualificada e experiente. Se você achar difícil delegar, tente abrir mão do controle aos poucos. Deixe o seu subordinado direto fazer a primeira versão do relatório, por exemplo, ou coloque-se à disposição para ajudar, não para fazer. Lembre-se de que grandes objetivos requerem trabalho em equipe, e parte da função de um líder é delegar e empoderar sua equipe. Assumir o fardo de executar cada etapa do processo, ou microgerenciar cada passo, pode levar rapidamente à exaustão, ao ceticismo e ao burnout – além de reduzir o senso de controle dos *outros*, aumentando o risco de burnout para eles também.

- **A armadilha da catastrofização.** Quando caímos nesta armadilha do pensamento, nos convencemos de que uma catástrofe vai acontecer, mesmo sem termos evidências disso. Se o seu chefe pedir uma reunião individual com você, significa que você vai ser demitido; uma recessão no mercado significa que seu banco vai falir e você vai perder todas as suas economias; o ponto que você esqueceu de falar em uma apresentação significa que todos acham que você é incompetente e jamais será promovido.

A catastrofização pode sair do controle rapidamente e nos levar a nos preocupar com cenários cada vez mais absurdos. Certa vez, me convenci de que meu filho, que estava 15 minutos atrasado e não ligou para se explicar, tinha morrido em um engavetamento de 15 carros na estrada. De onde a minha mente tirou um acidente envolvendo 15 carros na estrada? Das profundezas doentias do Inferno da Ansiedade, é claro!

Essa é a natureza da catastrofização. O único fato que eu tinha era que meu filho, normalmente responsável, estava atrasado e não me deu uma explicação. A partir daí, saltei para o pior cenário possível, que, é claro, não tinha um pingo de verdade. Ele chegou tranquilamente momentos depois, perplexo ao ver meus olhos arregalados e meu rosto vermelho. Ele só tinha pegado um trânsito pesado e esqueceu o celular na casa de um amigo.

Uma das melhores maneiras de interromper o pensamento catastrófico é fazer o que puder para sair da sua cabeça e se ancorar no momento presente. A dica de distração de Gretchen Schmelzer (página 135-139) é um excelente exemplo. Também conheço pessoas que literalmente dizem em voz alta: "Pare com isso!" quando se pegam nessa armadilha do pensamento. Faça qualquer coisa que desvie sua atenção de seus pensamentos descontrolados e mantenha seu foco no aqui e agora. Levante-se e ande um pouco, ligue para um amigo, conscientize-se de cinco coisas ao seu redor que você está vendo, cinco coisas que está ouvindo, cinco cheiros que está sentindo e assim por diante. Essas atividades de ancoragem interrompem a catastrofização, pelo menos por um tempo.

Então, com um pouco mais de clareza e um pouco menos estresse, você poderá tentar ver a situação com mais objetividade. O seu chefe já pediu reuniões individuais várias vezes, por exemplo, e você nunca foi demitido. Você continua aqui, pronto para mais um dia.

Não seja ludibriado por seu diabrete interior

Antes de prosseguirmos com a nossa discussão sobre os pensamentos, eu gostaria de falar sobre a experiência quase universal de ter seus próprios pensamentos se voltando contra você. Estou me referindo ao diálogo interno negativo, aquela vozinha que vive tagarelando na nossa cabeça.

Parece que cada um de nós tem um crítico interno que adora chamar a atenção para os nossos defeitos, nos lembrar daquela gafe de dez anos atrás, nos comparar desfavoravelmente com os outros ou nos chamar a atenção para alguma coisa que acaba com a nossa confiança. Não há maneira mais rápida de se sentir emocionalmente esgotado, impotente e desanimado do que acreditar nesses pensamentos.

Nossa voz negativa interior tem muitos nomes diferentes. O crítico interno, a voz que julga, o sabotador, o superego ou, como eu gosto de me referir a ele, o diabrete interior. Seja como for, é uma força autodestrutiva que nos leva a duvidar de nós mesmos ou das pessoas, concentra a nossa atenção em pensamentos negativos (e muitas vezes cruéis) e autocríticas e incentiva comportamentos autodestrutivos. "Você é burro", "Você nunca vai se encaixar", "Você é incompetente" e "Ninguém nunca vai amar/aceitar/contratar/valorizar/aprovar você" são os nossos favoritos. O crítico interno é especialista em saber exatamente onde mais dói, o que é muito triste, já que, na maioria das vezes, essa ladainha nem chega a ser verdade!

A especialidade do meu diabrete interior é a síndrome do impostor. Ele adora me dizer que não mereço meu sucesso ou que não me encaixo em vários grupos – na faculdade, na pós-graduação ou, hoje em dia, lecionando em uma das instituições de ensino mais prestigiadas dos Estados Unidos ou participando de um evento de palestrantes aberto apenas para convidados. Tudo mudou para mim quando minha coach executiva me fez uma pergunta simples, mas muito reveladora, depois de eu descrever como meu crítico interno tinha (mais uma vez) destruído minha autoconfiança: "E pensar assim está ajudando como, Kandi?" Àquela altura, eu já tinha feito muita terapia e muitos cursos de desenvolvimento profissional, e bastou aquela pergunta para que eu caísse na real e reconhecesse que todo aquele diálogo interno negativo estava fazendo mais mal do que bem. Depois daquilo, quando meu diabrete interior tenta voltar, acho muito mais fácil repelir suas mentiras com uma conversa simples e direta: "Tenho o meu histórico educacional e profissional para provar que mereço as oportunidades pelas quais trabalhei tanto".

Mas aqui vai uma dica preciosa: não tente combater fogo com fogo. Criticar o crítico interno, ou falar com ele com a mesma crueldade que ele usa com você, é uma das maneiras mais rápidas de ficar preso em uma espiral de negatividade – e uma das maneiras mais rápidas de aumentar seus níveis de estresse. Pense nisto: se a ideia de que "Você é um idiota e nunca vai conseguir o que quer" não sai da sua cabeça, você já está estressado e se sentindo péssimo consigo mesmo... Não ajuda se criticar ainda mais por estar sendo autocrítico. Kristin Neff, pesquisadora em psicologia e especialista em autocompaixão, explica que isso nos torna "ao mesmo tempo o agressor e o atacado", o que leva justamente ao que mais queremos evitar: o estresse crônico.[5]

Pode acreditar: o seu crítico interno não vai ficar em silêncio se você usar os mesmos métodos que ele e criticá-lo, atormentá-lo ou envergonhá-lo. Na verdade, a melhor maneira de abordar seu crítico interno é com paciência e muita autocompaixão. Sei que pode ser difícil, mas considere a alternativa. Passei anos me sentindo ainda pior comigo mesma quando percebia que tinha sucumbido às mentiras do meu crítico interno. "Não acredito que caí nessa *de novo*", eu pensava, ou "Mas que droga, perdi tanto tempo me preocupando com isso!" É o que chamo de "after party" do crítico interno: em vez de celebrar o fato de ter me conscientizado dos truques mentais do meu crítico interno, eu focava o fato de ter caído na armadilha mais uma vez... o que praticamente dava ao meu crítico interno um convite VIP exclusivo para voltar à festa. É um ciclo vicioso de autorrecriminação, culpa e perda de tempo.

Mas adivinhe o que interrompe esse ciclo? A autocompaixão. Nunca vou deixar de me maravilhar com o poder da autocompaixão. Neff constatou que as pessoas que se tratam com autocompaixão têm muito menos probabilidade de ficarem estressadas, deprimidas e ansiosas, e mais chances de serem felizes, resilientes e otimistas. Estender a compaixão a si mesmo reduz os níveis de cortisol e aumenta a variabilidade da frequência cardíaca, um indicador de aptidão cardiovascular e de maior resiliência ao estresse.[6] Não é por acaso que todos esses efeitos positivos são exatamente o que precisamos para desenvolver a imunidade ao burnout!

Veja cinco maneiras fáceis de começar a praticar a autocompaixão hoje mesmo.

1. **Use frases libertadoras.** Quando você se pega tendo pensamentos negativos como: "Pisei feio na bola hoje, isso confirma que sou um grande incompetente", tente se libertar desse sentimento com um pensamento positivo e afetuoso: "Tudo bem ficar chateado com isso, qualquer um ficaria".[7]
2. **Use afirmações focadas em objetivos.** Em vez de afirmações positivas genéricas, tente uma afirmação mais específica, concreta e focada em objetivos que motive você a mudar. Por exemplo, em vez de "Eu me amo exatamente como sou", tente "Estou aprendendo a praticar a autoaceitação". Em vez de "Sou uma pessoa gentil e amorosa", tente "Vou me tratar com o mesmo amor e gentileza que estenderia ao meu melhor amigo".[8]
3. **Tente a pausa para a autocompaixão de Kristin Neff.** Você poderá encontrar instruções completas (bem como muitos outros exercícios de autocompaixão) no site de Neff, mas eis uma versão resumida. Comece identificando uma situação

estressante e reserve um tempo para sentir os efeitos desse estresse em seu corpo. Então diga a si mesmo: "Este é um momento de sofrimento". (Não tem problema adaptar qualquer uma dessas frases; neste caso, você poderia simplesmente dizer: "Isso é estresse" ou "Isso é difícil".) Em seguida, reconheça que todo mundo passa por dificuldades: "Sofrer faz parte da vida" ou "Não é fácil para ninguém". Por fim, estenda a compaixão a si mesmo: "Que eu seja gentil comigo mesmo" ou "Que eu seja forte".[9]

4. **Pratique a meditação *metta* (bondade amorosa)**. Essa prática antiga nos ajuda a reconhecer a essência que une toda a humanidade e a enviar bondade amorosa a todos os seres, incluindo a nós mesmos. Você poderá encontrar muitos guias de meditação *metta* na internet, bem como muitas variações de frases, mas uma versão bem simples pode ser praticada assim: depois de respirar fundo várias vezes para se centrar, diga (ou pense): "Que eu seja feliz. Que eu fique bem. Que eu fique seguro. Que eu tenha paz e tranquilidade". Repita essas afirmações pensando em uma pessoa de quem você gosta, em um conhecido ou desconhecido, uma pessoa difícil na sua vida e, por fim, em todas as pessoas ou todos os seres. Também não tem problema algum praticar o *metta* apenas para si mesmo.

5. **Submeta seu diálogo interno ao teste do amigo.** Pode ajudar muito ter uma visão mais objetiva sobre seus pensamentos negativos ao considerar seus efeitos sobre uma pessoa querida. Por exemplo, você diria: "Você é um idiota e todo mundo acha isso" ao seu melhor amigo? Ao seu companheiro? Ao seu filho? De jeito nenhum! Tendemos a reservar nossas críticas e pensamentos mais cruéis a nós mesmos. Se o seu diálogo interno não passar no teste do amigo, você não tem por que se sujeitar a ele.

Regular seu comportamento é um superpoder de imunidade ao burnout

De certo modo, todas as habilidades de regulação que aprendemos levam a este ponto: a regulação das suas ações em momentos de alto estresse. Emoções, pensamentos e ações são inextricavelmente interligados e afetam uns aos outros em todas as direções (ou seja, o comportamento afeta os pensamentos tanto quanto os pensamentos afetam o comportamento). Mas é em um estado de regulação que você tem o maior potencial para mudanças comportamentais, principalmente no seu comportamento no trabalho. Emoções e pensamentos regulados possibilitam palavras, atitudes e ações reguladas.

Quando todos os sistemas estão fluindo de forma ideal – você se sente calmo, positivo e no controle –, você também tem as maiores chances de se imunizar contra o burnout e, pelo mecanismo de contágio emocional, estender esse efeito antiburnout aos seus colegas de trabalho.

Livre-se dos comportamentos impulsivamente reativos

Os comportamentos não regulados e prejudiciais surgem no trabalho de incontáveis maneiras. Esses comportamentos impulsivos e destrutivos são extremamente comuns e muitas vezes são resultado direto de um sistema disfuncional ou de um ambiente de trabalho tóxico. Colin, meu cliente de coaching que conhecemos no Capítulo 3, é um exemplo perfeito. Normalmente um sujeito muito tranquilo, capaz de regular suas emoções, pensamentos e ações, ele chegou ao limite ao se ver preso em um sistema tóxico. As condições de alto estresse o levaram a ter atitudes diferentes das usuais, como levantar a voz com os subordinados diretos e culpar os outros pelos próprios erros. Não estou dizendo para lavar as mãos e não se responsabilizar pelas ações e suas consequências, mas não seja tão duro consigo mesmo se você começar a ter um comportamento atípico. Esse comportamento tem grandes chances de ser um resultado do sistema no qual você está inserido.

Minhas pesquisas revelaram uma série de comportamentos que constituem respostas prejudiciais, contraproducentes ou até destrutivas que surgem em momentos de alto estresse. É o que eu chamo de *comportamentos impulsivamente reativos*:

- atacar alguém;
- sacrificar sua integridade rebaixando-se ao nível de outra pessoa;
- dizer algo do qual se arrepende;
- receber os créditos pelo trabalho de outra pessoa;
- mandar um e-mail desagradável com "cópia para todos" para mostrar o seu descontentamento;
- ter comportamentos competitivos quando seria melhor colaborar;
- fazer suposições imprecisas e/ou tirar conclusões precipitadas;
- culpar os outros por tirar o foco de você.

Além de não ajudar em nada, esses comportamentos nos deixam ainda mais estressados e semeiam sentimentos negativos em nossas equipes e organizações. Além do estressor original, agora você está se sentindo mal consigo mesmo, arrependido de suas ações e dominado pela vergonha – e tudo isso faz seus níveis de estresse decolarem.

Um diretor hospitalar que entrevistei assumiu os créditos pelo trabalho de outra pessoa durante uma reunião de liderança extremamente estressante, na qual ele sentiu muita pressão para mostrar um bom desempenho. Não foi um ato premeditado, mas um "crime de oportunidade" que ocorreu quando um executivo presumiu que o diretor hospitalar havia liderado uma nova iniciativa – e o diretor não fez nada para corrigir a suposição errada. Ele me contou que, durante o resto da reunião: "Foi como se parte de mim estivesse em algum outro lugar. Fiquei pensando no quanto aquilo prejudicaria a pessoa que criou e lançou o programa. Passei o resto do dia e a noite inteira consumido pelo arrependimento, vergonha e culpa".

No dia seguinte, ele deparou com a pessoa da qual tinha roubado os créditos. "Não tentei me justificar pelo que fiz", disse ele. "No fundo eu sei que estava com o estresse nas alturas e que não consegui controlar quaisquer tendências narcisistas que vieram à tona naquele momento. Mas para ela eu só disse: 'Você está coberta de razão. Eu errei e vou dar um jeito de consertar isso'. E foi o que eu fiz. Mandei um e-mail para toda a equipe de liderança, pedi desculpas pelo meu erro e dei os créditos à pessoa certa. Me senti melhor imediatamente e nunca mais cometi esse erro."

Todos nós já agimos de maneiras que não condizem com nosso caráter quando estamos muito estressados e os nossos pensamentos e sentimentos estão desregulados, como o que aconteceu com Colin, meu cliente de coaching, e com esse diretor hospitalar, que era uma pessoa íntegra.

Mas todos nós também temos um conjunto de respostas ao estresse às quais recorremos sem pensar. As origens dessas respostas automáticas e inconscientes muitas vezes remontam à infância, quando as aprendemos com as pessoas que cuidaram de nós. As respostas que mantivemos e às quais recorremos até hoje foram reforçadas à medida que nos tornamos adultos. Em outras palavras, essas respostas, sejam elas positivas ou negativas, construtivas ou destrutivas, de fato ajudaram a aliviar o nosso estresse. Então o cérebro, sempre em busca de equilíbrio e eficiência, notou a eficácia da resposta e decidiu recorrer a ela quando ficamos estressados. Depois de usar essa resposta várias vezes, o cérebro a codifica como um hábito e acabamos com uma resposta automática e padrão ao estresse.

Agora, se os seus padrões forem saudáveis e tiverem efeitos positivos – digamos que, em uma situação estressante, você respira fundo, sai para andar um pouco ou faz uma meditação guiada –, parabéns! Você pode pular para a próxima seção. Mas, se os padrões que você aprendeu não forem saudáveis e tiverem consequências negativas – beber, trabalhar demais ou evitar os problemas, por exemplo –, é hora de aprender novas respostas.

Não é fácil nos libertar dos padrões arraigados de resposta ao estresse e é normal resistirmos à mudança. Afinal, é natural querermos proteger nossas velhas maneiras de fazer as coisas – qualquer mudança pode ser assustadora e a inércia pode ser um obstáculo formidável, sem mencionar que algumas respostas-padrão destrutivas são viciantes. Mas é importante lembrar que, mesmo se uma resposta prejudicial diminuir a nossa ansiedade por um tempo, a realidade é que, mais cedo ou mais tarde, o tiro sairá pela culatra. Essas respostas costumam ser autodestrutivas e aumentam o nosso estresse com o tempo. E, quando o estresse se torna crônico, corremos mais risco de burnout.

Quero deixar claro que você não precisa sentir culpa nem vergonha ao identificar seus comportamentos automáticos e impulsivamente reativos. Na verdade, você merece um tapinha nas costas por se tornar mais autoconsciente e por fazer o trabalho necessário para se libertar e, no fim, tornar-se mais eficaz no trabalho. Trate-se com toda a autocompaixão que puder. Se surgir um diálogo interno negativo, responda com gentileza, paciência e compaixão. E lembre-se: ao fazer isso, você também estará praticando um ato de compaixão pelos outros. Quando você age em um estado de regulação emocional e mental, suas ações refletem esse estado interno e você se torna mais eficaz e engajado, o tipo de pessoa com quem todo mundo adora trabalhar e que é capaz de mover montanhas no trabalho.

Comportamentos impulsivamente reativos muitas vezes se manifestam no que eu gosto de chamar de "padrões de proteção". Veja abaixo um exercício que ajudará a identificar seus padrões de proteção e descobrir se você tem uma tendência a "se agitar" ou "congelar" sob pressão.

EXERCÍCIO: IDENTIFIQUE SEUS PADRÕES DE PROTEÇÃO

PASSO 1

Pense nos seus padrões de comportamento quando você está sob pressão. Com quais padrões a seguir você se identifica mais? Marque todos os que se aplicam a você.

		Internalizar	Externalizar
Enfrentar		Mergulho de cabeça no trabalho e passo mais tempo trabalhando do que o normal.	Eu me transformo em um "sabe-tudo".
		Aceito novos projetos ou responsabilidades, mesmo se não tiver tempo.	Se alguém discorda de mim, eu ignoro ou dou um jeito de a pessoa se arrepender de ter discordado.
		Tenho expectativas cada vez mais altas em relação a mim mesmo e aos outros.	As pessoas mais próximas a mim concordam comigo com mais frequência que o normal.
		Não consigo dizer "não", mesmo se quiser.	Não mudo de ideia depois de tomar uma decisão.
		Acho que as pessoas são preguiçosas.	Acredito que só eu tenho o plano ou a resposta certa.
Evitar		Eu me retiro: à minha sala, meu trabalho, meus pensamentos e preocupações.	Eu me concentro demais nos aspectos negativos da situação.
		Começo a me desligar dos relacionamentos.	Uso a raiva e a decepção como uma medalha de honra.
		Minha comunicação se torna mais curta e direta.	Fico irritado com pessoas que querem mudar as coisas ou que têm esperança.
		Comunico apenas informações "essenciais".	Culpo a situação ou as pessoas pelo meu estado de espírito.
		Não preciso da opinião dos outros.	Eu me aproximo de pessoas que pensam como eu para reclamar da situação.
		Sinto que os outros só me atrapalham.	

PASSO 2

Circule as cinco frases que mais refletem suas principais maneiras de lidar com a vida e o trabalho quando está estressado. Esses são os seus padrões de proteção – eles ajudam você a se proteger dos estressores e podem inibir a mudança. O próximo passo ajudará você a identificar o impacto desses hábitos.

PASSO 3

Faça uma lista dos seus cinco principais padrões de proteção e veja se eles estão ligados a enfrentar ou a evitar problemas ou emoções, e se você tende a internalizar ou externalizar suas respostas.

MEUS PADRÕES DE PROTEÇÃO:

1. _____

2. _____

3. _____

4. _____

5. _____

Para cada um dos padrões, responda: enfrento ou evito? Internalizo ou externalizo?

PASSO 4

Anote como você e os outros são afetados pelos seus padrões.

Como os meus padrões de proteção afetam o meu bem-estar físico e psicológico, o meu desempenho e a minha capacidade de aprender e me adaptar:

_____

> Como os meus padrões de proteção afetam a minha equipe, meus colegas, minha família e a cultura da minha organização:
>
> _____

Depois de nos distanciar um pouco para analisar nossos padrões de proteção e como eles estão nos beneficiando (ou nos prejudicando), podemos começar a testar respostas mais produtivas e deliberadas. O objetivo aqui é passar da reação impulsiva (a resposta-padrão que estou acostumado a ter) à resposta deliberada (a resposta ponderada que realmente ajudaria a mim mesmo e aos outros).

Cultive comportamentos intencionalmente responsivos

Nos meus clientes de coaching e participantes de pesquisa com imunidade ao burnout, observei uma série de comportamentos que constituem respostas saudáveis e produtivas às quais eles recorrem em momentos de alto estresse. É o que eu chamo de *comportamentos intencionalmente responsivos*. Essas pessoas são capazes de:

- passar a maior parte do tempo em sua janela de tolerância e voltar rapidamente quando saem dela.
- aceitar e tolerar emoções negativas. Pode parecer um contrassenso que as pessoas capazes de aceitar e tolerar suas emoções negativas sintam menos emoções negativas, mas as pesquisas confirmam isso. Parece que a aceitação ajuda a evitar uma reação às nossas experiências mentais negativas – e, portanto, um agravamento dessas experiências. Quanto mais recorrermos a esse hábito saudável de enfrentamento, mais intenso será o efeito protetor e menos reativos seremos ao estresse.[10]

- permanecer calmas, serenas e pacientes diante da incerteza ou de um estressor. Em vez de reagir impulsivamente ao estresse (atacar, trair, fofocar, isolar-se, culpar etc.), as pessoas imunes ao burnout são capazes de fazer uma pausa antes de reagir, permanecer tranquilas enquanto formulam uma resposta ponderada e só então responder.
- reconhecer quando seu engajamento emocional no trabalho está se tornando prejudicial e tomar medidas para reduzi-lo.
- buscar entender as perspectivas dos outros e não ver as diferenças de opinião como ameaças. Esta é uma habilidade valiosa que as pessoas imunes ao burnout usam regularmente e é ainda mais importante diante de divergências de opinião. Buscar entender as perspectivas dos outros demonstra respeito e evita muitos conflitos, que são inerentemente estressantes.
- focar o que podem controlar. Em vez de se concentrar em todas as coisas que não podem mudar, o que gera frustração, sentimentos de desamparo e negatividade, concentram-se nas coisas que podem mudar e melhorar.
- acolher a mudança em vez de resistir a ela. Em vez de resistir à mudança, o que aumenta o estresse e o risco de burnout, abordam a mudança com otimismo e até curiosidade. Essas pessoas são altamente adaptáveis e flexíveis.
- lidar com os conflitos com maturidade e de maneira produtiva. Elas não evitam o conflito, mas o veem como uma oportunidade de incluir diferentes perspectivas e ideias e para ter discussões produtivas.
- desenvolver e manter redes de apoio. As pessoas que contam com altos níveis de apoio social são mais resistentes ao estresse, obtêm um efeito calmante da ocitocina liberada durante as interações sociais e têm maior senso de pertencimento, o que as protege contra o estresse, ansiedade, depressão e burnout.

- pedir ajuda. Quando precisam, pedem proativamente a ajuda de colegas, mentores, família, terapeutas, coaches, gestores, líderes religiosos ou quaisquer outros conselheiros de confiança.
- se engajam com mais rapidez na resolução de problemas. Em vez de se ater à frustração, à autopiedade, à raiva ou ao ceticismo, elas se voltam à resolução de problemas e enfrentam o estressor.

Além disso, eu diria que, em geral, elas fazem da regulação de sua energia física, mental e emocional um hábito, mantendo reservas suficientes para enfrentar as dificuldades.

Aposto que você tem muitas coisas em comum com essas pessoas – muito mais do que imagina. O exercício a seguir ajudará a identificar habilidades e estratégias de prevenção do burnout que você pode nem saber que tem.

EXERCÍCIO: EU NO MEU MELHOR SOB ESTRESSE

Ao responder às perguntas deste teste – lembrando que não há resposta errada –, tente pensar em como cada aspecto de quem você é impacta e se relaciona com a sua função no trabalho e o seu ambiente de trabalho. Com base nas suas respostas, você diria que está alinhado com o seu trabalho e o seu ambiente de trabalho?

Reserve 15 a 20 minutos para este exercício de autorreflexão. Pense em uma ocasião na qual você lidou muito bem com uma experiência estressante no trabalho. Feche os olhos e tente se imaginar nessa situação. Tente se lembrar do maior número de detalhes que puder e responda às perguntas a seguir.

- Quais emoções você estava sentindo?
- Como você conseguiu regular suas emoções?
- No que você estava pensando?

- Quais armadilhas do pensamento, se for o caso, você notou? Como você lidou com elas?
- Qual foi a sua resposta à situação estressante? O que, especificamente, você fez?
- De que maneiras você foi capaz de responder intencionalmente em vez de reagir impulsivamente?
- A quais recursos e à ajuda de quem você recorreu? Como foi essa ajuda?

Agora, reflita sobre as suas respostas.

- Quais sentimentos ou sensações você está sentindo agora, neste exato momento, ao fazer este exercício?
- O que você aprendeu sobre si mesmo quando fez o seu melhor em uma situação de estresse que pode ser aplicado a situações estressantes no futuro?

Como acelerar o desenvolvimento de suas habilidades de regulação

Se você se vir com dificuldade ou incapaz de se libertar dos antigos padrões de comportamento, considere as ajudas a seguir para acelerar o desenvolvimento de suas habilidades de regulação.

1. **Cerque-se de pessoas que dominam a regulação.** Além de aprender com o exemplo dessas pessoas, você poderá se inspirar e se contagiar com a energia positiva delas.
2. **Trabalhe com um terapeuta cognitivo-comportamental.** Qualquer terapia leva tempo, mas a terapia cognitivo-comportamental é um tipo de psicoterapia voltada para resultados, e

uma nova opção chamada terapia cognitivo-comportamental intensiva pode resolver muitos problemas com ainda mais rapidez.

3. **Se o trauma está impedindo o seu progresso, tente a dessensibilização e reprocessamento por movimentos oculares (EMDR).** Esta é uma forma interativa de psicoterapia conduzida por um profissional especializado para ajudar a processar emoções e memórias muito dolorosas. Demonstrou-se que é eficaz no tratamento de vários problemas de saúde mental, como transtorno de estresse pós-traumático, transtornos de ansiedade, transtornos obsessivo-compulsivos e depressão grave.

4. **Trabalhe com um coach executivo ou de liderança.** A Federação Internacional de Coaching define o coaching como "uma parceria com clientes em um processo criativo e instigante que os inspira a maximizar seu potencial pessoal e profissional".[11] Demonstrou-se que o coaching reduz o burnout, em parte aumentando a autoeficácia e a autodeterminação dos clientes e em parte os ajudando a ver que eles têm mais controle sobre as circunstâncias e a satisfação com a vida do que imaginam.[12] Um dos meus alunos de doutorado, Chris Bittinger, constatou que o coaching executivo ajuda os clientes a desenvolver a autoeficácia, melhorar a inteligência emocional e desenvolver a capacidade de resolver problemas para superar e contornar os estressores. Além disso, níveis de estresse entre moderado e grave *não* foram altamente correlacionados ao burnout quando os clientes estavam ativamente engajados no coaching.[13]

5. **Tenha diálogos internos positivos regularmente.** Não importa se você reservar um tempo todos os dias para repassar mentalmente pensamentos positivos ou anotá-los, faça do diálogo interno positivo um hábito. A ideia é criar um diálogo interno autêntico e robusto – em vez de falso, forçado ou sentimental demais.

6. Pratique o mindfulness:
- Tente a redução do estresse baseada em mindfulness (MBSR), uma abordagem de meditação amplamente pesquisada. Criada por Jon Kabat-Zinn, essa programação de oito semanas de meditação mindfulness alivia os sintomas de ansiedade, depressão e dor crônica, reduz o estresse e ajuda na saúde psicológica e no bem-estar. É comum encontrar cursos de MBSR em centros comunitários, hospitais e escolas, e muitos cursos gratuitos podem ser encontrados na internet.
- Experimente o método CLCBE (calcular, localizar, comunicar, inspirar e expirar), de Howard Stevenson. Vejas as instruções passo a passo nas páginas 111-112.
- Pratique a meditação *metta* (bondade amorosa). Veja uma prática de *metta* simples na página 150 ou procure guias na internet.

Os benefícios da regulação

Quando você se familiarizar com suas respostas-padrão ao estresse e desenvolver a capacidade de recorrer à resposta ao estresse mais eficaz para cada situação, poderá colher os benefícios do estresse moderado e, ao mesmo tempo, reduzir o tempo na zona de perigo – tudo isso reforça a imunidade ao burnout. Ao acalmar as emoções e imbuir seu pensamento de mais clareza, você pode ver seu ambiente e a situação como realmente são, identificar as incompatibilidades entre você e sua organização que aceleram a aproximação do burnout e tomar decisões melhores sobre o que fazer.

Mas, para mim, o maior benefício da regulação vai muito além de apenas proteger-se do burnout. O principal benefício de desenvolver as habilidades de regulação é ter uma vida mais saudável e menos estressada, na qual você se sente feliz, realizado, energizado e com um senso de propósito no que faz. Emoções, pensamentos e comportamentos regulados são verdadeiros superpoderes quando se trata de concretizar a visão do seu eu ideal e de praticar seus valores. Pessoas que vivem no estado de equilíbrio calmo possibilitado pela regulação são agentes de positividade que constroem culturas saudáveis das quais os membros da equipe têm orgulho de fazer parte. Elas contagiam os outros com emoções positivas e reduzem o risco de burnout. Tornam-se exemplos de resiliência para os membros de sua equipe, sua organização e sua família. Uma das minhas maiores motivações para desenvolver e manter minhas habilidades de regulação é mostrar aos meus filhos maneiras eficazes de lidar com as chateações, os aborrecimentos e as dificuldades da vida.

No fim das contas, praticar a regulação é uma questão de cuidar de nós mesmos, dos nossos colegas de trabalho, da nossa organização e das pessoas que a nossa organização serve. A regulação nos permite mudar uma experiência desagradável, difícil ou até horrível para uma vivência que nos ajuda a nos sentir energizados, engajados e inspirados para dar o nosso melhor no trabalho.

5

Propósito, pessoas e valores
A alquimia das conexões significativas

Robert G. Luna é o xerife do condado de Los Angeles – o condado mais populoso dos Estados Unidos, com cerca de 10 milhões de habitantes – e foi chefe de polícia do Departamento de Polícia de Long Beach (LBPD).* Luna serviu quase quarenta anos no campo da segurança pública, uma carreira que é repetidamente incluída na lista das mais estressantes do país. No entanto, das muitas centenas de pessoas que entrevistei, ele não apenas era um dos mais tranquilos e serenos, mas também um dos mais alegres. "Eu adoro o meu trabalho", ele me disse. "Sempre me diverti muito." Sobre o tempo que passou na equipe da SWAT (a unidade de Armas e Táticas Especiais) de Long Beach, ele me disse que "era simplesmente apaixonado pelo trabalho".

Luna sabia desde os cinco anos de idade que queria ser policial. "Sempre fui apaixonado pela ideia de usar um uniforme e ajudar as pessoas", contou ele. "Sempre quis servir as pessoas e participar da

---

* Nos Estados Unidos, o *sheriff* (xerife) é um oficial eleito que supervisiona a segurança pública em todo o condado, incluindo áreas rurais e prisões, enquanto o *police chief* (chefe de polícia) é nomeado e gerencia a aplicação da lei em uma cidade específica, com foco em policiamento urbano e investigações criminais. (N.T.)

mudança de percepção do público sobre a polícia." E, tendo testemunhado a violência policial ao crescer em um bairro altamente policiado na zona leste de Los Angeles, sempre teve o desejo de reformar a segurança pública. "Sempre tive uma visão de como a segurança pública *deveria* ser", mencionou ele. "Isso me levou a querer mudar as coisas." Quando encontrou resistência às mudanças que queria promover, isso apenas o motivou a subir na hierarquia.

Quando entrevistei Luna pela primeira vez, ele ainda era o delegado-chefe Luna do LBPD, cargo que ocupava desde 2014. A entrevista foi em setembro de 2020, no auge da pandemia e poucos meses depois que o assassinato de George Floyd levou a protestos ao redor do mundo contra a violência policial. "Em 35 anos", comentou, "nunca vi nada parecido". Na descrição dele, foi como estar em um carrinho de montanha-russa que começou a descer em março de 2020 e ainda não tinha chegado ao final da descida. Como um defensor de longa data da reforma da instituição policial, ele entendia a raiva dos manifestantes e a necessidade urgente de mudança, mas "nunca imaginou" os xingamentos, a "adrenalina contínua" causada pelos constantes ataques da mídia à polícia e ter manifestantes na frente de sua casa ameaçando sua família. Para piorar a situação, as autoridades que sempre apoiaram o departamento de polícia começaram a retirar o apoio. "Tínhamos passado anos implorando por ajuda", explicou, "e parecia que ninguém mais estava ouvindo". Suas respostas à minha pesquisa sobre o burnout indicaram um nível de estresse de 9, de um máximo de 10 (muito grave), embora, na pesquisa, ele tenha sido classificado como totalmente engajado (não ineficaz, nem apático, nem sobrecarregado e, certamente, não esgotado).

Ele estava conseguindo evitar o burnout no período mais estressante de sua carreira e eu queria descobrir o que ele tinha de tão especial. Sua resposta foi praticamente uma aula sobre habilidades de inteligência emocional aplicada.

"Eu resisto à tentação de jogar a toalha", disse ele, "me lembrando de por que eu sempre quis trabalhar na polícia". Como muitas pessoas imunes ao burnout, Luna é excepcionalmente comprometido com seu trabalho – tanto que o encara como uma espécie de vocação. Sua visão de promover mudanças sistêmicas na polícia e, ao mesmo tempo, tornar a sua comunidade local um lugar mais seguro o sustentou durante décadas em um trabalho de alto estresse. "Este trabalho é muito maior do que eu", declarou. "Cabe a mim, como chefe de polícia, orientar meu pessoal e a minha comunidade por esse processo."

Para gerenciar o estresse, Luna medita, ora e se exercita regularmente, aumentando os exercícios à medida que o estresse aumenta ("mais estresse, mais preparo físico"). Sua atitude é "caçar o que há de bom", uma expressão que ele usou para descrever como encontra aspectos positivos em situações difíceis. Além disso, ele desenvolveu o hábito de sair de casa todos os dias, de manhã cedinho, para ver o sol nascer. "O nascer do sol me coloca em um estado de reflexão", explicou. E, quando o estresse dispara no trabalho, ele também recorre à natureza. "Aprendi que, quando estou muito, muito estressado, preciso sair para uma caminhada", disse. "O ar puro, as árvores... aliviam muito a pressão. É raro eu voltar para casa estressado."

O que mais me impressionou foi o nível de conscientização de Luna sobre o impacto de seu estresse sobre os outros. Quando volta para casa, ele se lembra de que não é o chefe de polícia Luna, mas um marido e pai, e toma a decisão consciente de passar a ouvir mais e falar menos. Isso o ajuda a se reconectar com a família e os protege de seu estresse no trabalho. Nas situações estressantes no trabalho, ele aprendeu a respirar fundo e a "segurar os pensamentos" antes de falar, o que evita decisões erradas e a propagação do estresse por meio do contágio emocional. Essas práticas requerem muita autoconsciência, além de excelentes habilidades de regulação.

E, o que também é muito importante, ele não hesita em pedir ajuda. "Você precisa se conhecer e gerenciar seus pontos fracos", afirmou.

"Pedir ajuda é um sinal de força. Você precisa se cercar de pessoas de confiança. Por pior que seja a situação, eu preciso poder contar com as pessoas." As pessoas a quem ele mais recorre, tanto para pedir conselhos quanto para desabafar, são chefes de polícia aposentados e seu melhor amigo da sétima série.

Ele falou que três fatores principais o mantêm ancorado: fé, família e boa forma física. O que eu diria, como a pesquisadora nerd que sou, é que Luna tem conseguido se manter extraordinariamente comprometido com um trabalho de alta pressão sem nunca chegar perto do burnout porque tem um talento natural para aplicar sua inteligência emocional. Ele tem um domínio especial do uso da autoconsciência, autorregulação e habilidades de gestão de relacionamentos para desenvolver e manter conexões significativas.

Minhas pesquisas sobre pessoas imunes ao burnout revelaram uma variedade de conexões significativas que ajudam as pessoas a gerenciar o estresse no trabalho e a prevenir o burnout, mas encontramos reiteradamente três tipos principais – e o chefe de polícia Luna incorpora todos eles.

Três tipos de conexões significativas

1. com o trabalho;
2. com as pessoas;
3. com os nossos valores.

Neste capítulo, exploraremos cada uma dessas conexões significativas e aprenderemos como alavancá-las para enfrentar ou contornar nossos estressores e nos manter no ponto ideal do estresse. É muito fácil deixar que o alto estresse roube toda a nossa atenção, deixando-nos vulneráveis a um estado desregulado e improdutivo. Precisamos de recursos confiáveis com os quais possamos nos conectar para renovar e manter nossa energia física, mental e emocional, bem como para ajudar a nos recuperar de estressores no trabalho que, se não forem controlados, podem destruir a nossa motivação ou até a nossa identidade. Para a maioria de nós, esses recursos são as conexões profundas e duradouras resultantes de ter um senso de propósito, pessoas afáveis e solidárias na nossa vida e um conjunto de ideais que podemos usar para nos ancorar. Como vimos no caso do chefe de polícia Luna, uma conexão significativa com o trabalho e com a visão que ele deseja concretizar são vitais. Ele também desenvolveu o hábito de recorrer a seus relacionamentos em busca de ajuda e é sustentado por seu profundo senso de valores, por mais estressante que seu trabalho se torne. Seja qual for a sua função ou o quanto você já avançou na carreira, as conexões significativas podem ajudar a gerenciar o estresse no trabalho e a manter o burnout sob controle.

Uma conexão significativa com o trabalho

Certa vez, um aluno me perguntou se ter uma conexão significativa com o trabalho era a mesma coisa que ter uma conexão com um trabalho significativo. Todos nós rimos do que parecia ser o início de um trava-língua, mas aquele aluno estava apontando um ponto sutil que, de fato, requer esclarecimento.

Vamos começar com as conexões significativas em si. Na maioria das vezes, esse termo se refere a relacionamentos com as pessoas. Neste livro, contudo, uso o termo de forma mais ampla para incluir todas as associações profundas e significativas que temos – com as pessoas (animais de estimação também contam!), com o nosso propósito ou missão, com os nossos valores, com a nossa visão de nosso eu ideal e, sim, com o nosso trabalho. As conexões significativas implicam um vínculo que não é casual, efêmero ou superficial. Estamos falando de conexões que fazem uma diferença perceptível na nossa vida e, por extensão, na vida das pessoas com quem temos contato.

Segue-se que, para ter uma conexão significativa com o trabalho, o *trabalho em si* deve ser significativo. "Trabalho significativo" é um conceito que ganhou destaque nos últimos anos e, hoje, é comum ser encontrado no topo da lista de "itens não negociáveis" de muitos candidatos a emprego. Mesmo antes de a pandemia da covid-19 levar quase dois terços dos funcionários dos Estados Unidos a refletir sobre seu propósito na vida e quase a metade a reconsiderar o tipo de trabalho que fazem,[1] um levantamento revelou que mais de nove em cada dez trabalhadores aceitariam um salário mais baixo – em média, 23% a menos de seus rendimentos futuros ao longo da vida – para trabalhar em um emprego que fosse sempre significativo.[2] Dado que até 70% dos funcionários afirmam que seu senso de propósito é definido pelo trabalho[3] e que a maioria dos adultos passa a maior parte do tempo no trabalho, não é de admirar que tantos funcionários tenham uma enorme motivação para buscar um trabalho significativo e se engajar nele. E cada vez mais estamos dispostos a abrir mão de empregos ou ofertas de emprego que não nos dão essa oportunidade.

Muito já foi escrito na tentativa de definir exatamente o que constitui um "trabalho significativo"; grande parte se dedica a ajudar os empregadores que tentam descobrir como atrair e reter bons funcionários. Mas veja o que eu penso sobre isso. Embora o trabalho significativo seja, por natureza, altamente específico para cada indivíduo, é possível focarmos alguns atributos essenciais. Para começar, um trabalho significativo é aquele que tem um valor intrínseco para *você* – é um veículo de autoexpressão, ajuda a concretizar seu propósito e/ou contribui para sua autorrealização. Em segundo lugar, é um trabalho que, na sua percepção, tem valor para os *outros* ou, em outras palavras, tem "valor pró-social" – você sente que seu trabalho ajuda as pessoas ou melhora a vida delas de alguma forma, contribui para um bem maior ou promove uma causa. Em terceiro lugar, um trabalho significativo permite que você se sinta apreciado, necessário e valorizado. Seja pelo reconhecimento explícito que você recebe da sua organização ou simplesmente por saber que o seu trabalho faz uma diferença positiva na vida das pessoas, um trabalho significativo oferece a você a oportunidade de fazer uma diferença e de saber que você é valorizado. Em resumo, um trabalho significativo é um trabalho que *importa*, para você e para os outros. Quanto mais próximos estivermos desse ideal, mais significativo será o nosso trabalho.

E mais protegidos do burnout *poderemos* estar. Eu adoraria dizer que uma conexão significativa com o trabalho é a solução mágica que irá imunizá-lo para sempre contra o burnout. No entanto, a coisa é mais complexa do que isso. Em geral, os funcionários mais engajados com um trabalho significativo têm *menos* probabilidade de burnout – mas só até certo ponto. Parece que, como acontece com o estresse, também há um "ponto ideal" quando se trata da sua conexão com um trabalho significativo.

O benefício de uma causa nobre

Essa bela expressão veio de um diretor hospitalar que entrevistei para um de meus estudos sobre pessoas em funções de alto estresse. O trabalho dele requer um delicado equilíbrio entre garantir os melhores resultados para os pacientes, gerenciar uma grande equipe, navegar pelas políticas de uma grande organização e supervisionar um orçamento complexo. Mas ele consegue tudo fazer isso sem sucumbir ao burnout ao conectar-se com o que torna seu trabalho profundamente significativo: cuidar dos pacientes.

"No fundo, eu sou mais um médico do que um executivo", ponderou ele. "Eu sempre digo: 'São os pacientes que ditam o que devemos fazer', então tenho o benefício de uma causa nobre. É uma grande dádiva ter um trabalho que lhe dá a chance de retribuir." Segundo ele, ancorar-se no que torna seu trabalho significativo também facilita tomar decisões, o que, por si só, já é um grande alívio do estresse. Ele explicou que, quando um grupo está tendo dificuldade de tomar uma decisão, ele redireciona o foco das pessoas ao que faz mais sentido para os pacientes. "Nosso objetivo é prestar o melhor atendimento aos pacientes", declarou. "Foi por isso que decidi estudar medicina e é por isso que sou um diretor hospitalar. No fundo, tudo tem a ver com os pacientes."

Um médico que classificou seu estresse no trabalho como "muito grave", mas que também considerava seu trabalho altamente significativo, falou o seguinte: "Não fico muito estressado porque andar pelos corredores [do hospital] e ver todas aquelas pessoas doentes coloca as coisas em perspectiva. Sei que todo mundo está estressado, mas, assim que você entra por aquela porta e começa a interagir com o paciente, você tem que dar o seu melhor". O que mais me fascina nesse comentário é que, mesmo sabendo objetivamente que seu trabalho é muito estressante, ele *não se permite ficar muito estressado* e, desse modo, não sofre os efeitos nocivos do estresse. Esse é um bom exemplo de como a experiência subjetiva do estresse pode ser transformada pelo engajamento em um trabalho significativo e com senso de propósito. Acho que todo mundo tem o poder de fazer essa transformação.

Assim que comecei a trabalhar em consultoria, fui designada para supervisionar um grupo de conselheiros financeiros de quatro hospitais diferentes. Minha meta era liderar o redesenho de seus processos de trabalho e implementar padrões de produtividade e qualidade. Entrei de cabeça no modo de reengenharia de processos, empolgada com a chance de colocar minhas habilidades analíticas em prática. Não demorou muito para eu descobrir que a melhor maneira de saber o que os conselheiros financeiros realmente faziam e onde estavam seus maiores desafios e oportunidades de melhoria era acompanhá-los em seu dia de trabalho e observar suas interações com os pacientes.

Foi aí que a minha visão do trabalho mudou. O trabalho em si não mudou – eu ainda era responsável por elaborar documentos de redesenho de processos, diagramas de fluxo de trabalho, ferramentas de monitoramento de produtividade e planilhas de melhoria de qualidade, o que facilitaria o trabalho dos conselheiros financeiros e aumentaria a eficiência dos hospitais. Entretanto, ao acompanhar o dia a dia dos conselheiros financeiros, desenvolvi uma conexão próxima e pessoal com as pessoas a quem todas essas melhorias acabariam por beneficiar: os pacientes e suas famílias. De repente, o que era um exercício intelectual estimulante e um desafio profissional ganhou significado e importância mais profundos.

Cerca de quatro meses depois do lançamento do projeto, acompanhei uma conselheira financeira sênior, que chamarei de Margaret, ao quarto de um paciente. O paciente e sua filha sofreram um acidente de carro no fim de semana; o pai sobrevivia por aparelhos e a filha estava em estado crítico. A conta do hospital já ultrapassava os US$ 100 mil e, com várias cirurgias e uma longa recuperação pela frente para os dois, as contas seriam astronômicas.

Assim que a porta do elevador se abriu, ouvimos uma mulher soluçando no corredor. Era a Sra. W., a esposa do paciente. Soubemos que o marido havia sido demitido recentemente, deixando a família sem seguro-saúde. O trabalho de Margaret era ajudar a Sra. W. a explorar possíveis soluções financeiras, incluindo o seguro de proteção de vítimas de acidentes de trânsito do Departamento de Trânsito e opções de seguro-desemprego e auxílio médico do governo. O meu trabalho era fazer todo o possível para que Margaret pudesse fazer seu trabalho com rapidez e eficácia e garantir que o caso dessa família tivesse prioridade. Como resultado dos novos sistemas e salvaguardas implementados pela minha equipe, as contas da família não foram enviadas para débito automático e pudemos ajudar a Sra. W. a solicitar e receber auxílio médico do governo para cobrir as contas hospitalares de sua família, que chegaram a mais de US$ 1,3 milhão.

Essa é apenas uma das dezenas de histórias de sucesso resultantes do nosso projeto. Apesar de muitas vezes trabalhar 15 horas por dia e muitos fins de semana em um ambiente de alta pressão, eu não via a hora de ir ao trabalho, estava completamente engajada e adorava fazer parte de uma equipe que prestava um serviço tão importante aos pacientes e às suas famílias. Até as pequenas tarefas administrativas pareciam significativas e impactantes – porque eram. No fim das contas, conseguimos garantir cobertura financeira para mais de 350 pacientes e familiares, muito além do que a equipe conseguia em um ano típico. Era frequente eu estar fisicamente cansada e o trabalho podia, sim, ser muito estressante, mas nunca fiquei emocionalmente esgotada e jamais senti que meu estresse era incontrolável. Muito pelo contrário. Como muitas pessoas que se engajam em trabalhos significativos, eu me sentia energizada pelo meu propósito e pela diferença que estávamos fazendo na vida das famílias que servíamos. Foi uma das experiências mais gratificantes da minha carreira.

Estudos sobre trabalhos significativos mostram um cenário semelhante. Colaboradores que sentem que estão fazendo um trabalho significativo são mais produtivos, mais engajados, mais resilientes, mais comprometidos com suas organizações, mais satisfeitos no trabalho e desfrutam de maior bem-estar. Esses trabalhadores não raro se destacam por trabalhar com base em uma profunda motivação e se dedicam de corpo e alma à "causa nobre" escolhida. As organizações e as pessoas que elas servem se beneficiam de uma força de trabalho motivada, energizada, de alto desempenho e leal. Chega a haver evidências de que o trabalho significativo tem um impacto positivo direto nos resultados financeiros das organizações – chegando a US$ 9.078 adicionais por trabalhador por ano, além de todas as economias resultantes de evitar despesas associadas à rotatividade de funcionários.[4]

À primeira vista, parece que encontramos a receita para a imunidade ao burnout: funcionários engajados em um trabalho significativo são energizados, superempenhados e extremamente eficazes – exatamente o oposto de uma pessoa em estado de burnout. Então, se os funcionários estão se dedicando apaixonadamente ao trabalho e se dispõem a dar o melhor de si enquanto suas organizações colhem os benefícios de ter funcionários motivados de alto desempenho, qual é o problema?

São vários, na verdade.

Quando um trabalho significativo sai pela culatra

Parece que algumas das pessoas que correm o maior risco de burnout são as pessoas apaixonadas pelo trabalho e que estão sempre indo além. Não estou dizendo que isso é uma garantia de burnout, como atestam as pessoas imunes ao burnout. Mas é muito importante nos conscientizarmos das desvantagens ocultas de nos dedicarmos a um trabalho significativo e de como isso pode acabar sendo um tiro no pé.

Uma das maneiras mais comuns de isso acontecer é quando a sua vida profissional fica simplesmente insustentável. Quer seja o ritmo implacável, a intensidade emocional ou mental, as longas horas de trabalho ou uma combinação assustadora dos três, ficar imerso no trabalho sem se dar tempo suficiente para voltar à superfície e recarregar as baterias pode colocar você no caminho certo para o burnout. Se o meu projeto de consultoria profundamente significativo, mas extremamente exigente, não tivesse data para terminar, não tenho dúvida de que teria tido o meu burnout antes. A combinação de muitas horas de trabalho, alta pressão, alta intensidade – e, eu admito, minha incapacidade de estabelecer limites em relação ao trabalho – teria cobrado um preço alto.

Pesquisadores observaram uma vulnerabilidade específica ao burnout em pessoas que exercem profissões de "cuidado", como profissionais da saúde, assistentes sociais, clérigos, terapeutas, life coaches e cuidadores. Esses profissionais tendem a ser profundamente orientados ao propósito e não raro priorizam as necessidades dos outros em detrimento das suas. Muitos também são vulneráveis a um fenômeno relacionado conhecido como "angústia empática", uma intensa resposta aversiva à dor e ao sofrimento dos outros que surge quando se passa muito tempo cuidando de pessoas que estão sofrendo. A angústia empática leva as pessoas a se isolarem para se proteger, resultando em evitação, ceticismo e motivação reduzida – alguns sinais de burnout. Praticamente a mesma vulnerabilidade ao burnout é encontrada em indivíduos profundamente orientados à missão e que priorizam as necessidades e objetivos de sua organização em detrimento dos seus. Educadores, ativistas e colaboradores de ONGs são bons exemplos, assim como fundadores de startups, empreendedores, proprietários de pequenos negócios e agentes de mudança e disruptores de todo tipo.

Conheci Jenn Richey Nicholas quando estava procurando um designer gráfico para este livro. Quando contei a ela que o livro era sobre como se proteger do burnout, ela disse: "Nossa, eu precisava desesperadamente desse livro no começo da minha carreira". Ela concordou em participar do meu projeto de pesquisa e fiquei impressionada com sua história.

Jenn trabalhava em uma importante empresa de design gráfico em um projeto de grande visibilidade de alcance global. Ela sonhava em ser uma designer gráfica desde o ensino médio e sempre gostou da ideia de fazer parte de uma equipe altamente talentosa, em que ela e seus colegas compartilhassem da paixão pelo design. A reputação da empresa dependia daquele projeto, que tinha o potencial de marcar a carreira da equipe toda. Esperava-se que todos trabalhassem 120 horas por semana ou mais; muitas pessoas passaram a dormir no escritório, embaixo de mesas de reunião, e só voltavam para casa para tomar banho. Jenn descreveu como "as pessoas caíam como moscas de exaustão"; um colega, depois de desmaiar várias vezes, foi levado ao pronto-socorro e imediatamente internado. "Eu morria de medo de sair com a reputação em frangalhos se tirasse um tempo para descansar", ela me contou. "O medo era a única coisa que me mantinha ali."

Depois de meses trabalhando até a exaustão e forçando seus limites físicos e mentais, Jenn percebeu a gravidade da situação quando foi até o telhado do prédio da empresa, parou na borda e pensou em pular. "Eu só queria acabar com o sofrimento", disse. Ela ficou ali, com a vista turva, e não se lembra de muito mais do episódio, exceto que alguém a levou de volta ao escritório. Por incrível que pareça, ela ainda conseguiu continuar trabalhando. "Descansar simplesmente não era uma opção", expôs. Quando o projeto finalmente acabou, ela foi para casa e dormiu por duas semanas.

Pouco tempo depois, ela foi a Londres visitar uma amiga que também era designer gráfica. Jenn ficou pasma ao ver que a amiga e a equipe dela trabalhavam das 9h às 17h – e a amiga ficou pasma ao saber o que Jenn tinha acabado de passar. "Percebi que eu estava em um ambiente absolutamente tóxico", expressou ela. "Aquela experiência me fez perder meu senso de identidade. Parecia que meu corpo nem era meu."

Após acordar daquele pesadelo e se conscientizar do que tinha passado, ela decidiu não voltar àquele emprego. "Desde então", relatou, "estruturei quem eu sou pessoal e profissionalmente para que aquilo nunca mais se repetisse na minha vida". Jenn saiu da empresa e passou alguns anos trabalhando como designer em outras empresas enquanto sonhava em abrir o próprio negócio. Hoje ela tem uma empresa de design gráfico de sucesso, comprometida em causar um impacto social e ambiental positivo no mundo e que prioriza a saúde mental e o bem-estar das pessoas. "É muito raro trabalharmos mais de quarenta horas por semana", disse ela. "Queremos ser um exemplo para outros estúdios. Nossa esperança é que, uma a uma, empresas como a nossa mudem aos poucos a cultura tóxica do setor."

Quando você é apaixonado pelo que faz e considera o trabalho uma vocação, ou se você for excepcionalmente orientado ao propósito e comprometido com ele, o trabalho exigirá muito de você. Você pode ficar sobrecarregado por ser tão apaixonado pela causa e querer tanto melhorar a vida das pessoas ou por estar tão comprometido com a missão ou os objetivos da sua organização. Sem tempo suficiente para descansar e recarregar as baterias, você corre um alto risco de exaustão, despersonalização e, com o tempo, eficácia reduzida, à medida que fica cada vez mais sobrecarregado e esgotado. Quando o trabalho se torna o foco da nossa vida (por qualquer razão) ou quando a nossa identidade fica atrelada demais ao nosso trabalho, corremos o risco de fazer sacrifícios pessoais demais e deixamos de nos cuidar, abrindo as portas para o burnout.

Então, como identificar e priorizar os aspectos do seu trabalho que são mais significativos para você sem se engajar em excesso no trabalho e sem sacrificar seu bem-estar pessoal? Como continuar buscando concretizar suas paixões e tornar o mundo melhor sem ficar esgotado, desanimado e exaurido? Veja algumas dicas para líderes e colaboradores.

O que os líderes e as organizações podem fazer

1. **Reconheça as contribuições dos funcionários.** Todo mundo quer ser valorizado, mas as pessoas que são motivadas a ajudar os outros e se engajar em um trabalho significativo, em especial, precisam saber que seu trabalho *está fazendo a diferença*. O efeito também é contagiante: pesquisas mostram que os funcionários que são elogiados com frequência no trabalho têm maior probabilidade de reconhecer e elogiar os outros, que também se sentem valorizados, o que tem um efeito positivo no desempenho da equipe.[5]
2. **Promova a reflexão da organização sobre sua declaração de missão e as maneiras específicas pelas quais os departamentos e as equipes ajudam a concretizá-la.** Uma pesquisa da McKinsey revelou que os funcionários têm cinco vezes mais probabilidade de se empolgar em trabalhar em uma empresa que reflete deliberadamente sobre a diferença que faz no mundo.[6]
3. **Crie uma cultura que incentive a comunicação aberta e priorize expressamente o bem-estar dos funcionários.** Os funcionários devem saber que podem procurar os gestores para pedir adaptações ou ajustes em sua carga de trabalho quando estiverem se sentindo esgotados e que a empresa oferece opções – como dias de folga "sem necessidade de explicação", acesso a ajuda para cuidar da saúde mental e iniciativas de bem-estar – às quais os funcionários podem recorrer em momentos de necessidade.

4. **Promova limites saudáveis no trabalho.** Desenvolva uma cultura que valoriza o equilíbrio entre a vida pessoal e a vida profissional. Incentive os funcionários a não levar trabalho para casa, a menos que seja absolutamente necessário – e seja um exemplo desse comportamento. Seja proativo e intervenha quando os funcionários apresentarem um padrão de excesso de trabalho e de comprometimento. É necessário fazer alterações na carga de trabalho deles? Eles precisam de ajuda para gerenciar seu tempo e suas prioridades? Precisam de recursos adicionais?
5. **Reavalie periodicamente as cargas de trabalho.** A carga de trabalho de todos é razoável e justa? Se alguns funcionários parecem estar assumindo a maior parte do trabalho, descubra por quê. Funcionários apaixonados pela missão podem se encarregar voluntariamente de trabalho demais e alguns funcionários podem se aproveitar, presumindo que, de qualquer maneira, eles teriam se oferecido para assumir a carga de trabalho adicional.

O que os funcionários podem fazer

1. **Comunique e imponha seus limites em relação ao horário de trabalho.** Isso se aplica ao número de horas que você dedica ao trabalho e a quando você estará ou não disponível para trabalhar (por exemplo, nada de trabalhar nos fins de semana).
2. **Tente definir "limites de intensidade".** Qualquer coisa (mesmo se for algo que o deixa muito empolgado) em excesso acabará tendo consequências negativas. Então encontre maneiras de impor limites saudáveis aos seus esforços e energia. Pode ser apenas agendar um horário regular para uma atividade não relacionada ao trabalho e incluir uma janela de "não perturbe" na sua agenda, ou você pode criar estratégias deliberadas para se proteger de assumir responsabilidades demais. Uma professora do ensino médio que participou de um dos meus workshops

estava ciente de que sofria da "síndrome do objeto brilhante" – nossa tendência a se distrair com qualquer novidade que passe pela nossa frente. Ela vivia sobrecarregada e criou uma estratégia que chamou de "telefonar para uma amiga": a cada nova solicitação que recebia, consultava sua melhor amiga, que a ajudava a gerenciar seus limites.

3. **Livre-se de compromissos desnecessários.** Se você for como eu, pode precisar da ajuda de alguém que tenha uma visão objetiva, porque *tudo* parece necessário e prioritário. Analise todos os compromissos de trabalho e veja-os em termos de prioridade e necessidade. Alguns serão claramente necessários; outros podem ficar em uma zona cinza; alguns podem ser delegados; e talvez, apenas talvez, alguns dos itens da sua lista podem simplesmente ser eliminados.

4. **Encontre maneiras de recarregar as baterias e se energizar fora do trabalho.** Fazer intervalos ao longo da jornada de trabalho é bom e necessário, mas também precisamos de atividades energizantes que ocorram completamente fora dos limites do trabalho. Elas podem recarregar suas baterias e ajudar a manter o equilíbrio entre a vida profissional e a pessoal.

5. **Amplie seu senso de identidade além do trabalho.** Uma diretora hospitalar que entrevistei disse que o que mais a ajudou a gerenciar o estresse foi nunca se permitir ser definida por seu trabalho. "Eu participo de várias comunidades e esta é uma delas", explicou ela. "Mas não é a única."

6. **Permita e normalize estágios diferentes em sua carreira.** Ao longo de uma vida profissional que provavelmente durará décadas, não há problema algum em se voltar a diferentes motivações. Às vezes você será movido por uma missão. Às vezes, seu trabalho pode ser estritamente transacional – você está trocando seu tempo e energia por dinheiro. Às vezes, sua ênfase estará no desenvolvimento de habilidades. *E tudo bem.* Tudo tem seu

tempo e é saudável entrar e sair do trabalho focado na missão – e entrar e sair de períodos de descanso e energização – de acordo com as suas necessidades.

UMA CONEXÃO SIGNIFICATIVA COM O MOMENTO PRESENTE

Quando você está dominado pelo estresse e parece que o mundo está totalmente fora de controle (um sequestro da amígdala), neutralizar o caos com a ancoragem pode aplacar nossas emoções e nos ajudar a pensar com mais clareza. Uma maneira de fazer isso é nos ancorar no momento presente.

Gretchen Schmelzer, cuja dica de distração aprendemos na página 138-139, sugere uma boa prática para nos conectar com o momento presente: *pense em um fato*. "Quando você percebe que está perdido", diz ela, "o que você precisa fazer é desacelerar – fazer uma pausa e olhar ao redor. Localize-se. Procure pontos de referência". Procurar uma verdade sobre o momento que você está vivenciando lhe permite "se situar e encontrar uma base sólida para se apoiar".

Sabendo disso, encontre uma afirmação que seja verdadeira para você, por mais insignificante que possa parecer. Pode ser apenas algo como "Não sei o que dizer" ou "Não sei o que fazer", explica Schmelzer, porque evita que você se deixe levar pelo turbilhão de sentimentos causados por um sequestro da amígdala – o que Schmelzer chama de "primeiros sentimentos" ou "sentimentos sobre sentimentos" – e conecta você aos seus *verdadeiros* sentimentos sobre o que está acontecendo no momento presente.

Descobri que é igualmente eficaz pensar em um fato sobre minhas circunstâncias *externas* – e, também neste caso, até a observação mais trivial funciona. Por exemplo, "Minha mesa é de madeira" ou "Minha caneca é vermelha" me traz de volta ao aqui e agora e me arranca do redemoinho dos meus pensamentos. "A sua capacidade de pensar

> em uma coisa verdadeira", explana Schmelzer, "cria a oportunidade de transformar a experiência de estar perdido na experiência de se localizar".⁷
>
> Ancorar-se ao momento presente nos tira da nossa própria mente, que muitas vezes fica confusa com pensamentos ansiosos sobre o passado ou o futuro, e nos recoloca no único momento que realmente existe: o presente.

Uma conexão significativa com os relacionamentos

O estudo mais extenso e minucioso sobre o envelhecimento saudável é o Estudo sobre o Desenvolvimento Adulto de Harvard. Lançado em 1938, concentrou-se inicialmente em 268 estudantes de segundo ano da Universidade Harvard, de desempenho acadêmico superior, e em 456 jovens de Boston que cresceram em circunstâncias desfavorecidas. Os pesquisadores entrevistaram os grupos originais a cada dois anos, coletando informações sobre seu desempenho acadêmico e habilidades intelectuais, tipo de personalidade e histórico social, saúde física e mental, vida conjugal e familiar, vida profissional e redes de relacionamento social, além de dezenas de outros fatores. Testes psicológicos e exames médicos periódicos complementaram os dados e, ao longo de décadas, os pesquisadores fizeram algumas descobertas surpreendentes.⁸ O diretor e principal pesquisador do estudo original, George Vaillant, fez a famosa observação de que, depois de 75 anos e US$ 20 milhões, a principal lição do estudo foi "uma conclusão simples e direta, de cinco palavras: 'Felicidade é amor. Ponto final'".⁹ Mais recentemente, o psiquiatra Robert Waldinger, que assumiu o cargo de diretor do estudo em 2005, chegou praticamente à mesma conclusão: "A lição mais clara que aprendemos com o estudo é esta: bons relacionamentos nos mantêm mais felizes e saudáveis".¹⁰

Já foi constatado que os seres humanos têm uma necessidade básica de conexão social e de sentir que pertencem a uma comunidade. Contudo, o grau no qual dependemos dos relacionamentos e a extensão na qual os relacionamentos (ou a ausência deles) nos afetam só estão sendo esclarecidos agora. Nossa saúde física e mental, nossa felicidade, nossa satisfação profissional e potencial de renda e até a nossa longevidade dependem, em grande parte, de termos relacionamentos que nos fornecem apoio e calor humano. No estudo de Harvard, por exemplo, os pesquisadores descobriram que, para os dois grupos de participantes do estudo, os relacionamentos próximos eram o maior preditor de satisfação com a vida, além de serem melhores preditores de uma vida longa e feliz do que classe social, dinheiro, fama, QI, escolaridade ou até os genes. Por incrível que pareça, o que faz a diferença não é o número de relações sociais nem estar em um relacionamento íntimo comprometido. O ingrediente mágico é a *qualidade* dos nossos relacionamentos próximos.

"A conexão", escreve a professora e pesquisadora Brené Brown, "está na nossa neurobiologia". É "a energia entre as pessoas quando elas se sentem compreendidas, ouvidas e valorizadas; quando podem dar e receber sem julgamento; e quando recebem apoio e força no relacionamento".[11] São esses relacionamentos calorosos e acolhedores que nos mantêm saudáveis e felizes e, como veremos, podem nos ajudar a evitar o burnout.

Você já deve saber quais dos seus relacionamentos atendem a esses critérios, mas, se quiser confirmar, pergunte-se quais relacionamentos exaurem a sua energia e quais lhe dão mais energia. As interações com essa pessoa deixam você cansado, esgotado, usado ou ansioso? Neste caso, esse relacionamento pode acelerar o burnout, aumentando o estresse e levando-o a se sentir exaurido e negativo. Se possível, mantenha-se afastado desses vampiros de energia. Por outro lado, se você sai energizado, inspirado, incluído ou otimista das interações com uma pessoa, esse é um relacionamento revigorante que tem o poder de reduzir o estresse, ajudar a gerenciar experiências estressantes e diminuir o risco de burnout. Invista nesses relacionamentos energizantes.

Por que as conexões sociais positivas e os relacionamentos revigorantes têm tanto poder de promover nosso bem-estar? Uma das razões é a maneira como nosso cérebro é programado. No livro *O poder da inteligência emocional: como liderar com sensibilidade e eficiência*, os autores e especialistas em inteligência emocional Daniel Goleman, Richard Boyatzis e Annie McKee observam que o sistema límbico, uma área do cérebro que capta e processa emoções, é um sistema de *circuito aberto*. Ao contrário de um sistema de circuito fechado, que é autorregulado e não depende de estímulos externos, um sistema de circuito aberto depende, em grande parte, de fontes externas para funcionar. Em outras palavras, segundo os autores, "dependemos de conexões com as pessoas para manter a nossa estabilidade emocional". Ainda que não estejamos cientes desse processo, o cérebro está constantemente captando sinais das pessoas e respondendo a esses sinais. O efeito é enorme. Já sabemos como o contágio emocional afeta os nossos sentimentos e estados emocionais. Contudo, os cientistas também descobriram que, em virtude da natureza de circuito aberto do sistema límbico, a presença das pessoas também pode alterar a nossa fisiologia, incluindo nossos níveis hormonais, função cardiovascular, padrões de sono e imunidade. Goleman e seus coautores citam um estudo que nos dá um excelente exemplo disso: enquanto três ou mais eventos de alto estresse em um ano (como problemas financeiros, demissão ou divórcio) *triplicam* a taxa de mortalidade em homens de meia-idade socialmente isolados, esses eventos não tiveram *nenhum impacto* sobre a taxa de mortalidade em homens que tinham relacionamentos próximos.[12] Esse é um exemplo incrível do efeito protetor dos relacionamentos próximos.

A história não termina aí. Os relacionamentos próximos também têm efeito direto sobre o estresse. Waldinger, do Estudo sobre o Desenvolvimento Adulto de Harvard, que recentemente começou a estudar a terceira geração de participantes, explica: "O que acreditamos que acontece é que os relacionamentos ajudam o corpo a gerenciar o estresse e a se recuperar dele. Acreditamos que pessoas solitárias e socialmente isoladas permanecem em uma espécie de modo crônico de luta ou fuga, caracterizado por níveis mais elevados de hormônios do estresse circulantes, como o cortisol, níveis mais elevados de inflamação, e que esses fatores desgastam gradualmente diferentes sistemas do corpo".[13] Uma resposta semelhante ocorre quando temos momentos de desconexão nos nossos relacionamentos. Os sentimentos de desconexão, aponta Brené Brown, "compartilham os mesmos caminhos neurais com sentimentos de dor física". Isso explica por que rompimentos são tão dolorosos e por que a desconexão crônica pode levar ao isolamento social, à solidão e à sensação de impotência.[14]

Evidências crescentes confirmam essas conclusões. A solidão (a dolorosa sensação de estar sozinho, não importa onde você estiver ou com quem) e o isolamento social (a falta de conexão social com as pessoas) foram associados a uma série de resultados negativos para a saúde, muitos deles decorrentes dos efeitos deletérios de ninguém menos que o nosso velho inimigo, o estresse crônico. Os pesquisadores descobriram que a solidão e a infelicidade aceleram o processo de envelhecimento e são mais perigosos para a nossa saúde que o tabagismo.[15] A solidão foi associada a um risco mais alto de doenças cardiovasculares, síndrome metabólica, diversidade funcional (também chamada de deficiência funcional), declínio cognitivo acelerado, depressão, ansiedade, má qualidade do sono, baixa imunidade, inflamação sistêmica e ideação suicida.[16] Tudo indica que a solidão e o isolamento social são experiências tão profundamente estressantes que o cérebro as percebe como uma ameaça. Em outras palavras, o cérebro registra a solidão e o isolamento social como perigosos para a *saúde* e aciona a resposta ao estresse para lidar com a ameaça. E, como sabemos, quando a resposta ao estresse passa muito tempo acionada, causa problemas sistêmicos no corpo e na mente.

Também causa problemas no trabalho. Os funcionários que se sentem solitários ou isolados no trabalho podem apresentar um desempenho mais baixo, menor satisfação no trabalho e maior risco de burnout. Basta dar uma olhada em algumas pesquisas que examinam especificamente os efeitos da solidão e do isolamento social na vida profissional:

- Pessoas que sentem menos conexão no trabalho têm 73% menos engajamento, 77% mais estresse, 109% mais burnout e 153% mais solidão que seus colegas altamente conectados.[17]
- O isolamento social foi associado à baixa satisfação com a vida em todas as áreas, incluindo taxas mais elevadas de estresse no trabalho e menor satisfação no trabalho.[18]
- Funcionários solitários têm duas vezes mais probabilidade do que seus colegas não solitários de faltar ao trabalho em razão de doenças e cinco vezes mais probabilidade de faltar ao trabalho devido ao estresse.
- Menos da metade dos funcionários solitários afirma ser capaz de trabalhar com eficiência (47%) e apresentar seu melhor desempenho (48%), em comparação com cerca de dois terços dos funcionários não solitários que conseguem ter um desempenho eficiente (64%) e trabalhar com seu melhor desempenho (65%).[19]
- A solidão reduz a eficácia das pessoas e, quanto mais solitário o funcionário, pior será seu desempenho. Um estudo com 672 funcionários e 114 supervisores encontrou dois mecanismos para explicar isso: para começar, os funcionários solitários sentiam-se isolados e menos comprometidos com suas organizações, o que os levava a não se empenhar tanto no trabalho ou não apresentar seu melhor desempenho. Em segundo lugar, eram vistos pelos outros funcionários como distantes e menos acessíveis, o que os levava a ser excluídos de comunicações e interações no trabalho.[20]

De acordo com um estudo recente da BetterUp sobre relacionamentos no trabalho, as pessoas precisam se relacionar com pelo menos cinco colegas amigáveis para se sentir conectadas e apoiadas e precisam de sete relacionamentos para sentir que realmente pertencem ao ambiente de trabalho. Porém, 22% das pessoas relataram que não têm sequer um amigo no trabalho. Isso é péssimo tanto para o bem-estar individual (além de ser bem triste) como também para o desempenho, para a colaboração e a cultura da empresa; e, no fim das contas, é péssimo para os resultados financeiros. Funcionários socialmente isolados são mais propensos a não se engajar nos objetivos da organização e correm mais risco de burnout.[21]

Agora, pense por um momento no que falamos sobre todos os efeitos negativos que podem advir das experiências adversas na infância. Vamos ver se você estava prestando atenção. Responda à seguinte pergunta: qual é o melhor "antídoto" capaz de resistir a todos os assustadores efeitos das experiências adversas na infância, incluindo problemas de saúde física e mental, redução da expectativa de vida, pior desempenho no trabalho e um risco aumentado de burnout? Não se preocupe, você não precisará voltar ao Capítulo 2. A resposta é: o *apoio social*. E o melhor é que o mesmo efeito da "cura social" também ocorre aqui: evidências atestam que os efeitos positivos da presença de relações sociais de apoio são ainda mais intensos que os efeitos negativos causados por sua ausência. E esses efeitos se traduzem em benefícios concretos no trabalho.

O estudo da BetterUp sobre relações no trabalho descobriu que os funcionários que se esforçam para criar conexões sociais com os colegas têm 34% mais habilidades de planejamento estratégico, 34% mais metas alcançadas e 27% mais satisfação no trabalho. E, quando os funcionários dedicam tempo para cultivar mais amizades no trabalho, eles relatam 41% mais crescimento pessoal e 48% mais crescimento profissional.[22]

Em um artigo publicado na *Harvard Business Review*, as pesquisadoras e professoras da Escola de Administração de Yale Emma Seppälä e Marissa King apontam que a pesquisa encontrou uma correlação demonstrável entre o apoio social no trabalho e taxas mais baixas de burnout, maior satisfação no trabalho e maior produtividade. Segundo elas, ter relacionamentos positivos com colegas de trabalho é o fator mais importante para a felicidade no trabalho, e as relações sociais no trabalho que fazem com que os trabalhadores se sintam "valorizados, apoiados, respeitados e seguros" também têm um impacto positivo direto no engajamento dos funcionários. O resultado de sentir-se socialmente conectado "é um maior bem-estar psicológico, que se traduz em maior produtividade e desempenho".[23]

Um médico que entrevistei e que recentemente se aposentou de um grande centro médico acadêmico disse que os dois fatores que lhe permitiram gerenciar o alto estresse do trabalho foram ter acesso a apoio e poder trabalhar em uma cultura que incentivava a comunicação franca. "Tive muita sorte porque pude contar com uma estrutura de apoio muito boa no meu nível, junto com a minha equipe, além de fazer parte de uma organização que dava muito apoio", alegou ele. A equipe executiva era "muito acessível. Eu sabia que podia ligar para eles sempre que estivesse estressado e sabia que podia ter uma conversa franca e transparente – e que eles não veriam isso como uma fraqueza. Eu podia simplesmente pegar o telefone, conversar com alguém, processar o que foi dito e voltar ao trabalho".

Se você não tiver o benefício de um relacionamento tão aberto com a liderança, ou se prefere não discutir suas situações estressantes no trabalho, pode entrar em um grupo de apoio fora do trabalho ou criar um. A Associação de Executivos Policiais de Grandes Cidades é uma organização que oferece um fórum de apoio e colaboração para executivos da polícia das 79 maiores cidades dos Estados Unidos e do Canadá. O encontro anual da associação proporciona uma rara oportunidade para esses altos executivos da força policial, responsáveis por proteger informações sensíveis, compartilharem abertamente seus desafios com colegas que têm a experiência necessária para entender a situação. Alguns anos atrás, comecei a atuar como facilitadora do programa anual de desenvolvimento de liderança da associação e, todos os anos, os executivos relatam como se sentiam isolados no topo antes de entrarem na organização. Em muitos casos, os relacionamentos formados nos encontros evoluíram para sistemas de apoio aos quais eles podem recorrer regularmente. Robert J. Contee, que estava no quarto dia de trabalho como chefe do Departamento da Polícia Metropolitana de Washington no ataque de 6 de janeiro de 2021 ao Capitólio dos Estados Unidos, conseguiu obter apoio imediato por meio dos relacionamentos que desenvolveu na associação. "Todos os colegas para quem liguei se ofereceram para ajudar", ele me contou, "e vieram assim que puderam".

Outras pessoas que entrevistei recorriam a organizações religiosas em busca de apoio pessoal. Quando Danielle Outlaw mudou-se de Portland, no estado do Oregon, para a Filadélfia, na Pensilvânia, para se tornar a primeira comissária de polícia mulher e afro-americana da cidade, ela conhecia poucas pessoas na nova cidade. Um grupo de mulheres entrou em contato para dizer que elas planejavam se encontrar regularmente para orar por ela. "Sei que o amor e o apoio delas são autênticos e que posso contar com elas", aludiu a comissária Outlaw. Um diretor hospitalar entrou em um grupo de oração semanal, onde ele e um pequeno grupo de confidentes se revezavam para ouvir uns aos outros e oferecer orientação e encorajamento.

Outra diretora hospitalar entrou em uma organização profissional que se reunia mensalmente. "Sou extrovertida", afirmou ela, "então gosto de compartilhar alguns dos meus problemas com as pessoas para saber o que elas acham e pedir ajuda. Fazer isso também me ajuda muito a lidar com o estresse". Os membros da associação tinham a experiência e o conhecimento necessários para opinar com autoridade sobre qualquer situação estressante pela qual ela estivesse passando e, como não trabalhavam no mesmo hospital, ela podia compartilhar abertamente seus desafios sem se preocupar com questões de confidencialidade ou com a possibilidade de ultrapassar limites profissionais.

Algumas pessoas optam por conversas individuais com um conselheiro de confiança – um coach executivo, um mentor ou alguém de sua rede de apoio. "Faz um bom tempo que tenho um coach", disse um médico que trabalha com medicina de família. "Na verdade, acho que, se não tivesse o coach, teria largado a carreira. Chega um ponto em que todo mundo precisa de uma perspectiva diferente sobre a carreira e apoio para ajudar a lidar com o estresse". E, é claro, há muitas maneiras de ter acesso informal a relacionamentos significativos, por meio de amigos, familiares, conhecidos, atividades de lazer, clubes, associações e assim por diante. "As conexões significativas são indispensáveis para o equilíbrio emocional e a capacidade de lidar com as situações", disse um participante do estudo. "Não importa o que você estiver fazendo, por mais ocupado que estiver, se fizer com outra pessoa ou tiver acesso às opiniões de outras pessoas, você não se sente isolado. Você vai tomar decisões melhores e a experiência toda vai ser menos estressante."

Os relacionamentos de apoio têm um efeito atenuante direto nos três aspectos do burnout: exaustão, ceticismo e redução da eficácia profissional. Os trabalhadores que se sentem apoiados e conectados têm maior probabilidade de se sentir energizados e motivados, de ter uma atitude positiva em relação ao trabalho e de desfrutar de maior produtividade e impacto. Relacionamentos fortes e de apoio melhoram tudo. Sei que consegui superar algumas situações muito difíceis no trabalho porque tive um chefe ou colega que acreditou em mim, ou que se importou o suficiente para vir com uma solução quando eu mais precisava. Lembrando que essa "solução" pode ser algo tão simples quanto um café, o feedback certo, um agradecimento ou uma mensagem dizendo: "Você consegue!"

Os relacionamentos também podem ser uma fonte de resiliência. Vamos dar uma olhada na sua rede de apoio para identificar suas principais fontes relacionais de resiliência.[24] Com conexões significativas de relacionamentos que ajudam você a se sentir valorizado, respeitado, seguro e resiliente, o burnout não tem vez.

> **EXERCÍCIO: IDENTIFICANDO SUAS FONTES RELACIONAIS DE RESILIÊNCIA**
>
> De acordo com um excelente artigo da *Harvard Business Review*, tendemos a pensar na resiliência – a capacidade de nos recuperar de contratempos – como uma qualidade encontrada dentro de nós mesmos quando estamos diante de um desafio. Contudo, os autores Rob Cross, Karen Dillon e Danna Greenberg salientam que a resiliência também é possibilitada por relacionamentos e redes de apoio fortes e que podemos nos tornar *mais* resilientes ao nos conectar com as pessoas. Pessoas que demonstraram uma resiliência excepcional, segundo os autores, "cultivaram e mantiveram conexões autênticas em diversas áreas da vida – não apenas no trabalho, mas também em atividades esportivas, voluntariado, comunidades cívicas ou religiosas, clubes de leitura, comunidades de pais que se conheceram por meio dos filhos e assim por diante".
>
> Os autores identificam oito diferentes fontes relacionais de resiliência, representadas na Figura 5.1. Com quais dessas oito fontes relacionais você pode contar na sua rede de apoio? Em quais áreas você precisa fortalecer os relacionamentos existentes ou buscar novos para ajudar a construir novas maneiras de aumentar sua resiliência?

Figura 5.1. Suas principais fontes relacionais de resiliência

- Pessoas que nos dão apoio empático
- Pessoas que nos ajudam a redistribuir o trabalho ou gerenciar picos de demanda
- Pessoas que nos ajudam a rir de nós mesmos e das situações
- Pessoas que nos ajudam a entender a cultura ou a política da organização
- Pessoas que nos lembram do propósito do nosso trabalho
- Pessoas que nos ajudam a ter confiança para recusar demandas excessivas e defender nossos próprios interesses
- Pessoas que nos ajudam a manter ou mudar nossa perspectiva
- Pessoas que nos ajudam a ver um caminho a seguir

FONTES RELACIONAIS DE RESILIÊNCIA

(EMPATIA, PICOS DE TRABALHO, POLÍTICA, AUTODEFESA, VISÃO, PERSPECTIVA, PROPÓSITO, HUMOR)

Uma conexão significativa com os seus valores

Se eu lhe pedisse para fazer uma lista de cinco a dez de seus principais valores, posso apostar que não seria muito difícil. Mas será que a sua lista seria totalmente precisa? É possível que algumas dessas respostas não pertençam à sua lista ou que você tenha se esquecido de outras?

A verdade é que identificar e conhecer os nossos valores centrais requer um alto grau de autoconsciência e uma considerável autorreflexão. Nossos verdadeiros valores podem estar escondidos atrás dos valores que achamos que *deveríamos* ter. Um cliente de coaching, por exemplo, incluiu "ambição", "dedicação" e "resistência" em sua lista de valores – apesar de ter procurado o coaching por estar se sentindo desmotivado, desinteressado pelo trabalho e exausto. Ele poderia *desejar* muito ser uma pessoa altamente enérgica, determinada e proativa no trabalho, mas esses valores declarados estavam em desacordo com seu temperamento natural de evitar conflitos e preferir trabalhar sem a pressão de prazos apertados ou alta intensidade. Quanto mais trabalhávamos juntos, mais claro ficava que, no fundo, ele nem queria o papel de liderança que ocupava. Ele se empenhou para conquistar um cargo de liderança na tentativa de agradar os outros e, agora, o desalinhamento entre os seus verdadeiros valores e as exigências de seu trabalho o aproximava cada vez mais do burnout.

São inúmeras as razões que podem nos levar a uma situação na qual os valores que praticamos não refletem nossos verdadeiros valores centrais e quem realmente somos. Essas situações podem ocorrer de maneira consciente e intencional, como quando alguém compromete seus valores a fim de obter uma vantagem (exagerando as realizações para conseguir uma promoção, por exemplo) ou se sente pressionado a fazer isso (mentindo para encobrir um erro do chefe, por exemplo). Ou os conflitos de valores podem se acumular aos poucos sem nos darmos conta deles, como quando tentamos nos encaixar em um grupo social, ajustar nossos valores pessoais aos valores da nossa organização ou, como no caso do meu cliente, viver os sonhos e expectativas dos outros em relação a nós. Ou simplesmente ainda não nos engajamos no tipo de autorreflexão honesta que revelaria nossos verdadeiros valores.

Seja qual for a razão, poucas coisas levarão ao burnout mais rápido do que uma ameaça aos seus valores centrais. Dito isso, a primeira coisa a fazer é identificar com precisão suas crenças centrais e princípios orientadores. Para isso, é essencial saber o que realmente importa para você e o motiva, o que orienta o seu senso de propósito e como você o concretiza, e o que você está (e não está) disposto a sacrificar pelo seu emprego. Além disso, dificilmente haverá uma maneira melhor de ser eficaz no trabalho e, ao mesmo tempo, evitar o burnout do que alinhar os seus valores com os valores da sua organização.

Então, que tal entrarmos em uma jornada de averiguação dos fatos para identificar seus verdadeiros valores centrais? Uma advertência antes de começarmos: este exercício exigirá uma profunda reflexão. Os riscos são altos – mas as recompensas também.

EXERCÍCIO: VAMOS PARTIR EM UMA BUSCA DOS SEUS VALORES

Ao responder às perguntas deste teste – lembrando que não há resposta errada –, tente pensar em como cada aspecto de quem você é impacta e se relaciona com a sua função no trabalho e o seu ambiente de trabalho. Com base nas suas respostas, você diria que está alinhado com o seu trabalho e o seu ambiente de trabalho?

Reserve pelo menos meia hora para este exercício. Pense nele como uma busca ou exploração – quanto mais profunda e franca for a sua autorreflexão, melhores serão os resultados.

1. Faça uma lista rápida dos seus valores – anote tudo que vier à mente, sem se conter ou se censurar.
    - Circule os valores que parecem realmente necessários para a sua identidade ou o seu sistema de crenças. Aqueles valores sem os quais você nem se reconheceria se alguém lhe dissesse: "Você não pode fazer isso/ter isso/ser isso".
    - Circule os valores que lhe dão um forte senso de motivação ou inspiração (mesmo se você já os circulou).
    - Reflita: você circulou algum valor duas vezes? De todos os valores que você circulou, algum se aplica igualmente à sua vida pessoal e à sua vida profissional?
2. Complete as frases:
    Sinto um senso de inspiração no trabalho quando _____.
    O que eu mais gosto no meu trabalho é _____.
    Sou motivado a ser _____ no trabalho.

Sou motivado a fazer _____ no trabalho.
Algo que eu nunca faria no trabalho, aconteça o que acontecer, é _____.
Meu trabalho me permite contribuir com _____ [relacione ações, produtos, serviços etc. específicos] para que _____ [relacione os resultados para você e para as pessoas que você serve].
Sinto-me mais realizado e satisfeito no trabalho quando _____
Sinto-me mais emocionalmente engajado no trabalho quando _____
_____ me lembra do propósito ou do sentido do meu trabalho. (Pode ser algo que você faz ou pode ser uma pessoa.)

3. Agora, vamos esquentar um pouco as coisas. Relacione sete coisas que você quer fazer, ser, ver, sentir ou experimentar na vida profissional antes de morrer.
4. Relacione sete coisas que você quer fazer, ser, ver, sentir ou experimentar na vida pessoal antes de morrer.
5. Repasse suas respostas. Há algum valor que se repete? O que você consegue notar sobre os seus interesses e o que é mais importante para você? O que, se for o caso, surpreendeu você? Como você se sente, neste momento, ao refletir sobre os seus valores?
6. Por fim, repasse a lista de valores que você fez na Pergunta 1. Seus valores essenciais precisam de uma atualização ou um upgrade? Você eliminaria algum item da lista? Acrescentaria alguma coisa? Se sim, faça isso agora.

Abaixo dos seus valores estão as motivações que o impulsionam. Observe como os seus valores se refletem nas escolhas que você faz e na maneira como gasta seu tempo. Se as suas escolhas e ações não estiverem alinhadas com os seus valores, identifique mudanças que

> você pode fazer para alcançar um alinhamento mais preciso entre as forças centrais que o energizam e o motivam e a maneira como você está levando a sua vida.

A relação entre os valores e o burnout

Como vimos no Capítulo 2, o burnout ocorre na presença de incompatibilidades crônicas entre uma pessoa e sua organização em uma ou mais áreas – carga de trabalho, controle, recompensa, valores, justiça ou comunidade. As incompatibilidades de valores são especialmente perigosas porque seus efeitos atingem nosso verdadeiro eu. Seria possível dizer que elas nos ameaçam no nível do *ser*, não do *fazer*. Por exemplo, uma incompatibilidade na carga de trabalho pode nos deixar exaustos, mas uma solução pode ser alcançada com um redesenho de processo relativamente simples, como uma redistribuição de tarefas. No entanto, quando os valores estão desalinhados, você é forçado a virar as costas para algo que é fundamental para a sua identidade, para quem você é. É por isso que as incompatibilidades de valores podem parecer uma ameaça à nossa existência e acionar uma resposta ao estresse de luta, fuga ou congelamento, e é por isso que resolver essas incompatibilidades tende a ser uma tarefa complexa e demorada.

As incompatibilidades de valores sempre geram tensão ou turbulência interna e altos níveis de estresse – mesmo se você ainda não estiver totalmente consciente de quais são os seus valores centrais. Se você perceber que está tendo sintomas de burnout, mas não souber ao certo por quê, é provável que uma incompatibilidade de valores esteja se infiltrando na sua consciência. Chegar ao fundo da questão exigirá um profundo exame de consciência, autorreflexão e, principalmente, honestidade consigo mesmo. O exercício da "Busca dos seus valores" pode bastar para identificar seus verdadeiros valores centrais, mas trabalhar com um coach executivo, terapeuta ou mentor também pode ajudar.

Em outros casos, as incompatibilidades de valores são claras. A expectativa de que você deve agir de uma maneira que viole o seu código moral, por exemplo, pode lançá-lo diretamente ao burnout. "Para mim é fácil lidar com o estresse resultante de um conflito de personalidade ou um problema de comportamento", disse-me um gerente de RH. "Isso não me incomoda nem um pouco. Mas, quando me vejo diante de uma tarefa que não está alinhada com os meus valores, é sempre muito estressante. É o pior estressor para mim." Trabalhar em um ambiente que permite ou ignora comportamentos antiéticos, como furto, trapaça, mentira, dissimulação, exclusão ou injustiça, é inerentemente estressante e leva as pessoas a se sentirem sobrecarregadas, desconfiadas, céticas e descomprometidas. Se isso descreve o seu local de trabalho, a melhor solução talvez seja sair.

O guru de liderança Patrick Lencioni certa vez destacou os valores de uma proeminente empresa que empregava dezenas de milhares de pessoas e, no seu auge, teve receitas de mais de US$ 100 bilhões: *Comunicação. Respeito. Integridade. Excelência.* Tudo isso parece ótimo – até você ficar sabendo que a empresa era a Enron, que, como se revelou, estava envolvida em fraudes contábeis e corporativas gigantescas. Lencioni observa que, mesmo se a discrepância entre os valores declarados e praticados não for tão extrema, os valores corporativos que são vazios ou desonestos "criam funcionários céticos e desanimados, indispõe a empresa com os clientes e minam a credibilidade da gestão".[25] Em outras palavras, geram desconfiança. Pesquisas descobriram que os funcionários que têm valores conflitantes com os de sua organização têm pior desempenho, menor produtividade e menos bem-estar, e são mais propensos a pedir a demissão que os funcionários cujos valores se alinham com os da sua organização.

Veja um exercício para ajudá-lo a se conscientizar das possíveis incompatibilidades de valores – e para prestar atenção à mensagem que os seus valores estão transmitindo.

EXERCÍCIO: OS SEUS VALORES ESTÃO LHE DIZENDO PARA CAIR FORA?

Algumas incompatibilidades de valores podem ser resolvidas antes de o arrastarem ao território do burnout e comprometerem seu bem-estar. Mas, às vezes, as incompatibilidades de valores podem ser um sinal para dar o fora o quanto antes. Vamos dar uma olhada nessas duas categorias de incompatibilidades de valores.

GRUPO A: CAIA NA REAL

Você se sente *desconfortável* ou *deslocado*.

Você se sente *desiludido, desengajado* ou *desconectado* e não sabe ao certo por quê.

Você sente que tem algo *faltando, fora de alinhamento* ou *que simplesmente "não bate"*.

Você se sente cada vez mais ou até insuportavelmente *agitado*.

Você se sente inexplicavelmente *infeliz, pessimista* ou *desmotivado*.

Quando há algo errado no trabalho e você não consegue saber o que é, muitas vezes é um indício de que seus valores estão fora de sincronia com os da organização. Aproveite a oportunidade para cair na real e avaliar até que ponto os seus valores pessoais se alinham com os valores promulgados pela empresa. Se houver uma incompatibilidade, ela pode ser resolvida de forma satisfatória? Se não, talvez seja a hora de partir para a próxima.

GRUPO B: CAIA FORA

Você não se sente seguro. Você se sente física ou psicologicamente ameaçado ou abusado, ou seu ambiente de trabalho não garante padrões de segurança física.

Você está sendo tratado de maneira inaceitável. Você é submetido a um tratamento desrespeitoso, injusto ou discriminatório. Você se sente intimidado, censurado, assediado ou excessivamente criticado.

Você está sendo instado ou se sente pressionado a comprometer sua moral. Por exemplo: a violar a ética da organização ou sua ética pessoal; perpetuar um ambiente excludente; demonstrar comportamento desrespeitoso, injusto ou discriminatório; ignorar ou encobrir violações éticas alheias.

Se você estiver em um ambiente de trabalho tóxico, abusivo ou que não oferece a segurança necessária, não perca seu tempo tentando promover uma mudança cultural, esperando que o comportamento tóxico dos colegas melhore ou que estratégias de autocuidado de alguma forma tornem seu trabalho tolerável. Sua primeira e melhor forma de autocuidado é pensar em uma estratégia de saída e dar o fora assim que puder. Você se lembra de Jenn, a designer gráfica que sofreu um caso extremo de burnout devido à cultura de trabalho tóxica da empresa onde trabalhava? Seu conselho para pessoas em situações parecidas é o seguinte: "Em primeiro lugar, simplesmente pare. Saia do escritório e vá para casa. Em segundo lugar, pense que sempre existe algo melhor".

E sempre existe! Priorize a sua saúde e seu bem-estar, dedicando o maior tempo possível para se recuperar. Descanse bastante e reconecte-se com coisas fora do trabalho – pessoas, lugares, experiências e atividades – que lhe dão alegria e energia.

E o que acontece quando os nossos valores estão alinhados com os da organização? Um resultado é que recebemos o mesmo efeito protetor e transformador que a conexão com um trabalho significativo fornece. Ainda podemos sentir o estresse de um trabalho desafiador e de alta pressão, mas trabalhar com base em um profundo senso de que estamos concretizando os nossos valores ajuda a neutralizar o estresse tóxico.

Em outras palavras, o estresse que vivenciamos no trabalho parece valer a pena e não exaure nossa energia, não causa negatividade nem prejudica a nossa eficácia. Desenvolver um profundo senso dos nossos valores centrais não apenas nos ajuda a lidar com o estresse como aumenta a nossa energia, promove o otimismo e melhora o desempenho.

Em *O lado bom do estresse*, Kelly McGonigal descreve um estudo clássico da década de 1990 no qual os participantes da pesquisa, todos estudantes de Stanford, foram instruídos a escrever um diário durante as férias de inverno. Um grupo de estudantes foi solicitado a escrever sobre seus valores pessoais mais importantes e descrever como suas atividades diárias estavam ligadas a esses valores. Outro grupo foi solicitado a descrever eventos positivos que ocorreram com eles. Os pesquisadores descobriram que o primeiro grupo de estudantes voltou às aulas com uma saúde melhor e mais ânimo. Eles concluíram que os estudantes que foram solicitados a identificar seus valores mais profundos refletidos em suas atividades diárias experimentaram uma espécie de transformação em sua percepção: "Escrever sobre os valores ajudou os estudantes a ver sentido em sua vida", escreve McGonigal. "As experiências estressantes deixaram de ser dificuldades a ser toleradas e se transformaram em uma expressão dos valores dos estudantes. Pequenas coisas que de outra forma poderiam parecer irritantes ou enervantes tornaram-se momentos cheios de significado."

Quase cem estudos posteriores chegaram a conclusões semelhantes, levando McGonigal a concluir que escrever sobre seus valores é "uma das intervenções psicológicas mais eficazes já estudadas". Em curto prazo, demonstrou-se que escrever sobre seus valores faz com que as pessoas se sintam mais empoderadas, no controle, orgulhosas, fortes, amorosas, conectadas e empáticas. Aumenta a tolerância à dor, melhora o autocontrole e reduz a ruminação inútil após uma experiência estressante. Em longo prazo, demonstrou-se que escrever sobre os valores aumenta as notas na faculdade, reduz as consultas médicas, melhora a saúde mental e ajuda em tudo, desde perder peso até parar de fumar e reduzir o consumo de álcool. Por incrível que pareça, até escrever sobre os valores apenas uma vez, por dez minutos, confere efeitos positivos à nossa mentalidade que podem durar meses ou até anos.

Por que o efeito é tão intenso e duradouro? Uma das razões é que aumenta nosso senso de eficácia: os psicólogos de Stanford Geoffrey Cohen e David Sherman descobriram que, quando temos uma ligação profunda com os nossos valores, somos mais propensos a acreditar que podemos melhorar a nossa situação, seja pelo próprio esforço ou com a ajuda dos outros. Essa mentalidade reduz a propensão a adotar estratégias de enfrentamento de evitação, como a procrastinação ou a negação, e aumenta a propensão a tomar ações positivas. Ter uma profunda conexão com os nossos valores também nos torna mais propensos a ver as adversidades como temporárias e menos propensos a presumir que o problema revela algo profundamente errado em nós mesmos. Em outras palavras, explica McGonigal, "quando você reflete sobre os seus valores, a história que você conta a si mesmo sobre o estresse muda. Você se vê como forte e capaz de superar as adversidades. Você se torna mais propenso a enfrentar os desafios do que a evitá-los. E aumenta a sua capacidade de ver um sentido nas circunstâncias difíceis".[26] Lembrar e permanecer conectado aos seus valores, conclui ela, "pode ajudar a transformar o estresse de algo que está acontecendo contra a sua vontade e fora do seu controle em algo que convida a honrar e aprofundar as suas prioridades".[27]

Conduzi a maioria das entrevistas aprofundadas com chefes de polícia imunes ao burnout entre junho e novembro de 2020, no meio da pandemia da covid-19 e de uma onda de protestos violentos contra a polícia. Fiquei impressionada com o número de chefes de polícia que me disseram que, apesar de ter sido o período mais estressante de suas carreiras, eles nunca se sentiram tão motivados a enfrentar os desafios de seus departamentos. "Sinto que nasci para isso", disse um deles. Outro falou: "É para isso que passei tanto tempo treinando". Dos 35 chefes de polícia que entrevistei na ocasião, apenas um pensou em pedir demissão, embora muitos tivessem direito à aposentadoria e pudessem ter saído a qualquer momento. "Agora, mais do que nunca, é que precisamos de uma liderança forte", declarou um deles, "e não vou deixar meu pessoal com essa bomba na mão".

Bill Scott, do Departamento de Polícia de São Francisco, chegou a notar efeitos positivos desse período intensamente desafiador. "Na verdade, me sinto energizado, em vez de desanimado", ponderou ele. "Tenho uma perspectiva muito positiva. Só precisamos ouvir – sem empatia, nada acontece. Precisamos realmente reconhecer a maneira como afetamos as pessoas, realmente ouvir o que as pessoas estão nos dizendo. O foco nos nossos valores me faz seguir em frente quando somos criticados." O foco em seus valores também orienta seu comportamento em todos os momentos. "São os valores que orientam a maneira como você faz o que faz", explicou. Segundo ele, se, por exemplo, você for uma pessoa compassiva, sua compaixão pelas pessoas vai se refletir em sua atitude como policial. Se respeitar as pessoas e a vida, esses valores se refletirão em todas as interações com as pessoas a quem você serve. E, em momentos de grande estresse ou emocionalmente intensos, é especialmente importante permanecer firmemente ancorado em valores centrais como serviço, respeito, valorização da diversidade e cumprimento das políticas e leis da cidade. "Eu realmente acredito que tudo o que foi incutido em você, no seu sistema de valores, vem à tona sob estresse", afirmou Scott. Então, se um dos seus valores for fazer a coisa certa, você sempre vai fazer a coisa certa, instintivamente. "Estou aqui para fazer meu trabalho", disse. "Estou aqui para servir as pessoas. E os meus valores realmente determinam como eu faço esse trabalho."

Nossos valores são um porto seguro para nós. São uma rocha onde podemos nos ancorar diante de críticas ou sob estresse, quando pesamos os prós e contras de uma decisão ou quando simplesmente não sabemos ao certo o que fazer. Eles constituem a estrutura de quem somos, de como queremos agir e do que consideramos significativo.

Vibrante, engajado e eficaz

Voltei a entrar em contato com o xerife Robert Luna na primavera de 2023. Haviam se passado dois anos e meio desde que nos falamos pela última vez e eu estava curiosa para saber como ele estava lidando com a nova função, que devia ser ainda mais estressante que o antigo cargo como chefe de polícia.

Descobri então que eu não sabia da missa a metade. Depois de derrotar outros sete candidatos em um primeiro turno "muito intenso", Luna enfrentou o então atual xerife do condado de Los Angeles no segundo turno e teve de passar por todas as difíceis etapas de arrecadação de fundos e fazer campanha – o que ele descobriu ser um tipo singular de estresse que ele nunca tinha sentido antes. Ele enfrentou uma oposição feroz (e, por vezes, cruel) dos apoiadores de seu oponente, incluindo alguns deputados que o consideravam um intruso e eram muito resistentes à mudança. No fim, venceu por uma boa margem, mas o departamento que herdou "estava em uma total turbulência" e atolado em escândalos, e seu compromisso de erradicar as gangues que operavam no departamento lhe rendeu muitos inimigos. Como se tudo isso não bastasse, Luna passou de liderar um departamento de polícia de 1.400 pessoas para uma organização de 18 mil pessoas e passou a ser responsável por gerenciar a maior população carcerária (cerca de 14 mil detentos) de todos os condados dos Estados Unidos.

O trabalho que ele tinha pela frente era tão hercúleo e a pressão seria tamanha que os amigos de Luna tentaram dissuadi-lo. "Meu melhor amigo disse: 'Sou totalmente contra isso'", Luna me contou. "'Não quero ver você morto em quatro anos.'" Eu sabia, pela nossa outra conversa, que Luna tinha habilidades extraordinárias de inteligência emocional, mas, depois de ouvir sobre esse trabalho, fiquei pensando: "Como *qualquer pessoa* poderia lidar com esse nível de estresse?"

"Você *precisa* se preocupar com o estresse que vai enfrentar", disse Luna. "Porque, se não se preocupar com isso, não vai fazer nada a respeito." Ele adota uma abordagem proativa aos "fundamentos" do combate ao estresse, como exercícios regulares, uma boa dieta, tempo de sono suficiente, orações, e recorre mais do que nunca a seus relacionamentos para obter apoio. "Grande parte tem a ver com cercar-se das pessoas certas, pessoas que contribuem com energia positiva", ele explicou. "Sempre que me vejo em uma situação difícil, converso com a minha esposa, minha família, minha filha, meu filho, meus pastores e me certifico de que estou processando tudo que está acontecendo. Converso com meu melhor amigo pelo menos uma ou duas vezes por semana e com um ex-colega de trabalho pelo menos uma vez por semana. Passei a contar mais com as pessoas que me cercam e estou delegando muito."

E, como eu já havia observado nele, bem como em tantos outros líderes orientados ao propósito, o profundo senso de missão de Luna lhe dá uma perspectiva mais ampla quando o estresse aumenta e o lembra das razões que o levaram a buscar um trabalho tão difícil. Ele entrou na corrida para ser eleito xerife de uma organização tão grande, complexa e problemática porque queria fazer mudanças positivas. "A questão não era eu", disse ele, "nem a organização que ficaria sob a minha supervisão. Passou a ser uma missão trazer a organização de volta aos trilhos e ajudá-los a voltar a serem líderes neste país, em oposição ao caminho que estavam seguindo, que não era nada bom". Depois de ouvir sobre alguns desafios, o melhor amigo de Luna, que inicialmente tentou dissuadi-lo de concorrer, se convenceu da missão de Luna e o apoiou durante toda a campanha.

"No fim do dia, quando oro sozinho à noite", contou Luna, "meu objetivo é refletir sobre o que fizemos e o que eu preciso fazer para melhorar. Muito disso aconteceu antes de eu entrar. O que posso fazer agora, daqui em diante? E, para não me estressar nem estressar as pessoas que trabalham para mim, preciso reconhecer os limites do controle que eu tenho sobre o que acontece e quais processos a organização já tem para fazer correções. Acho que esse é um bom ponto de partida".

As conexões significativas – com um trabalho no qual você acredita, que o energiza e o sustenta, com as pessoas que o cercam, que o apoiam e encorajam e o ajudam a se manter no caminho certo, e com os seus valores centrais, que sempre iluminarão o caminho adiante – são um superpoder de imunidade ao burnout. Juntas, elas podem aliviar o estresse no trabalho que, de outra forma, seria terrível ou até prejudicial, e transformar esse estresse em uma força energizante que o deixa cheio de vida, engajado e muito mais eficaz do que você jamais poderia ser sozinho.

6

As quatro mentalidades vitais para desenvolver a imunidade ao burnout

Como as crenças podem aumentar ou destruir sua resiliência

Cada um de nós vivencia e dá sentido ao mundo por meio de uma perspectiva única, moldada por nossas suposições, vieses e crenças. Essa perspectiva afeta a nossa autopercepção, nossas interações, nossos valores, o que mais importa para nós, o que somos motivados a fazer ou não fazer, nossa atitude, nossa crença nas possibilidades e impossibilidades, nossos hábitos – até nossa visão de realidade. É tão central para a maneira como encaramos a vida e lidamos com os desafios da vida que pode ser o fator determinante em tudo, desde aprender uma nova língua até expandir um negócio, desde se recuperar de uma doença até superar adversidades, desde iniciar um novo relacionamento até resolver conflitos nos relacionamentos. Dado o seu envolvimento em tudo que acreditamos, percebemos, fazemos e buscamos fazer, não é exagero dizer que é um fator determinante na nossa possiblidade de ter ou não o que consideramos ser uma vida boa.

Estou me referindo à *mentalidade* ("mindset"), e acontece que essas crenças intangíveis e internas que temos sobre nós mesmos são uma das maiores forças para determinar os resultados da nossa vida. A mentalidade, escreve a psicóloga de Stanford Carol Dweck, "permeia *todas* as partes da sua vida... e afeta profundamente a maneira como você conduz sua vida. Pode determinar se você se tornará a pessoa que deseja ser e se realizará as coisas que valoriza".[1]

Com tanta coisa em jogo, é de vital importância que a nossa mentalidade seja orientada à positividade e ao crescimento, e que promova o nosso bem-estar e nos ajude a alcançar todo o nosso potencial. Pesquisadores e profissionais da saúde mental já conheciam o poder da mentalidade, mas Dweck popularizou o conceito. Sua pesquisa inovadora sobre a mentalidade tem raízes no que chamamos de "teorias implícitas da inteligência" – as crenças subjacentes e essenciais que as pessoas têm sobre a origem de suas habilidades. Dweck observou que dois tipos principais de mentalidade refletem as crenças das pessoas sobre suas habilidades. As pessoas com uma *mentalidade fixa* acreditam que suas habilidades são inatas e estáticas. Qualquer inteligência ou talento com que nasceram é o que elas terão durante toda a vida. O segundo grupo acredita que as habilidades são influenciadas por escolhas e comportamentos e podem mudar ao longo do tempo. Embora possam ter nascido com determinados talentos e aptidões, essas pessoas acreditam que o treinamento, a educação e a prática podem melhorá-los. Essas pessoas têm uma *mentalidade de crescimento.*

Como a própria Dweck observa, ajuda pensar em termos dessas categorias, mas é importante lembrar que, na vida real, as pessoas se posicionam em um espectro – não é como se houvesse alguém com uma mentalidade 100% fixa ou 100% de crescimento o tempo todo. Podemos pensar em cada uma dessas mentalidades como dois extremos de um espectro, e é mais correto falar em termos de um intervalo dentro desse espectro – por exemplo, em termos de crescimento fixo, baixo crescimento e alto crescimento ou, como prefiro, falar de pessoas mais ou menos orientadas ao crescimento.

Não importa onde você esteja nesse espectro, é possível ver como a mentalidade é capaz de ditar o comportamento, tanto nas grandes questões quanto naquelas mais triviais. Se você acredita que não nasceu com o dom para a música e nada pode mudar isso, para que se dar ao trabalho de fazer aulas de piano? É melhor deixar isso para os sortudos com um talento musical inato. Se, por outro lado, você acredita que pode se tornar um bom pianista estudando com um bom professor e muita prática, poderá acabar tocando piano em casa para seus amigos e parentes – ou, dependendo do seu desejo e dedicação, para uma plateia pagante nas mais prestigiadas salas de concerto do mundo. Ou digamos que você se interesse por um novo projeto no trabalho, mas que exigirá que você aprenda uma nova habilidade. Se você for uma pessoa com uma mentalidade fixa, seria impensável se oferecer para trabalhar no novo projeto – aprender algo novo é estressante demais e envolve muitos riscos. Já uma pessoa com uma mentalidade de crescimento estará aberta a novos desafios – mesmo que esses desafios pareçam difíceis, estressantes ou arriscados. Agora, vamos esquentar um pouco as coisas. Digamos que não seja apenas um novo projeto, mas uma oportunidade de promoção. Uma grande oportunidade, com muitas recompensas atreladas a ela. Você já deve imaginar aonde estamos indo. A pessoa com mentalidade fixa hesitará muito mais em entrar no ringue, enquanto a pessoa com mentalidade de crescimento terá mais chances de acolher a oportunidade como um desafio bem-vindo.

É neste ponto que encontramos a relação entre a mentalidade e o burnout. Nossa mentalidade determina como processamos as informações e as categorizamos como estressantes ou não estressantes e se acreditamos que o estresse é sempre ruim ou tem potencial para nos ajudar. Uma mentalidade fixa é de escassez – e uma vida de escassez é inerentemente estressante. "Acreditar que as suas qualidades são imutáveis", escreve Dweck, "cria uma urgência de viver provando o seu valor. Se você só tem uma certa quantidade de inteligência, uma certa personalidade e um certo caráter moral, precisa provar que tem uma boa dose deles".[2] Viver com base em uma orientação de limitação e escassez e ter de provar seu valor o tempo todo é um jeito bem estressante de viver. É o tipo de estresse que nos exaure, que rouba as nossas esperanças e mina a nossa eficácia. No trabalho, é o tipo de estresse que, se não for controlado, nos leva ao burnout.

Uma mentalidade de crescimento, por outro lado, é uma mentalidade de possibilidades e potencial. "Com essa mentalidade", escreve Dweck, "as habilidades, os talentos e as circunstâncias com os quais você nasceu são apenas o ponto de partida para o seu desenvolvimento".[3] Isso não significa, ela ressalta, que as pessoas com mentalidade de crescimento acreditam que têm o potencial para se tornar o novo Beethoven e que basta se esforçar o suficiente. Significa que elas não acreditam que seu potencial seja limitado pelas habilidades, talentos e circunstâncias com os quais nasceram. Trabalhar duro ou aprender algo novo pode levar a um estresse temporário, mas, do mesmo modo como uma conexão significativa com nosso trabalho, nossos relacionamentos ou nossos valores pode transformar nossa experiência subjetiva do estresse, uma mentalidade de crescimento transforma o "estresse ruim" em um desafio empolgante, em vez de uma ameaça perigosa. Esse tipo de estresse é de curta duração e gerenciável, e lidar com ele chega a *reforçar* nossa energia, otimismo e eficácia, o que, por si só, ajuda a prevenir o burnout.

Como seria de se esperar, as pessoas imunes ao burnout se aproximam da extremidade do espectro representada pela mentalidade de crescimento. (Eu diria até que a mentalidade fixa e a imunidade ao burnout são incompatíveis.) Contudo, ao revisar e codificar os dados dos participantes do meu estudo sobre imunidade ao burnout, notei um padrão interessante. Quatro *subtipos* distintos de mentalidades de crescimento se revelaram. Essas mentalidades não só parecem tornar esses indivíduos excepcionalmente bons no gerenciamento do estresse no trabalho, como também lhes permitem usar o estresse como uma vantagem. Eu as chamo de "as quatro mentalidades vitais para desenvolver a imunidade ao burnout":

1. A *mentalidade da perspectiva positiva* nos ajuda a ver o lado positivo das experiências estressantes.
2. A *mentalidade de que o estresse pode ser útil* nos ajuda a ver o estresse como algo benéfico, e não prejudicial, e a buscar lições a serem aprendidas com as experiências estressantes e como colocar essas lições em prática.
3. A *mentalidade do líder servidor* nos orienta a refletir sobre a importância do nosso trabalho e a quem ele beneficia.
4. A *mentalidade de "conscientizar-se e cuidar-se"* nos ajuda a perceber que, além de nos conscientizar de como o estresse nos afeta, também precisamos nos cuidar.

Neste capítulo, mostrarei como você pode cultivar essas mentalidades vitais e ajudar suas equipes e colegas a desenvolvê-las também. Mas, antes de começarmos, eu gostaria de abordar uma questão que sempre é levantada nas minhas aulas e workshops: é *realmente* possível passar de uma mentalidade fixa para uma mentalidade de crescimento, especialmente se você estiver "no fundo do poço", ou seja, na extremidade da mentalidade fixa do espectro?

Sim, é absolutamente possível – assim como é possível desenvolver a imunidade ao burnout em qualquer ponto da vida. Vale lembrar que, por maiores que possam ser as consequências das mentalidades, no fundo elas não passam de crenças. Já aconteceu de você mudar de ideia sobre algo em que acreditava piamente? Sejamos sinceros... Quem nunca? Com um pouco de esforço, devagar e sempre, é, sim, possível mudar sua mentalidade. Vamos dar uma olhada em algumas estratégias práticas e de alto impacto para começar a mudar a mentalidade de limitação e escassez para uma mentalidade de potencial e expansão hoje mesmo.

A mentalidade da perspectiva positiva

Vou começar pela mentalidade da perspectiva positiva, porque uma das maiores e mais consistentes descobertas de todos os meus estudos foi a prevalência de uma grande perspectiva positiva entre as pessoas imunes ao burnout. E observamos repetidamente que as perspectivas positivas têm um importante papel na proteção contra o burnout.

Quando falo em "perspectiva positiva", não estou me referindo a viver com um sorriso no rosto ou ser um "eterno otimista". Estou me referindo a uma competência específica de inteligência emocional que se enquadra no domínio da autogestão. De acordo com o modelo das competências da inteligência emocional de Daniel Goleman e Richard Boyatzis, a perspectiva positiva é definida como a capacidade de ver o lado positivo nas pessoas, situações e eventos e a capacidade de persistir para atingir os objetivos apesar dos obstáculos e contratempos.[4] Os comportamentos específicos da inteligência emocional apresentados pelas pessoas com uma perspectiva positiva incluem:

- Elas veem mais o lado positivo das pessoas, situações e eventos do que o lado negativo.
- Acreditam que o futuro será melhor que o passado.
- Veem o futuro com esperança.
- Veem mais possibilidades do que problemas.
- Veem mais oportunidades do que ameaças.
- Veem o lado positivo de uma situação difícil.

Quando se trata da imunidade ao burnout, quatro fatores principais impulsionam e mantêm uma perspectiva positiva. São eles: emoções positivas, autoeficácia, otimismo e esperança. Vamos explorá-los um a um e você notará algumas sobreposições. Isso acontece porque eles atuam juntos e se reforçam mutuamente – o que é muito bom saber, já que desenvolver qualquer um desses elementos significa cultivar todos os fatores de sua perspectiva positiva.

Emoções positivas

Uma perspectiva positiva se baseia na experiência de emoções positivas. A psicóloga social Barbara Fredrickson criou uma teoria influente sobre as emoções positivas chamada teoria do "expandir e construir" (*broaden and build*), que tem fascinantes implicações para o burnout e como evitá-lo. Segundo a teoria, as emoções negativas normalmente *restringem* nossos pensamentos e comportamentos; uma experiência de medo, por exemplo, volta toda a nossa atenção para a ameaça e concentra nossas ações em evitá-la ou neutralizá-la. Já as emoções positivas (como alegria, interesse, contentamento e amor) *expandem* nossos pensamentos e comportamentos, dando-nos acesso a uma gama mais ampla de observações e insights, bem como a capacidade de responder de maneira mais ampla e flexível. Uma experiência de interesse, por exemplo, "cria o desejo de explorar, absorver novas informações e experiências e expandir quem somos no processo". É neste ponto que entra a parte do *construir* da teoria. As mentalidades expandidas, segundo Fredrickson, desenvolvem novos recursos físicos, psicológicos, sociais e intelectuais – e esses recursos trazem benefícios de longo prazo porque perduram por um bom tempo depois de a emoção positiva que os causou ter se dissipado. "Por meio de experiências de emoções positivas", explica ela, "as pessoas se transformam, tornando-se mais criativas, informadas, resilientes, socialmente integradas e saudáveis".[5]

Pesquisas subsequentes sobre a teoria do "expandir e construir" também mostraram que as pessoas que vivenciam e expressam emoções positivas lidam melhor com o estresse crônico, um dos principais impulsionadores do burnout, e outras experiências negativas. Elas são capazes de se distanciar dos problemas e adotar uma abordagem mais ampla, conseguindo ver o problema de diferentes perspectivas e, portanto, ver uma multiplicidade de soluções possíveis.[6] Pesquisadores também descobriram que as emoções positivas e o pensamento expandido influenciam-se reciprocamente, o que, com o tempo, produz "uma espiral ascendente" na qual as pessoas se tornam cada vez capazes de lidar com a situação e têm melhorias visíveis em seu bem-estar geral.[7] Cultivar emoções positivas na própria vida, bem como na vida dos outros, não só é bom, conclui Fredrickson, como também "transforma as pessoas para melhor e as coloca no caminho para uma vida mais plena, longeva e saudável".[8]

Já dá para ver que estamos descrevendo um estado incompatível com o burnout. Trabalhadores resilientes, engenhosos, vibrantes e capazes de lidar com o estresse não correm risco de burnout. As emoções positivas fornecem uma maneira de chegar a esse estado de ser. Elas são revigorantes e incentivam o engajamento. Expandem a nossa visão e estimulam ações que aumentam a nossa eficácia e resiliência.

E as organizações estão percebendo isso. Em resposta às crescentes taxas de burnout e rotatividade entre os profissionais da saúde, a Mayo Clinic lançou uma iniciativa para aumentar o contentamento no trabalho. Para eles, prevenir o burnout pode literalmente ser uma questão de vida ou morte. "O burnout", explicam eles, "leva a níveis mais baixos de engajamento da equipe, satisfação do paciente e produtividade, e a um maior risco de acidentes de trabalho. Níveis mais baixos de engajamento da equipe estão associados a menor qualidade nos cuidados ao paciente, incluindo a segurança, e o burnout reduz a empatia dos profissionais da saúde – um fator crucial para um atendimento eficaz e centrado no paciente".[9]

Pensando nisso, também incorporaram a alegria à sua estratégia organizacional. Eles não só notaram uma diminuição do burnout e um aumento da satisfação profissional dos funcionários *mesmo durante a pandemia*, como seus esforços também demonstraram que muitos dos métodos mais eficazes para aumentar a alegria no trabalho são simples e baratos (ou até gratuitos). Uma iniciativa, por exemplo, incentivou "atos anônimos de gentileza". Os funcionários foram encorajados a deixar um agradecimento a pessoas de outros departamentos, bem como um bilhete descrevendo como elas contribuíram para a missão da Mayo. Outra iniciativa criou um carrinho itinerante oferecendo uniformes limpos para quem precisasse. Já outra iniciativa fornecia café quente aos cirurgiões todos os sábados de manhã.[10] Outra encorajava demonstrações de apreciação por meio de "fofocas positivas": os funcionários foram incentivados a fazer elogios a um colega de trabalho no ouvido de outro colega, que espalharia a fofoca para a equipe.[11]

Uma das principais lições aprendidas foi remover os "destruidores de alegria". Não é por acaso que a lista de exemplos de "destruidores da alegria" inclui fatores conhecidos de aumento do burnout: distanciar as pessoas de seus valores; receber os créditos pelo trabalho de alguém ou culpar alguém pelos problemas; atribuir tarefas sem sentido ou inúteis; e não permitir que as pessoas opinem sobre a maneira como fazem o próprio trabalho. Outra lição importante é uma verdade simples que vale a pena repetir: "A gentileza é uma maneira infalível de cultivar a alegria".[12]

Um pesquisador da área médica que entrevistei explicou esse ponto nos seguintes termos: "Acho que é assim que se evita o burnout – é se engajar com as pessoas e dizer: 'Como eu posso fazer algo positivo para alguém?' Não precisa ser algo como ganhar o Prêmio Nobel. Podem ser pequenas coisas. Acho que, como humanos, temos realmente o desejo de criar conexões uns com os outros". Décadas de pesquisa mostraram que ser elogiado ou valorizado no trabalho reduz o burnout, o absentismo e a rotatividade. Ajuda a criar culturas em que as pessoas se sintam valorizadas e onde queiram ficar e faz com que tanto quem dá como quem recebe se sintam bem.

Autoeficácia

A eficácia profissional reduzida é um dos sinais característicos do burnout. Quando sentimos que estamos perdendo nossa eficácia e deixando de apresentar nosso melhor desempenho, ficamos emocionalmente exaustos e temos sentimentos negativos mais intensos em relação ao trabalho. É um ciclo vicioso do qual pode ser difícil escapar quando estamos exauridos e desanimados. É aquele estado de eficácia reduzida que vimos no Capítulo 2.

A autoeficácia, por outro lado, é o contraponto saudável do estado de eficácia reduzida. É a crença de que somos capazes de lidar com situações e demandas estressantes. Podemos chamar isso de estado de eficácia aumentada, ou mentalidade do "Eu consigo!". De qualquer maneira, a autoeficácia, por si só, é uma mentalidade orientada ao crescimento. Quando tem elevada autoeficácia, você acredita que tem controle razoável sobre uma situação – em outras palavras, que pode mudá-la e melhorá-la. A situação pode ser um estado interno – por exemplo, você é capaz de mudar seu humor de negativo para positivo ou pode se motivar para concluir uma tarefa, mesmo se for algo que você não quer fazer. Ou pode ser uma situação externa – por exemplo, você pode aprender novas habilidades, ajudar a melhorar sua cultura organizacional, melhorar o cronograma ou mudar de emprego. Pode ser literalmente qualquer coisa. A questão é que você *pode* agir e acredita que suas ações serão eficazes. Em outras palavras, você tem poder e autonomia e tem a confiança necessária para saber que é capaz de atingir seus objetivos. Quando a autoeficácia é alta, é quase certo que a perspectiva será positiva.

"Tenho a convicção de que sempre há oportunidades para mudanças positivas", disse o chefe de polícia Bill Scott, do Departamento de Polícia de São Francisco. "E essa crença sempre me ajuda quando estamos em um momento de crise. Quando você tem uma perspectiva positiva e se mantém focado no que é possível, isso pode fazer toda a diferença em como você sente o estresse e nos resultados que produz." A mentalidade de Scott tem raízes profundas na positividade: ele não apenas mantém uma perspectiva positiva como também parte da premissa de que uma mudança positiva é sempre possível – e da crença de que ele é capaz de fazer essa mudança acontecer. Esse é um verdadeiro exemplo da mentalidade do estado de eficácia aumentada em ação.

Otimismo

Assim como a autoeficácia, o otimismo é, por si só, um tipo de mentalidade orientada ao crescimento. As pessoas com alto otimismo acreditam que, em geral, a vida é mais positiva do que negativa e esperam resultados mais favoráveis do que desfavoráveis. Não que elas não passem por contratempos, decepções ou até tragédias. Mas, quando isso acontece, elas acreditam que, mais cedo ou mais tarde, as coisas vão melhorar (ou seja, que os eventos negativos e seus efeitos são temporários) e são mais propensas a identificar uma origem externa para o evento negativo, em vez de presumir que a culpa, de alguma forma, é delas. Sua perspectiva positiva lhes permite responder a eventos negativos com mais resiliência e menos estresse. Pense em qualquer área da vida, incluindo o trabalho, a saúde e os relacionamentos, e você verá que os otimistas se saem melhor que os pessimistas. Pesquisas mostram que uma atitude otimista pode melhorar a criatividade, a produtividade, o gerenciamento do estresse, a resolução de problemas, a saúde física e mental, o desempenho acadêmico e o sucesso e a satisfação com a vida.

Demonstrou-se até mesmo que o otimismo aumenta a expectativa de vida. Um dos maiores e mais extensos estudos sobre otimismo e longevidade revelou que os participantes mais otimistas tinham maiores chances de alcançar uma "longevidade excepcional" ou de viver até os 85 anos ou mais (para as mulheres, a chance foi 50% maior e, para os homens, 70% maior). Existem várias razões para isso. Para começar, há fortes evidências de que os otimistas têm comportamentos saudáveis (como ter uma dieta saudável e se exercitar) e evitam comportamentos pouco saudáveis (como fumar e consumir álcool em excesso). Os pesquisadores identificaram também uma série de fatores psicossociais que dão uma explicação mais completa para os amplos efeitos positivos do otimismo – e suas descobertas são uma verdadeira mina de ouro de lições sobre a imunidade ao burnout.

Os otimistas, conforme observaram, apresentam menos reatividade emocional e se recuperam mais rapidamente de estressores agudos.

Diante de dificuldades, são mais capazes de regular as emoções usando recursos cognitivos, como ressignificar as situações como desafios em vez de ameaças, ou mudar seu comportamento, como resistir a recompensas imediatas para poder atingir objetivos de longo prazo. Os otimistas tendem a ser orientados a objetivos e a ter a confiança para alcançá-los, são solucionadores de problemas mais eficazes que os pessimistas e são capazes de ajustar seus objetivos quando necessário.[13] Regulação emocional, resiliência, autoeficácia, resposta ao estresse como um desafio, flexibilidade cognitiva e comportamental... junte tudo isso e você tem um escudo antiburnout praticamente impenetrável.

Os especialistas em resiliência Karen Reivich e Andrew Shatté observam que o otimismo, a resiliência e a autoeficácia têm uma relação sinérgica. "Pessoas resilientes são otimistas", eles escrevem. "Acreditam que as coisas podem melhorar. Têm esperança no futuro e acreditam que têm controle sobre a vida."[14] Isso é autoeficácia, resultante de uma mentalidade orientada ao crescimento. "O otimismo é uma dádiva se for associado à verdadeira autoeficácia", continuam eles, "porque o otimismo motiva a pessoa a procurar soluções e a continuar trabalhando duro para melhorar sua situação".[15]

Reivich e Shatté fazem uma distinção entre o que eles chamam de otimismo realista e otimismo irrestrito, ou "à la Poliana": "As pessoas que nutrem o otimismo irrestrito, do tipo Poliana, podem não obter qualquer vantagem. Na verdade, o otimismo irrealista pode levar as pessoas a ignorar ameaças para as quais precisariam se preparar". Por exemplo, se um otimista do tipo Poliana for diagnosticado com uma doença grave, ele poderá concluir que não é grande coisa e que tudo ficará bem e, pensando assim, não fará o tratamento necessário. Já um otimista realista reconheceria a gravidade da situação e faria o tratamento do qual necessita para se recuperar – além de manter a esperança de se recuperar totalmente. Mas note que tanto a *crença* na possibilidade de uma recuperação total quanto a crença na *recuperação em si* só são possíveis se medidas forem tomadas. Essa é a verdadeira autoeficácia no trabalho e a autoeficácia que fortalece a resiliência. "Desse modo, a resiliência e o sucesso só são possíveis na presença de um otimismo realista aliado à autoeficácia", observam Reivich e Shatté.[16]

As pessoas sempre perguntam se o otimismo pode ser aprendido. A resposta é sim. Martin Seligman, professor da Universidade da Pensilvânia, é considerado o pai do movimento da psicologia positiva. Ironicamente, suas primeiras pesquisas se concentraram no *desamparo aprendido*, um estado que surge quando uma pessoa experimenta repetidamente um evento negativo e estressante, fazendo-a acreditar que é incapaz de mudar suas circunstâncias. Dito de outra forma, é um estado de estresse crônico que empurra a pessoa para o lado da mentalidade fixa do espectro, onde ela perde o senso de autoeficácia. Mas Seligman notou que algumas pessoas mantêm a perspectiva otimista mesmo diante de muitos eventos adversos e estressantes e não entram nesse estado de desamparo aprendido. Ele se voltou a investigar como cultivar esse senso de otimismo, e sua pesquisa sobre o *otimismo aprendido* deu origem a um novo ramo da psicologia.

Recomendo vivamente o livro clássico de Seligman, *Aprenda a ser otimista: como mudar sua mente e sua vida*, que contém uma série de dicas práticas sobre como ser mais otimista (e, em consequência, mais feliz e saudável), mas você pode começar a praticar o otimismo aprendido agora mesmo. O método se baseia em aprender a mudar pensamentos de negativos para positivos. Como o pensamento negativo é habitual, primeiro você precisa usar a autoconsciência para perceber quando um pensamento negativo assume o controle e, em seguida, usar habilidades de autogerenciamento para substituí-lo por um pensamento positivo.

Vejamos o exemplo da armadilha do pensamento incrivelmente comum da rotulagem, ou seja, pegar um único atributo ou evento e transformá-lo em um atributo ou evento abrangente, que representa toda a identidade ou experiência da pessoa (por exemplo, pensar "eu sou um fracasso" em vez de "não consegui terminar a prova"). O mais incrível é que a *mera conscientização* de que você está tendo um pensamento negativo já começa a mudar a sua mentalidade de pessimista para otimista, reduzindo automaticamente o estresse. Os pensamentos são transitórios e não são necessariamente verdadeiros. Quando percebe que é apenas um pensamento, não um indicador confiável da realidade, você abre a possibilidade para o otimismo e autoeficácia. É verdade mesmo que não terminar a prova significa que você é um fracasso? De jeito nenhum! A verdade é que você ficou sem tempo, e é só. Esse novo pensamento transfere qualquer culpa de você para circunstâncias externas, o que alivia o estresse. Agora você tem ainda mais espaço para pensamentos otimistas: "Fiquei sem tempo, mas acho que acertei a maioria das questões que tive tempo de responder", "Fiquei sem tempo, mas agora sei como é a prova. Da próxima vez vai ser melhor" ou "Foi só uma prova, e uma única prova não reflete o meu sucesso ou fracasso na vida".

Um diretor hospitalar que entrevistei se viu preso em uma espiral de pessimismo depois de enfrentar uma série problemas de comportamento de médicos. "Comecei a esquecer que os outros 97% da população são bons", disse ele, "porque eu passava o dia inteiro lidando com os 3% ruins". Diante disso, ele implementou uma prática de positividade para começar e terminar cada dia de trabalho: "Tenho que fazer um esforço cognitivo todos os dias quando entro no trabalho para me lembrar de procurar os aspectos positivos do que eu faço e das pessoas com quem eu lido e não me concentrar nos aspectos negativos. E, no fim de cada dia, eu faço um inventário: 'Quais foram os pontos positivos?'" Aprender a ser mais otimista requer esforço e persistência. Mas eu juro que vai valer muito a pena, para você e para todas as pessoas com quem trabalha.

Esperança

O pesquisador e professor de psicologia positiva Rick Snyder é o criador da teoria da esperança, que consiste em três componentes:

1. **Objetivos.** Ter objetivos nos quais você se sente engajado, como ter uma família unida e amorosa ou ter sucesso no trabalho.
2. **Autossuficiência.** Acreditar que você tem a capacidade de atingir seus objetivos e superar os obstáculos que surgirem pelo caminho (autoeficácia).
3. **Caminhos.** Encontrar vários possíveis caminhos para atingir seus objetivos e comprometer-se ativamente em segui-los.

Snyder e seus colegas descobriram que a esperança estava fortemente associada a um melhor desempenho acadêmico e atlético, uma saúde melhor (tanto pela prevenção de doenças quanto por uma maior capacidade de recuperação de doenças ou lesões), maior tolerância à dor, melhores habilidades de enfrentamento, maior confiança, relacionamentos mais fortes e mais acolhedores e um sentimento de que a vida tem sentido. Por outro lado, pessoas com baixa esperança têm desempenho pior em cada uma dessas medidas e apresentam taxas mais elevadas de ansiedade, além de respostas contraproducentes, como autopiedade, ruminação e evitação.[17] A teoria da esperança nos mostra que as pessoas que têm um senso de desesperança são mais propensas a uma percepção de falta de autossuficiência (ou seja, baixa autoeficácia), o que contribui para o não atingimento dos objetivos, que, por sua vez, desencadeia emoções negativas.

Essas pessoas também são, como você pode imaginar, mais propensas ao burnout, um padrão observado em todas as profissões. Os médicos que tinham elevado senso de desesperança também tiveram altas pontuações em exaustão e desengajamento, dois dos principais componentes do burnout.[18] Um estudo com assistentes sociais da infância e juventude – uma profissão que sofre de elevadas taxas de burnout e rotatividade – concluiu que tanto a esperança quanto a resiliência protegiam contra o burnout, mas a esperança tinha o maior efeito antiburnout.[19] Entre atletas competitivos, descobriu-se que a baixa esperança contribui significativamente para todos os três componentes do burnout. O estudo também observou que a frustração com os objetivos não alcançados e a falta de empoderamento que os atletas com pouca esperança sentiam eram fatores de risco para o burnout, enquanto a capacidade de manter a esperança estava ligada à saúde e ao bem-estar.[20]

A esperança é tão importante, em parte, por afetar o sistema nervoso. Quando sentimos esperança, aponta a autora e pesquisadora Annie McKee, a resposta ao estresse diminui, resultando em respiração mais lenta, pressão arterial mais baixa, menos tensão muscular e um sistema imunológico mais forte. Todos esses benefícios fisiológicos nos ajudam a gerenciar nossas emoções. "Quando estamos esperançosos", escreve McKee, "somos mais capazes de acessar nosso conhecimento e intelecto, usar nossa inteligência emocional e confiar na nossa intuição. Somos mais abertos e dispostos a considerar maneiras novas e diferentes de alcançar nossos objetivos e temos os recursos emocionais necessários para lidar com desafios e problemas". Além disso, a esperança impulsiona a coragem, que nos possibilita correr riscos. E, quando esses riscos geram bons resultados, nos sentimos encorajados e com mais controle sobre o nosso próprio destino.[21] A esperança, conclui McKee, impulsiona a energia, a criatividade e a resiliência e possibilita navegar pela complexidade, lidar com a pressão, priorizar e dar sentido à nossa vida. Isso nos inspira a alcançar nosso pleno potencial.[22]

A última coisa que eu gostaria de mencionar sobre a esperança pode ser a observação mais esperançosa de todas. Quem disse isso foi Barbara Fredrickson, criadora da teoria do "expandir e construir": "Embora a maior parte da positividade surja quando você se sente seguro e saciado, a esperança é uma exceção", escreve ela. "A esperança entra em cena quando as circunstâncias são difíceis – as coisas não estão indo bem ou há uma considerável incerteza sobre o futuro. A esperança surge justamente naqueles momentos em que a desesperança ou o desespero parecem igualmente prováveis."[23] A esperança é um refúgio contra o desespero. Munidos de esperança, acreditamos que somos capazes de perseverar apesar das circunstâncias difíceis e temos coragem e energia para isso.

Como cultivar a perspectiva positiva

Ter uma perspectiva positiva significa manter a mentalidade e a atenção focadas na crença de que as coisas sempre podem melhorar, por mais difíceis que possam ser no momento. Veja várias maneiras de começar a cultivar uma perspectiva mais positiva.

1. **Treine-se para ter um pensamento construtivo sobre o passado.** Quando surgir uma lembrança negativa, procure o lado bom. Você aprendeu alguma lição com essa experiência? Sente-se grato por alguma consequência da situação? Ou será que esse evento negativo não resultou em um ponto forte ou uma nova habilidade? Seja qual for o aspecto positivo, concentre-se nele.
2. **Lembre-se de que os momentos difíceis são temporários.** Vai passar.
3. **Comece o dia com positividade.** Um subchefe de polícia descobriu que as primeiras imagens que ele vê assim que acorda de manhã afetam todo o seu dia. Então, em vez de ver as notícias no celular, a primeira coisa que ele faz é buscar imagens e vídeos felizes. Antes de reuniões importantes ou outros eventos estressantes, ele os compartilha com sua equipe, espalhando a energia positiva.
4. **Injete microdoses de positividade no dia de trabalho.** Na época em que eu trabalhava na consultoria, às vezes anunciávamos espontaneamente que o dia de trabalho terminaria às 15h e levávamos a equipe toda para jogar boliche ou sinuca. Também fazíamos umas palhaçadas, como criar um sistema de penalidades quando alguém usava um dos muitos chavões de consultoria – o

"vencedor" tinha que pagar um café para a equipe. Esses pequenos gestos ajudam muito quando todos estão tentando superar etapas desafiadoras de um projeto ao aliviar o estresse e reforçar a conexão, a gratidão e o moral.
5. **Dê uma boa risada.** O humor é uma maneira infalível de aumentar as emoções positivas, então mantenha os memes e GIFs à mão ou saia para almoçar com um colega divertido.
6. **Planeje ativamente um futuro mais positivo.** Visualize o que você quer e anote passos específicos que o aproximarão desse sonho. Se puder, inclua planos de contingência para o caso de uma etapa da jornada se revelar inviável. As pessoas que planejam um futuro melhor têm muito mais chances de tornar esse futuro uma realidade.
7. **Mantenha o foco no que pode controlar, não no que você não tem como controlar.** Ficar pensando no que está além do seu controle acaba com a esperança e o otimismo. Concentre-se no que você pode controlar – e não deixe de ir até o fim, reforçando seu senso de autoeficácia.
8. **Cerque-se de pessoas positivas.** O contágio emocional é uma excelente maneira de cultivar uma mentalidade positiva. Relacionamentos positivos também ajudam a lidar com o estresse e manter a motivação.

A mentalidade de que o estresse pode ser útil

Minha pesquisa revelou que pessoas imunes ao burnout têm uma relação especial com o estresse. Elas não o temem nem o evitam, e não reagem impulsivamente quando os estressores surgem – o que é inevitável. Se eu tivesse que resumir a atitude dessas pessoas em relação ao estresse, chamaria de *aceitação otimista*. A ideia é mais ou menos assim: "o estresse é inevitável, então é melhor tirar alguma coisa boa disso". Algumas pessoas imunes ao burnout chegam a ter uma *expectativa positiva* em relação a experiências estressantes no trabalho. Não, elas não são masoquistas – só têm uma atitude excepcionalmente otimista em relação ao estresse. Têm uma mentalidade de que o estresse é algo bom, não ruim.

Os comportamentos específicos de inteligência emocional que essas pessoas demonstram incluem:

- Acreditam que cada novo estressor oferece uma possibilidade de aprender, se expandir e evoluir.
- Buscam ativamente oportunidades que sabem que serão desafiadoras – ou até muito difíceis.
- Valorizam os desafios e os consideram energizantes, não exaustivos.
- Veem os estressores como desafios, não como ameaças.
- São capazes de lidar com o desconforto das curvas de aprendizado e da incerteza.
- Acreditam que o estresse aumentará sua capacidade de crescer e melhorar.

Você deve ter reconhecido todas essas características porque a mentalidade de que o estresse pode ser útil tem muitas semelhanças com a mentalidade da perspectiva positiva e com a resposta ao estresse como um desafio, que vimos no Capítulo 3. (E, é claro, você precisa desenvolver uma mentalidade de crescimento se quiser ver o estresse como benéfico e ter uma atitude de aceitação otimista.) Entretanto, a mentalidade de que o estresse pode ser útil se distingue tanto na atitude quanto no efeito: as pessoas com essa mentalidade recebem de braços abertos as experiências estressantes porque acreditam que as experiências mais importantes de aprendizado e crescimento resultam de lidar com seus maiores e mais difíceis estressores – e, como resultado dessa crença, é exatamente o que acontece.

Na maioria das vezes, quando dou uma palestra sobre essa mentalidade, alguém discorda. "Mesmo se produzir bons resultados em longo prazo, ninguém gosta de ficar estressado e pode até fazer mal. Não é melhor evitar o estresse sempre que possível?" e "Se a pessoa é talentosa e habilidosa, por que ela precisaria do estresse para aprender, crescer e melhorar?"

São perguntas válidas. A maioria das pessoas não gosta de experiências estressantes, e por bons motivos. Contudo, vale lembrar que as pessoas que têm a mentalidade de que o estresse pode ser útil não estão exatamente ansiando por uma situação estressante, nem estão curtindo o estresse adoidado. Só que elas não perdem tempo temendo o estresse, tentando fugir dele ou se preocupando com quando, como ou de que maneira ele chegará. Elas encaram o estresse como algo cheio de potencial positivo e – isto é fundamental – o utilizam de maneira produtiva quando ele surge. Lembre-se de que as experiências de crescimento dessas pessoas resultam da maneira como elas *visualizam e lidam com* seus grandes e complicados estressores – não porque seu estresse contém algum tipo de benefício positivo mágico.

Quanto à questão de saber se o estresse é realmente necessário para o crescimento, minha resposta é um inequívoco sim – mas com uma ressalva. Acho importante deixar claro que *não* estou me referindo ao tipo de estresse tóxico e crônico que faz você se sentir sobrecarregado, exaurido ou ineficaz e o coloca no caminho certo para o burnout. Evite esse tipo de estresse como uma praga! O que queremos é o *eustresse*, o tipo de estresse que o leva a se sentir motivado, devidamente desafiado e energizado.

A grande lição que essa mentalidade nos ensina é que, tirando o estresse tóxico, o estresse *por si só* não é bom nem ruim. A diferença está no modo como você o vê. Por incrível que pareça, tudo se resume a isto: se você acredita que o estresse faz mal, ele fará mal. Se acredita que o estresse faz bem, ele fará bem. Se há algum benefício mágico positivo a ser encontrado, ele está na nossa mentalidade. Dê uma olhada na grande diferença que a mentalidade de que o estresse pode ser útil pode fazer:

- Em um estudo com quase 30 mil americanos, os que relataram estar sob muito estresse *e* que acreditavam que o estresse prejudica significativamente a saúde tiveram 43% mais probabilidade de morrer prematuramente (entra aqui o emoji da carinha gritando de medo). Por outro lado, os participantes que estavam passando por alto estresse, mas que *não* consideravam o estresse prejudicial foram os que tiveram a menor probabilidade de morrer em comparação com qualquer outro grupo do estudo – incluindo pessoas que sentiam muito pouco estresse.[24]
- Um estudo com veteranos de guerra americanos realizado ao longo de cinco décadas descobriu que os homens que relataram o maior número de aborrecimentos diários tinham três vezes mais probabilidade de morrer do que os que relataram o menor número de aborrecimentos. Mas não foram os eventos estressantes que contribuíram para a morte prematura – foi a atitude em relação a esses eventos. Ver os estressores diários (como ter de cozinhar ou um clima ruim) como inconvenientes irritantes, em vez de experiências normais ou até edificantes, foi o melhor preditor do risco de morte entre os participantes do estudo.[25]
- Um estudo de Stanford com mais de 61 mil participantes revelou que as pessoas que acreditavam ser menos ativas que seus pares tiveram 71% mais probabilidade de morrer durante o período de monitoramento – independentemente de seus níveis reais de atividade ou de outros fatores que afetariam sua saúde.[26]
- Em indivíduos com alta reatividade do cortisol ao estresse, demonstrou-se que ter uma mentalidade de que o estresse pode ser útil reduz a resposta do cortisol, ao passo que, para os indivíduos com baixa reatividade do cortisol ao estresse, essa mentalidade aumentou a resposta do cortisol. Em outras palavras, a mentalidade de que o estresse pode ser útil pode ajudar você a permanecer no ponto ideal do estresse.[27]

Segundo a pesquisadora de Stanford Alia Crum e seus colegas, a explicação para a eficácia dessa mentalidade é simples: ela afeta não apenas pensamentos e crenças, mas também ações e comportamentos. Se você acredita que o estresse é prejudicial, tem mais chances de se distrair do estressor, tentar se livrar dos sentimentos negativos associados ao estresse, recorrer ao álcool ou outras substâncias para fugir do estresse ou se afastar da causa do estresse. Por outro lado, quando acredita que o estresse pode ser útil, você tem mais chances de aceitar que o evento estressante ocorreu e é real (ou seja, você não entra em negação), planejar uma estratégia para lidar com a fonte do estresse, procurar ajuda ou conselhos, tomar medidas para lidar com a fonte do estresse e tentar tirar o melhor proveito da situação, encarando seu estresse com uma perspectiva positiva ou usando-o como uma oportunidade para crescer.[28]

BUZINADAS, CHATEAÇÕES, DORES DE CABEÇA E TRIBULAÇÕES

Alguns anos atrás, eu e minha irmã Jodi estávamos conversando sobre como estávamos estressadas. Ela estava estressada por ter de lidar com as dores de cabeça típicas de ter dois filhos adolescentes, além de um bebê que, segundo ela, vivia "buzinando" na orelha dela. (A risada que dei ao ouvir isso aliviou imediatamente o estresse.) Eu também estava estressada com meus filhos adolescentes (três!), além de também viver cercada de "buzinadas constantes" no trabalho. Em algum ponto da nossa espiral de negatividade, nós duas começamos a rir do absurdo daquilo tudo e de como era bom desabafar um pouco.

Então Jodi disse algo que mudou imediatamente a minha percepção do estresse que eu estava passando: "Se você parar para pensar, temos muita sorte. É verdade que temos gente buzinando na nossa orelha, lidamos com umas chateações bem irritantes e até temos uma

> ou outra dor de cabeça para resolver. Mas graças a Deus deixamos as tribulações da nossa infância para trás".
>
> Foi naquela conversa que criamos a nossa taxonomia do estresse – buzinadas, chateações, dores de cabeça e tribulações – que até hoje nos ajuda a manter as coisas em perspectiva e nos lembra da sorte que temos. Agora, quando vejo que estou prestes a ter uma reação exagerada a um estressor, eu o submeto ao teste da taxonomia. Muitas vezes percebo que o meu estressor pode ser rebaixado – o que, à primeira vista, parece ser uma dor de cabeça não passa, na verdade, de uma pequena chateação facilmente administrável.
>
> A pausa também me dá a chance de lembrar que já enfrentei coisas piores e que sempre saí com uma lição importante – sobre o estressor, sobre como lidar com ele ou sobre mim mesma. O mantra que uso nesses momentos é: "Já passei por dificuldades antes. Vou conseguir de novo e sairei melhor desta".

A mentalidade de que o estresse pode ser útil encoraja uma resposta *proativa* ao estresse – o que, por si só, já ajuda muito na prevenção do burnout. Se estiver enfrentando estresse no trabalho e estiver aprendendo e crescendo com isso, você não está emocionalmente esgotado, mas sim otimista e engajado, e seu desempenho e eficácia estão melhorando. A mentalidade de que o estresse pode ser útil atua diretamente contra todos os três aspectos do burnout.

E não se esqueça: isso pode ser aprendido. Depois de terminar um curso sobre como desenvolver uma mentalidade de que o estresse pode ser útil, funcionários do setor financeiro tiveram uma saúde melhor e um desempenho melhor no trabalho no que diz respeito à inovação, mantendo o foco, o engajamento e a colaboração.[29] Na verdade, descobri que os participantes da minha pesquisa que exibiram uma mentalidade de que o estresse pode ser útil tiveram poucos sintomas de burnout. "Acho que lidei com o estresse tentando não me deixar levar pelas emoções", disse um administrador de sistemas, "e canalizando toda a ansiedade para a resolução de problemas". Esse colaborador praticou a regulação emocional no trabalho e alavancou o estresse no trabalho para ficar mais focado, energizado e eficaz. Com isso, ele não apenas contribuiu com resultados para sua equipe como também eliminou a fonte de seu estresse.

A mentalidade de que o estresse pode ser útil também é uma excelente maneira de fortalecer a resiliência, o que tem o poder de prevenir ou reverter o burnout. A Associação Americana de Psicologia define resiliência como a capacidade de se adaptar a experiências de vida difíceis ou desafiadoras. A especialista em resiliência Linda Graham designa a resiliência como a habilidade de responder às pressões e dificuldades de forma rápida, adaptativa e eficaz. O professor da Universidade Columbia George Bonanno a define como a capacidade de uma pessoa de manter seu propósito central e sua integridade diante de circunstâncias drasticamente alteradas, ou a capacidade de manter um funcionamento saudável após um evento altamente adverso. Todas essas definições, como as facetas de um diamante, destacam um aspecto importante da resiliência.

Entretanto, minha definição favorita vem da especialista em psicologia positiva Karen Reivich: resiliência é "a capacidade de navegar pelas adversidades e de crescer e prosperar com os desafios". Simples, direto e preciso – mas o que mais me agrada nessa definição é o tom distinto de esperança (que, sem dúvida, revela um pouco da mentalidade da própria Reivich). A noção de *navegar* pela adversidade captura a ideia de uma jornada e os recursos internos e externos dos quais precisamos para superá-la. Mais ainda, a definição de Reivich implica que não estamos apenas lidando com as dificuldades e obstáculos da vida à medida que surgem – estamos crescendo e prosperando como um *resultado direto* desses desafios. E, com uma mentalidade de que o estresse pode ser útil, é certo que usufruiremos desses resultados.

Como cultivar uma mentalidade de que o estresse pode ser útil

Em *O lado bom do estresse*, Kelly McGonigal ressalta que "cada momento de estresse é uma oportunidade para transformar seus instintos relacionados ao estresse".[30] Veja as dicas de McGonigal para transformar momentos distintos de estresse em experiências positivas que aumentam sua energia, confiança e motivação:

Se você sentir seu coração batendo forte ou sua respiração acelerada... lembre-se de que é o seu corpo agindo para lhe dar mais energia.
Se você ficar tenso... lembre-se de que a resposta ao estresse lhe possibilita mobilizar seus pontos fortes.
Se você ficar com as mãos suadas... lembre-se de que as palmas das mãos suam quando você está perto de algo que deseja.
Se você estiver com um frio na barriga... lembre-se de que seu trato digestivo é revestido de centenas de milhões de células nervosas e essa é a maneira que seu corpo tem de dizer: "Isso é importante".[31]

Você pode fazer isso para qualquer experiência individual de estresse, e posso atestar que funciona. Quando estou nervosa antes de dar uma palestra, por exemplo, uso o velho truque de dizer a mim mesma que estou mais empolgada do que ansiosa. Os dois estados produzem muitas das mesmas respostas fisiológicas, então por que não dar um toque positivo e me animar ainda mais para dar o meu melhor?

Agora vamos pensar mais longe. Veja algumas sugestões de longo prazo para cultivar uma mentalidade de que o estresse pode ser útil.

1. **Pratique a aceitação otimista do seu estresse.** Se você está acostumado a tentar evitar ou suprimir o estresse – ou ainda está convencido de que todo estresse é prejudicial –, esta sugestão lhe causará estranheza. Mas por que não tentar? (E pense que é só uma prática.) Comece pequeno. Considere abrir-se a uma

oportunidade estressante antes de dizer não automaticamente; reconheça explicitamente que você está estressado (um grande problema para pessoas que adoram uma boa dose de negação); ou use um mantra de aceitação otimista quando o estresse surgir. Algo tão simples como "Já lidei com o estresse antes e sei que consigo de novo" muda a sua atitude de pessimista para otimista e o lembra de sua competência e capacidade.

2. **Procure funções ou experiências desafiadoras – do tipo que o impulsiona a avançar pela sua curva de aprendizado e crescimento.** Na verdade, se você começar a ficar confortável demais na sua função ou com suas habilidades, veja isso como um sinal de que é hora de se desafiar e subir o padrão de exigência.

3. **Reconheça quando o estresse sinaliza uma vitória.** Como o estresse é desagradável enquanto estamos no meio dele, podemos perder de vista o fato de que, às vezes, nosso estresse aumenta porque, como observa McGonigal, estamos nos aproximando de algo que queremos. O seu estresse pode estar aumentando porque você se candidatou a uma promoção, está pensando em um novo emprego ou porque foi escolhido para uma nova tarefa desafiadora. Tudo isso são vitórias, então não deixe de celebrá-las!

4. **Mapeie seu estresse de acordo com os seus valores.** O estresse também pode aumentar porque um evento ou experiência está afetando os seus valores centrais. Se existe alguma coisa que sempre o deixa irritado e aumenta o seu estresse, veja se não tem a ver com algo que você considera muito importante. Nesse caso, use o estresse como fonte de energia e produtividade. Uma ex-aluna que se destacava ao falar em público ficou extremamente estressada ao fazer uma apresentação sobre mudanças climáticas. O que havia de diferente naquela apresentação? As questões sobre as quais ela estava falando *eram muito importantes para ela*. O estresse pode revelar seus valores centrais e, quando o seu

trabalho se baseia nesses valores, pode mantê-lo focado, energizado e motivado.

A mentalidade do líder servidor

Confesso que não estava pensando na liderança servidora quando comecei a projetar e conduzir estudos de pesquisa sobre pessoas imunes ao burnout. Eu estava abordando a pesquisa no contexto da inteligência emocional e estava em busca de comportamentos específicos de inteligência emocional. A liderança servidora simplesmente não estava no meu radar – até que vários participantes do meu estudo se descreveram como líderes servidores.

"Vivo segundo a filosofia de 'liderar para servir'", disse-me o chefe de polícia Robert Contee, da Polícia Metropolitana de Washington. "Estou aqui para fazer o trabalho que nasci para fazer." Um diretor hospitalar me falou: "Gosto de me considerar um servidor. Acho que, no fim do dia, quero sentir que servi as pessoas ao meu redor, que suas necessidades são sempre respeitadas". Um diretor hospitalar de um grande hospital universitário explicou: "Quando assumi este cargo de liderança, a primeira coisa que descobri foi que sou um líder servidor. Minha responsabilidade é ajudar todas as pessoas ao meu redor a melhorar, resolver os problemas e sair de cena. Para mim, isso é muito gratificante". A chefe de polícia Jessica Robledo (hoje aposentada) me contou que sabia, desde os 20 anos, que seu propósito na vida era "liderar com um coração servidor".

Depois de ouvir esses e outros relatos, comecei a prestar atenção.

Vamos começar com um pouco de contexto. O conceito de liderança servidora foi formulado por Robert K. Greenleaf, que expôs seus princípios em seu inspirador ensaio de 1970, "O servidor como um líder". A liderança servidora enfatiza o crescimento, a liberdade, a saúde, a autonomia e o bem-estar das pessoas a quem serve, não no líder. Desse modo, subverte os modelos hierárquicos do "líder em primeiro lugar", nos quais o líder comanda no topo e todos os que estão abaixo trabalham para ajudá-lo a acumular poder, riqueza e influência. Os líderes servidores colocam seus clientes e funcionários em primeiro lugar e "lideram nos bastidores" para empoderar os trabalhadores a alcançar uma visão que beneficie a todos. Medem seu sucesso não por suas realizações individuais, mas pelo sucesso e felicidade das pessoas da organização, bem como das pessoas que a organização serve.

Greenleaf não estava criando um novo modelo de liderança, mas refletindo uma ideia que existe há séculos. Contudo, ele traduziu muito bem os princípios da liderança servidora para os tempos contemporâneos e seu modelo tornou-se um movimento. Pesquisas sobre os resultados pessoais e organizacionais da liderança servidora nos dão uma ideia da razão pela qual esse conceito tão antigo se mantém forte até hoje. Demonstrou-se que a liderança servidora incentiva a colaboração, comportamentos proativos (em oposição a evitar ou "passar a responsabilidade"), comportamentos de ajuda e responsabilidade social corporativa. Funcionários que trabalham em organizações lideradas por líderes servidores tendem a ter maior satisfação no trabalho, maior engajamento e maior bem-estar psicológico, e são mais propensos a sentir que estão prosperando e engajados em um trabalho significativo. Não é de surpreender que eles também tendam a ter níveis mais baixos de exaustão emocional, ceticismo, tédio e intenção de sair da organização. Numerosas pesquisas também demonstram que a liderança servidora encoraja a criatividade, a inovação, o compartilhamento de conhecimento e a segurança psicológica. Todos esses fatores resultam em um desempenho melhor em nível individual, de equipe e organizacional.[32]

Mas como é a liderança servidora no trabalho? Como ela afeta comportamentos e atitudes específicas? O colaborador de longa data de Greenleaf, Larry C. Spears, apresenta as dez principais características dos líderes servidores:

1. *Escuta empática*: eles ouvem com atenção e tentam identificar o que o grupo quer.
2. *Empatia*: esforçam-se para entender e ter empatia.
3. *Cura*: trabalham para ajudar as pessoas a cuidar de seu bem-estar pessoal.
4. *Consciência*: apresentam tanto autoconsciência quanto consciência social, o que lhes permite ter uma visão precisa das situações.
5. *Persuasão*: recorrem mais à persuasão do que à autoridade para tomar decisões.
6. *Conceitualização*: engajam-se em um pensamento estratégico amplo e de longo prazo e são capazes de inspirar as pessoas a buscar concretizar uma visão de longo prazo.
7. *Antecipação*: são capazes de se adiantar ao resultado provável de uma situação.
8. *Serviço à comunidade*: conduzem a organização para trabalhar pelo bem da sociedade.
9. *Compromisso com o crescimento das pessoas*: são profundamente empenhados em promover o crescimento pessoal e profissional de todas as pessoas de sua organização.
10. *Construção de uma comunidade*: buscam ativamente criar um senso de comunidade entre os membros de sua organização.[33]

Essa lista poderia ser a descrição de um dos participantes da minha pesquisa! Tanto que, quando comparei a lista de Spears com a lista de comportamentos e características de inteligência emocional que observei em pessoas com imunidade ao burnout (veja a seguir), eles tinham tanto em comum que percebi que havia encontrado outra importante mentalidade para desenvolver a imunidade ao burnout.

As pessoas com imunidade ao burnout...

- têm alto grau de empatia e expressam cuidado e interesse autêntico pelos outros;

- são focadas em servir e atender às necessidades dos outros (funcionários, pacientes, clientes, comunidade, stakeholders);
- são mentores e coaches altamente eficazes. São motivadas a ajudar as pessoas a aprender, crescer, melhorar seu desempenho e progredir na carreira;
- ajudam a criar um ambiente de trabalho que ofereça segurança psicológica;
- ajudam a criar um ambiente de trabalho que ajude os funcionários a aumentar a eficácia e a apresentar seu melhor desempenho;
- são engajadas no que os membros de sua equipe estão fazendo;
- mantêm-se física e emocionalmente presentes para ajudar as pessoas;
- recompensam, reconhecem e celebram os esforços das pessoas;
- nutrem uma profunda crença de que seu propósito é ajudar as pessoas e fazer uma diferença positiva na sociedade.

A verdadeira questão para mim, porém, não era descobrir por que havia tantos líderes servidores com imunidade ao burnout – mas por que a mentalidade de um líder servidor parecia contribuir tanto para a imunidade ao burnout.

Para começar, evidências demonstram que a liderança servidora tem um efeito protetor contra o burnout. Um estudo conduzido em um ambiente hospitalar atribuiu às "cinco virtudes" da liderança servidora – apoio interpessoal, construção de comunidade, altruísmo, igualitarismo e integridade moral – um intenso efeito antiburnout. Essas virtudes não apenas combatiam diretamente todos os três fatores do burnout (exaustão emocional, despersonalização e falta de realização pessoal), como os pesquisadores observaram que um "espírito de serviço" em um líder executivo pode permear toda uma organização.[34] Seria possível dizer que a mentalidade de um líder servidor é contagiante. Em um estudo com profissionais de enfermagem, os pesquisadores descobriram que a liderança servidora reduziu o burnout e aumentou a satisfação no trabalho – e fez isso conferindo "efeitos protetores diretos" contra o que é conhecido como "estressores de impedimento" (*hindrance stressors*).[35] Era mais uma peça do quebra-cabeça. Os estressores de impedimento são o tipo de dificuldades que desaceleram o nosso progresso e retardam o nosso desempenho e eficácia. Drenam a nossa energia e a nossa resiliência e podem fazer com que as pessoas percam a confiança em suas organizações. Estão em contraste direto com os "estressores de desafio", que, embora difíceis, galvanizam o crescimento e a realização. Você se lembra daquele meu primeiro trabalho de consultoria com o grupo de conselheiros financeiros do hospital, que foi tão significativo e gratificante para mim? Era um trabalho absolutamente *repleto* de estressores de desafio. Em vez de me sentir exaurida ou sobrecarregada, eu me senti energizada, engajada e eficaz. E, a cada vez que eu superava mais um desafio, minha resiliência aumentava.

O "efeito da liderança servidora" se faz sentir em vários ambientes e culturas de trabalho diferentes. Um estudo com trabalhadores do setor hoteleiro descobriu que a liderança servidora aumentava a resiliência laboral dos funcionários. Demonstrou-se que a alta resiliência no trabalho aumenta a satisfação no trabalho, o bem-estar psicológico e o engajamento no trabalho – e todos esses fatores reduzem diretamente o risco de burnout.[36] Outro estudo revelou que terapeutas de saúde mental em formação supervisionados por líderes com forte estilo de liderança servidora sentem menos burnout, bem como menos estresse traumático secundário, um fenômeno que ocorre quando uma pessoa prestativa e empática é indiretamente exposta ao trauma de outras pessoas.[37] Um estudo com funcionários de universidades observou que a liderança servidora aumentou o engajamento dos funcionários no trabalho, bem como a confiança que depositavam em seus líderes – o que, por sua vez, teve grande impacto no atingimento de melhores resultados profissionais.[38]

No fim das contas, concluí que grande parte da razão pela qual a mentalidade do líder servidor ao mesmo tempo evita o burnout e contribui para a imunidade ao burnout está em seus efeitos diferenciados de combate ao estresse. Pessoas que têm uma mentalidade de liderança servidora têm mais tolerância ao estresse no trabalho, veem as experiências estressantes como desafiadoras em vez de ameaçadoras, são capazes de tolerar sentimentos desconfortáveis associados ao estresse e capazes de regular produtivamente suas emoções, pensamentos e comportamentos (o que se enquadra no domínio da autogestão da inteligência emocional). Esta última habilidade de inteligência emocional é a característica imprescindível dos líderes servidores: apesar de tenderem a colocar as pessoas em primeiro lugar, eles fazem isso de uma maneira que não compromete o próprio bem-estar pessoal. Em outras palavras, eles são capazes de regular seu investimento emocional, mental e de tempo nas pessoas para não sacrificar seu próprio bem-estar a serviço dos outros.

E, às vezes, o próprio ato de prestar o serviço que escolheram – ou seja, de se engajar em um trabalho que consideram profundamente significativo e orientado a um propósito – tem um efeito tranquilizador nos trabalhadores com mentalidade de líder servidor. "Quando estou ajudando as pessoas a superar algum obstáculo", disse um diretor hospitalar, "não me preocupo tanto com os meus próprios problemas". Outro diretor hospitalar chegou a descrever o cuidado com os pacientes como seu "calmante pessoal". "Para mim ajuda muito voltar aos pacientes, voltar às famílias e me conectar com a razão pela qual estou fazendo isso", afirmou ele. Embora os aspectos administrativos de sua função fossem muito estressantes, os aspectos de serviço eram profundamente calmantes. Outro diretor hospitalar descreveu o mesmo efeito de combate ao estresse quando percorria os corredores do hospital conversando com os médicos para se informar sobre a perspectiva deles – e também destacou os efeitos positivos em sua equipe. "Isso faz de mim um líder muito mais eficaz", declarou. "Os médicos se sentem empoderados e engajados quando veem o diretor hospitalar fazendo turnos, vendo os pacientes, usando os mesmos prontuários eletrônicos que eles tanto criticam e ajudando pacientes com os quais estão tendo problemas. Ao fazer isso, sinto as mesmas coisas que eles. Ficamos conectados. Isso faz de você um líder muito eficaz e é um antídoto espetacular para o estresse de todos."

Como cultivar uma mentalidade de líder servidor

Quer ter uma mentalidade de líder servidor ou levar mais práticas de liderança servidora para a sua organização – e ainda fortalecer a imunidade ao burnout de todos no processo? Veja as dicas a seguir.

1. **Pratique ouvir as pessoas com atenção focada.** Quer sejam clientes, colegas, superiores ou subordinados, deixe as pessoas falarem sem interromper. Usando o contato visual e a linguagem corporal (acenos de cabeça, sorrisos), transmita uma atitude de envolvimento atento. Faça perguntas interessadas e abertas que convidem as pessoas a falar mais. E, acima de tudo, resista a ficar pensando no que você vai dizer enquanto eles falam. Mesmo se você não interromper, isso rompe o envolvimento e coloca o foco em você, não na pessoa.
2. **Reconheça os esforços e celebre as vitórias dos outros.** Não espere por avaliações de desempenho ou avaliações formais para reconhecer as contribuições das pessoas. Um rápido "Bom trabalho!" ao passar por alguém no corredor ou uma mensagem no WhatsApp agradecendo já é o suficiente para que as pessoas saibam que são apreciadas e que seus esforços fazem diferença.
3. **Evite o microgerenciamento.** Confiar no trabalho das pessoas aumenta sua autonomia e confiança.
4. **Elimine os estressores de impedimento do ambiente de trabalho.** Remova barreiras, gargalos, processos ineficientes, ferramentas ineficazes, responsabilidades obscuras ou quaisquer

outras coisas que possam desacelerar o progresso dos funcionários e aumentar o estresse deles.
5. **Crie um ambiente de trabalho que ofereça segurança psicológica.** As pessoas devem ter a liberdade de aprender e crescer com os erros, compartilhar suas dificuldades sem medo de consequências negativas e ter total confiança na liderança.
6. **Invista tempo e energia no crescimento e desenvolvimento das pessoas.** Quer sejam subordinados diretos, colegas ou alunos, orientar as pessoas é uma excelente maneira de ajudá-las a atingir seu potencial. Você notará que os benefícios são mútuos: as pessoas aprendem com a sua experiência e orientação e você se sente bem ao ajudar.

A mentalidade de "conscientizar-se e cuidar-se"

Um dos principais insights do meu processo de recuperação do burnout ocorreu quando minha médica me mandou ficar de cama, em repouso absoluto: aquele foi o *resultado* da minha longa jornada em direção ao burnout. Meu corpo e minha mente tinham passado o tempo todo enviando sinais de socorro, mas, devido à minha baixa autoconsciência e ao hábito de ignorar minhas necessidades básicas de autocuidado, foi necessário um grande e assustador alerta para chamar minha atenção.

E, a propósito, muita gente faz a mesma coisa. Nossa cultura de querer trabalhar demais, viver ocupados (ou muitas vezes só mostrando que estamos ocupados) e ignorar nossas próprias necessidades para "subir na vida" ou contribuir com as nossas organizações na verdade é a norma. Quanto mais tempo você passar focado nesses objetivos externos e não nas suas necessidades internas, mais essas coisas serão normalizadas na sua vida – e mais essa mentalidade prejudicial se impregnará e criará raízes na cultura.

Um alerta mental e emocional seguiu-se ao meu sinal de alerta físico. E finalmente percebi o quanto eu precisava urgentemente *me conscientizar e me cuidar*. Não faltam práticas de autocuidado e estratégias de bem-estar que podem ajudá-lo a proteger sua saúde física, mental e emocional. No entanto, nenhuma delas importa se você não se der conta de que precisa delas (sim, até você, um workaholic inveterado) ou se não estiver disposto a se afastar um pouco do trabalho para se beneficiar delas. Então, o primeiro passo é adotar uma mentalidade de "conscientizar-se e cuidar-se". Você precisa perceber – e aceitar – que o seu bem-estar é muito importante e que vale a pena dedicar tempo e esforço para cuidar de si mesmo.

Uma abordagem proativa

A ex-comissária de polícia da Filadélfia Danielle Outlaw passou toda a sua vida profissional trabalhando em funções de alto estresse. Ela começou no Departamento de Polícia de Oakland, onde subiu para se tornar vice-chefe de polícia, depois se tornou chefe do Departamento de Polícia de Portland e, finalmente, em 2020, assumiu como comissária do Departamento de Polícia da Filadélfia – onde se comprometeu a ajudar a reformar um departamento envolvido em uma série de escândalos. Quem trabalha na polícia sabe que o alto estresse faz parte do trabalho, mas Outlaw teve que lidar com os estressores adicionais de ser uma mulher em uma área dominada por homens e de ser a primeira mulher afro-americana a liderar o Departamento de Polícia de Portland e o Departamento de Polícia da Filadélfia.

Quando a entrevistei, em 2022, ela descreveu as pressões associadas a ser "a primeira" e a ter de lidar com "muitos preconceitos", incluindo as suposições de que ela daria tratamento preferencial aos afro-americanos, seja nas organizações que ela liderava ou na comunidade. "Esse trabalho pode nos levar a ficar hipervigilantes, hiperestressados ou os dois", ela me explicou. "O estresse sempre estará lá e sempre haverá coisas que eu não tenho como controlar ou mudar, então preciso ficar muito focada em alocar proativamente a minha energia nas coisas que sei que posso controlar."

Enquanto conversávamos, ficou claro para mim que a autorregulação é uma das ferramentas mais eficazes de Outlaw para controlar o estresse. "Sou muito deliberada sobre as coisas às quais dou minha atenção – eu *escolho* o que merece a minha atenção", mencionou ela. Começa logo de manhã cedo, com uma prática diária de gratidão. "Naquele intervalo de tranquilidade antes mesmo de abrir os olhos e estar totalmente desperta, identifico as coisas pelas quais sou grata. Criei o hábito de começar todos os dias assim: expressando verbalmente gratidão por qualquer coisa que me vier à mente, por maior ou menor que seja – e também ser grata pelas coisas incríveis que *ainda vão* acontecer hoje." Que maneira incrível de cultivar uma perspectiva positiva! Ela mantém essa disciplina ao longo do dia, não apenas em relação às coisas importantes, como manter os limites entre a vida profissional e pessoal, mas também aos filmes, músicas, livros e podcasts aos quais escolhe dedicar seu tempo. Ela escolhe conteúdos que promoverão seu desenvolvimento pessoal e de liderança e evita gatilhos de estresse, como navegar pelas redes sociais do departamento de polícia. "Eu sei o que drena a minha energia e faço de tudo para evitar essas distrações e proteger minha energia", explicou ela. "Aprendi a dizer não – e não me permito ficar mal por isso."

Ela também aprendeu a não levar para o lado pessoal quando recebe o tipo de crítica que invariavelmente acompanha o fato de ela representar a polícia ao público: "Aprendi a separar o que as pessoas diziam sobre mim pessoalmente e o que, na verdade, eram críticas dirigidas ao meu departamento – ou ao que eu represento no sistema". Ela fez uma pausa para sorrir. "Estou aprendendo a não me importar tanto com o que as pessoas pensam."

Tive a chance de voltar a conversar com Outlaw na primavera de 2023, poucas semanas depois de ela ter voltado ao trabalho após uma lesão nas costas. Ela estava calma e serena como sempre e me perguntei se aquele não era simplesmente seu comportamento natural. "Eu já vi de tudo", ela me contou, "e consigo manter a calma sob pressão. Mas isso não significa que o nosso corpo não internalize o estresse. Posso parecer jovem por fora, mas o estresse sempre nos afeta por dentro e, por mais que a gente tente fugir dele, ele sempre vai nos alcançar. Por isso me comprometi a priorizar o autocuidado em 2023". Para Outlaw, isso significou finalmente sair de férias, parar para prestar atenção em como ela está se sentindo ("Se eu precisar me sentar, eu me sento"), recorrer à sua equipe em busca de orientação e apoio, ver filmes engraçados ou shows de comédia para se afastar do estresse no trabalho e encontrar-se mensalmente com um grupo de líderes espirituais da comunidade para orar e socializar.

Podemos simplesmente fazer uma pausa e admirar tudo isso por um momento? Além de ser uma pessoa orientada ao propósito que assumiu voluntariamente mais estresse a cada promoção, Outlaw passou mais de duas décadas sendo capaz de prosperar em uma carreira de alto estresse graças à abordagem proativa ao gerenciamento do estresse. Em vez de esperar para responder ao estresse quando ele surge, ela se adianta de maneira deliberada, mantendo a mente e o corpo saudáveis e prontos para lidar com os imensos estressores de seu trabalho. Esse é o melhor exemplo de inteligência emocional e imunidade ao burnout.

É também um exemplo da mentalidade de "conscientizar-se e cuidar-se" em ação. Segundo essa mentalidade, a autoconsciência profunda, do tipo que deve ser praticada com deliberação e cuidado, é uma parte necessária do trabalho. O autocuidado não é opcional – é também um requisito básico do trabalho. De acordo com essa mentalidade, para *fazer* o seu melhor, você deve *estar* no seu melhor, o que requer um compromisso diário de investir em si mesmo. Talvez a maior dádiva da mentalidade de "conscientizar-se e cuidar-se" seja a maneira como ela defende corajosamente o nosso próprio valor: nós valemos todo o tempo, energia, deliberação e espírito comunitário necessários para trazer à tona o que temos de melhor e dar o nosso melhor no trabalho.

Outro chefe de polícia com quem conversei traduziu muito bem esse sentimento. "Sou um ser humano de valor e que merece ajuda quando preciso", declarou ele. "Ninguém consegue dar conta de tudo sozinho. Todo mundo precisa da ajuda de uma equipe de pessoas e muito provavelmente também precisa de coaching e/ou terapia. Quando está em uma situação em que sente: 'Tudo bem, cheguei ao limite da minha capacidade de lidar com isso', você precisa ter muita autoestima, autoconsciência e acreditar que tem o seu valor e que merece ajuda."

É esse tipo de mentalidade que possibilitará a você permanecer em um trabalho de alto estresse que você adora. A mentalidade de "conscientizar-se e cuidar-se" orienta todas as suas ações e escolhas, desde o seu estilo e espírito de liderança até a maneira como você gerencia o estresse no trabalho e, em consequência, evita o burnout. "Você precisa ser muito deliberado", explicou Outlaw, "mas sempre me senti preparada para conquistar grandes realizações, especialmente em momentos de adversidade". Com seu sistema de apoio e sua abordagem proativa ao autocuidado e ao gerenciamento do estresse, ela nunca será pega de surpresa pelo burnout.

Como cultivar a mentalidade de "conscientizar-se e cuidar-se"

Você merece receber tempo e atenção de si mesmo. Veja algumas dicas práticas para começar a cultivar a mentalidade de "conscientizar-se e cuidar-se".

1. **Observe quando e como você está saindo do seu ponto ideal de estresse.** Pare por um momento e faça o que for preciso para sair da zona de perigo e voltar à janela de tolerância.
2. **Inclua atividades renovadoras à rotina.** Embora atividades reconfortantes, como comer ou beber demais, possam proporcionar um alívio temporário do estresse, esse alívio é sempre de curta duração e seu estresse pode piorar depois. As atividades renovadoras, por outro lado, facilitam uma profunda conexão

com coisas e pessoas que amamos fora do trabalho e proporcionam alívio sustentado do estresse. Alguns exemplos incluem contato com a natureza, hobbies, arte, voluntariado, atividades físicas e viagens.
3. **Peça a ajuda de um colega ou amigo para priorizar seu autocuidado.** Vários participantes da minha pesquisa têm parceiros de corrida que os ajudam a acumular quilômetros semanais. Outros fizeram um grupo de amigos do trabalho que lembram uns aos outros de fazer intervalos.
4. **Não trabalhe demais.** Claro e simples. Dispensa explicações.
5. **Defina e proteja seus limites.** Isso inclui carga e horas de trabalho, limites físicos para você se sentir seguro e limites emocionais com as pessoas.
6. **Cerque-se proativamente de apoio antes de precisar.** Quando o estresse aumenta, e certamente no caso de uma crise, você não terá tempo nem energia para encontrar ajuda do zero.
7. **Quando cometer erros, tenha uma atitude de autocompaixão, não de autocrítica.** Pesquisas constataram que responder ao próprio sofrimento e fracasso com uma atitude compreensiva, aceitando que isso faz parte da vida e que errar é humano, nos protege contra o burnout.[39] E, como um bônus, também foi demonstrado que a autocompaixão melhora o sono e promove maior satisfação no trabalho.[40]

O poder de uma mentalidade orientada ao crescimento

A teoria da mentalidade nos mostra que nossa percepção influencia nossa experiência. Nossa mentalidade muda a nossa experiência subjetiva do estresse. Com uma mentalidade fixa ou negativa, tudo parece pior – e, em consequência, tudo *fica* pior. Mas, com qualquer uma das mentalidades orientadas ao crescimento, ocorre o efeito oposto: tudo fica melhor porque você vê e vivencia a vida de uma perspectiva de positividade, otimismo, eficácia e esperança. Você acredita que é capaz de melhorar suas circunstâncias – e, portanto, você não apenas é capaz como realmente consegue fazer isso. Quando depara com uma dificuldade, você acredita que ela é temporária e que pode superá-la. Esse é o poder da mentalidade de crescimento.

Vamos concluir este capítulo com um exercício que mostra como você pode começar a distanciar a sua mentalidade da extremidade fixa do espectro e aproximá-la da extremidade do crescimento. Vale lembrar que o progresso raramente é rápido, então tenha muita autocompaixão e não deixe de celebrar cada passo nessa jornada. Mudanças significativas costumam ser mais eficazes e duradouras quando você dá passos menores e os aplica continuamente.

> **EXERCÍCIO: CINCO PRÁTICAS ALTAMENTE EFICAZES PARA MUDAR SUA MENTALIDADE EM DIREÇÃO AO CRESCIMENTO**
>
> Ao mudar sua mentalidade do extremo fixo do espectro em direção ao crescimento, você vai poder:
>
> - gerenciar melhor sua resposta emocional aos gatilhos;
> - pensar de maneira mais positiva sobre o estresse; e
> - desenvolver hábitos de enfrentamento novos e mais produtivos.
>
> Veja cinco práticas (coluna da esquerda) que podem ajudar você a adotar uma mentalidade mais voltada ao crescimento. Para cada uma, comece respondendo às respectivas perguntas (coluna da direita). Pode ser interessante voltar a este exercício de tempos em tempos – por exemplo, a cada três meses – para avaliar o seu progresso e garantir seu avanço em direção ao crescimento.

Práticas para mudar sua mentalidade	Perguntas
1. Questione suas suposições e crenças.	Quais são as minhas suposições e crenças sobre a situação atual? Como essas suposições e crenças estão reforçando ou reduzindo a minha capacidade de ver o problema com precisão? Como essas suposições e crenças estão reforçando ou reduzindo a minha capacidade de resolver o problema?
2. Enfrente os seus medos.	O que os meus medos me dizem sobre a minha capacidade de lidar com a situação? Como os meus medos estão me impedindo de focar as coisas que posso controlar?
3. Coloque as coisas em perspectiva.	Em uma escala de 1 a 10, até que ponto essa questão é importante para mim no que diz respeito aos meus valores? Como as minhas suposições e crenças estão afetando a minha capacidade de avaliar com precisão a importância relativa dessa questão?
4. Veja as coisas de perspectivas diferentes.	Se eu pudesse escolher três pessoas muito diferentes com opiniões distintas sobre a questão, como elas descreveriam a situação? Se eu me colocasse na pele delas por um tempo, como seria? Como a perspectiva delas pode mudar a minha perspectiva e/ou as minhas ações?
5. Concentre-se no que você precisa aprender.	O que é possível para mim e para as pessoas nessa situação? Como posso aprender e crescer com essa experiência/situação específica? O que essa experiência vai me ensinar sobre mim? O que essa experiência vai me ensinar sobre a minha capacidade de lidar com o estresse? Quais competências e capacidades eu desenvolverei com essa experiência?

7

Os 3Rs

Recuperar-se, reconectar-se e reimaginar

Anos atrás, quando li pela primeira vez o livro *The Truth About Burnout* ("A verdade sobre o burnout", em tradução livre), de Christina Maslach e Michael Leiter, este trecho me saltou aos olhos: "Burnout é o índice de afastamento entre o que as pessoas são e o que elas têm que fazer. Representa uma erosão de valores, dignidade, espírito e vontade – uma erosão da alma humana. É uma doença que se espalha gradual e continuamente, colocando as pessoas em uma espiral descendente da qual é difícil se recuperar".[1]

O trecho veio logo depois de uma seção intitulada (em letras maiúsculas) "A EROSÃO DA ALMA" e me chamou muito a atenção. O que mais me impressionou foi a urgência dos dizeres – e como eles me soaram familiares. Meu eu mais jovem, a Kandi que fazia de tudo para agradar e provar seu valor, que aguentava firme e seguia em frente aos trancos e barrancos e que mal tinha ouvido falar de limites e muito menos os defendia, teria descartado as palavras incisivas de Maslach e Leiter como um grande exagero. A Kandi que viveu a espiral descendente do burnout, com a lenta erosão da minha saúde, felicidade e eficácia, reconheceu a verdade daquelas palavras.

Deixando de lado as discussões metafísicas sobre a alma, o burnout nos afeta profundamente e traz consequências que vão muito além da exaustão física e mental. Não é apenas uma experiência de cansaço extremo, de ter muito o que fazer e não ter tempo ou apoio suficiente para fazer tudo, ou de estar tão de saco cheio que tudo que você quer fazer é jogar tudo para o alto. Não pode ser curada iniciando (ou intensificando) uma rotina de autocuidado, tirando férias ou até um período sabático, fazendo coaching ou terapia, ou (pausa para bater na madeira), mais programas de "desenvolvimento profissional" ou "desenvolvimento de pontos fortes". (Pode acreditar: não existe um atalho para sair do burnout, e acumular mais tarefas quando você já ultrapassou sua capacidade só piora a situação.) Cada uma dessas coisas pode *ajudar* a prevenir ou curar o burnout, mas por si só não é um remédio milagroso. Nem aborda os fatores do seu ambiente de trabalho que estão causando o seu burnout.

É por isso que precisamos repensar a maneira como conceitualizamos e abordamos o burnout, especialmente se tivermos alguma esperança de realmente nos recuperar dele. Não adianta pensar no burnout como um contratempo temporário ou um momento difícil na carreira, como uma profunda insatisfação no trabalho ou algo que decorre de uma falha ou deficiência da sua parte. Na verdade, o burnout é mais comparável ao sofrimento de uma doença prolongada ou lesão complexa. Pense no que é necessário para uma recuperação completa nesses casos. Você precisa do tempo adequado para descansar e se recuperar, cuidados médicos de profissionais qualificados, remédios ou outras terapias específicas a seus sintomas e seu diagnóstico e, depois de se recuperar, mudanças no estilo de vida que possam prevenir a recorrência. O burnout não é diferente. É uma condição multifacetada que requer uma resposta multifacetada – e essa resposta dependerá de muitos fatores, incluindo a gravidade do seu burnout, seus sintomas específicos, os fatores estressantes do trabalho que estão causando o burnout e quanto tempo você passou nas garras do burnout. A cada vez que ocorre, não tenha dúvida de que o burnout tem o poder de comprometer sua saúde, roubar sua felicidade e destruir sua carreira. Então, não, as observações de Maslach e Leiter não são exageradas e, quanto antes você conseguir entrar no caminho da recuperação, melhor.

Neste capítulo, veremos diversas técnicas que as pessoas usaram para se recuperar do burnout ou evitar o burnout quando perceberam a gravidade do estresse no trabalho. Entretanto, antes de começarmos, proponho seguir a sugestão de Maslach e Leiter e passar um tempo examinando algumas questões mais profundas relacionadas ao burnout. Para começar, vamos esclarecer o que significa "recuperar-se do burnout". O que *não* significa é *só ficar bem o suficiente* para "voltar ao jogo" e continuar nas mesmas condições de trabalho que o exauriram.

Apenas nos últimos seis meses, três líderes de RH diferentes me procuraram com solicitações como esta: "Kandi, precisamos da sua ajuda. Sabemos que, com todas as mudanças da pandemia, temos exigido muito do nosso pessoal e agora todos estão tentando voltar a um novo normal. Estão todos sobrecarregados e alguns estão reclamando de burnout. O problema é que as coisas não vão ficar mais fáceis por aqui. Na verdade, vamos ter que exigir ainda mais das pessoas. Você pode vir para ajudá-las a aumentar sua resiliência?"

E a minha "voz interior" responde: "De jeito nenhum! Não quero fazer parte de criar um monte de sapos na água fervente!"

Não tenho nada contra a resiliência e não tenho dúvida de que um treinamento de desenvolvimento de resiliência poderia ajudar alguns desses trabalhadores a se equipar melhor para lidar com o estresse no trabalho e com outras adversidades. No entanto, a resiliência é só uma pequena parte de uma solução muito mais ampla e, devo repetir, não passa de uma solução temporária, porque não alcança a raiz do problema: as circunstâncias do trabalho que estão exaurindo esses trabalhadores. Você não tem como encontrar uma solução se estiver focado no problema errado e não pode se curar no mesmo ambiente que está adoecendo você.

Também não quero perpetuar uma cultura de trabalho que não prioriza o bem-estar de seus colaboradores. Nos últimos anos, fizemos grandes avanços para ajudar os colaboradores com fatores como horários de trabalho flexíveis, iniciativas de bem-estar, grupos de apoio para funcionários e maior cobertura para saúde mental. Contudo, sejamos realistas, nem todos têm acesso a esses avanços e, em muitas economias capitalistas, os empregos ainda são caracterizados pela cultura da glorificação dos workaholics – também conhecida como a "cultura do burnout". Estamos falando de culturas nas quais se espera que as pessoas fiquem 24 horas por dia disponíveis ao trabalho, que exigem ou recompensam muitas horas de trabalho, ignoram limites, promovem a competição feroz no ambiente de trabalho, veem pedidos de ajuda como uma fraqueza e desencorajam o uso de licenças médicas ou até de intervalos ao longo do dia. Acontece muito de os colaboradores que (justificadamente) têm dificuldade de se adaptar a esse tipo de ambiente tóxico arcarem com o peso de seus efeitos nocivos. Eles são informados de que não são feitos para isso, que não merecem o emprego que têm, ou são preguiçosos ou de alguma forma problemáticos. Na maioria das vezes, essas mensagens são transmitidas implicitamente, mas tive um cliente cujo chefe disse: "Nesta empresa, ou você sobe na hierarquia ou você pula fora. Você escolhe: subir ou sair? Assim que você decidir, me avise. Estarei esperando". Com mais frequência, são comentários condescendentes e excludentes como os seguintes: "Você já pensou em trabalhar em uma função menos exigente?", "Não fique mal com isso. Pouquíssimas pessoas aguentam esse nível de intensidade", "Nem todo mundo tem o que é preciso para acompanhar nosso ritmo".

No entanto, especialmente depois da pandemia, há indicações de que trabalhadores de todos os setores e gerações estão rejeitando e resistindo a culturas de trabalho que erodem a alma. Estão abandonando organizações que os exploram e incentivam comportamentos cruéis.

Estão dizendo não, obrigado, a oportunidades de emprego que não se enquadram em seus valores. Estão silenciosamente abandonando empregos que exigem demais e recompensam de menos. Alguns se vingam procurando outro emprego ou se candidatando a cargos para escapar de um ambiente onde não são valorizados ou respeitados. Alguns abrem o próprio negócio ou embarcam em carreiras freelance para ter mais autonomia e flexibilidade. Outros estão adiantando a aposentadoria. Outros ainda estão criando sindicatos para lutar por melhores condições de trabalho. Depois da covid, o número de campanhas sindicais de médicos residentes triplicou. "Foi uma onda enorme", disse Sunyata Altenor, diretora de comunicações do Comitê de Estagiários e Residentes, "e prevemos que vai continuar crescendo".[2]

O que todas essas respostas pós-pandemia dos trabalhadores têm em comum é que eles estão cansados de serem tratados como meros recursos para gerar lucro e produtividade e estão fartos de não terem seus valores, dignidade, espírito e vontade respeitados. Vivek H. Murthy, o ministro da Saúde dos Estados Unidos, colocou desta forma: "A pandemia [...] provocou um acerto de contas entre muitos trabalhadores que deixaram de acreditar que sacrificar sua saúde, família e comunidades pelo trabalho é aceitável".[3] O programa de doutorado da Universidade da Pensilvânia, onde eu leciono, começou a receber um número recorde de matrículas no verão de 2020. Os alunos com quem conversei contaram como a pandemia os forçou a reavaliar sua relação com o trabalho ou a sair de uma experiência profissional negativa para finalmente perseguir um sonho que nutriam há anos.

Funcionários empoderados estão repensando sua dignidade, seu propósito e seus valores, o que se dispõem a sacrificar pelo trabalho e como o trabalho se encaixa em sua vida (não o contrário). Estão dizendo sim a uma série de opções melhores e caminhos mais esperançosos. A mensagem deles é clara: a vida no trabalho não precisa ser assim. A vida é curta demais e o custo é alto demais para dedicarmos tanto do nosso tempo e energia – nossas melhores horas, dias e anos – a um emprego, uma organização ou um ambiente de trabalho que não nos ajuda a melhorar e a ser mais felizes.

Esse é, no fim das contas, o derradeiro objetivo de se recuperar do burnout ou de se defender antes de atingir o burnout total. Não estamos melhorando só para voltar à panela de água fervente. Estamos melhorando para poder dar o nosso melhor e seguir a carreira dos nossos sonhos, aquela que nos permite praticar os nossos valores, nos possibilita cumprir o nosso propósito e utilizar as nossas habilidades da maneira mais positiva possível. Recuperar-se do burnout é um presente para nós mesmos, para nossos colegas de trabalho e entes queridos e para as pessoas que servimos por meio do nosso trabalho. Pense no vazio que a sua ausência causaria. Sua equipe poderia sobreviver sem você? Seus clientes? Sua comunidade? Seus pacientes? Seus passageiros? Seus alunos? Seus acionistas? Sua equipe?

Como seria o mundo sem as contribuições que só você pode oferecer?

Neste capítulo, examinaremos o que eu chamo dos 3Rs para a cura do burnout: recuperar-se, reconectar-se e reimaginar.

Quanto ao primeiro R, gostaria de começar apontando uma ironia de certa forma amarga que acompanha a recomendação de dicas e estratégias para uma recuperação completa do burnout. A maior responsabilidade pela recuperação do burnout (e, sem dúvida, pela prevenção) cabe ao empregador, não ao empregado. Apesar de muitos fatores da nossa experiência individual estarem sob o nosso controle, se não fizermos parte da equipe de liderança executiva, é pouco provável que tenhamos muito controle sobre os fatores estruturais, sistêmicos ou culturais que estão contribuindo para o nosso burnout. (Na verdade, nos casos em que mudanças no trabalho são simplesmente impossíveis, ou se você estiver em um ambiente de trabalho tóxico ou que não lhe dá o mínimo de segurança, a recuperação só poderá começar quando você sair.) Dito isso, podemos e sem dúvida *devemos* agir para nos proteger mudando o que está sob o nosso controle. Há muitas estratégias de enfrentamento e medidas de proteção que podem prevenir o burnout, impedir seu agravamento ou promover o processo de cura e ajudar na nossa recuperação total.

Sobre o segundo R, mostrarei como reconectar-se com os fatores fora do trabalho que lhe trazem alegria e vitalidade – coisas como pessoas, hobbies, tempo de descanso e atividades em grupo – pode ajudar a mitigar o estresse no trabalho e manter o burnout a distância. O mesmo pode ser dito de reconectar-se com seus valores, sua visão do seu eu ideal e a diferença que você gostaria de fazer no mundo por meio do seu trabalho.

Por fim, o terceiro R levará você a reimaginar como pode ser a vida pós-burnout. Juntos, reimaginaremos o seu eu ideal, uma nova e saudável relação com o trabalho e talvez até uma nova maneira de manter seus valores, dignidade, espírito e vontade alinhados com o trabalho que você nasceu para fazer.

Repensando a recuperação

Do mesmo modo como precisamos repensar a maneira como encaramos o burnout, precisamos rever a forma como pensamos sobre a recuperação. Para começar, não vamos recorrer à recuperação apenas como o último recurso, quando a doença ou o burnout nos obrigarem a desacelerar. Quanto burnout, com seus inúmeros efeitos nocivos para as pessoas e as organizações, poderia ser evitado se adotássemos uma abordagem proativa e preventiva e *nos recuperássemos regular e continuamente do nosso estresse no trabalho*! Atletas profissionais passam por períodos regulares de recuperação no decorrer do treinamento – não apenas quando sofrem uma lesão ou não têm mais combustível no tanque. Os dias de descanso são, na verdade, imprescindíveis para prevenir muitas lesões e a exaustão. Como os atletas, devemos a nós mesmos começar a tratar a recuperação como um componente essencial do treinamento profissional e do alto desempenho. Melhor ainda, precisamos tratar a recuperação como um componente essencial do trabalho como um todo e utilizá-la como uma estratégia preventiva, não apenas uma cura. Em resumo: a *recuperação do estresse no trabalho* – ou o que muitos pesquisadores e líderes de RH chamam simplesmente de *recuperação do trabalho* –, se praticada com regularidade, pode evitar grande parte da necessidade de *recuperação do burnout*. Em outras palavras, tem o poder de nos imunizar contra o burnout.

Todo trabalhador precisa se recuperar regularmente do estresse no trabalho (veremos a seguir maneiras de fazer isso), mas isso é especialmente importante para trabalhadores em funções e ambientes de alto estresse e trabalhadores que têm a vida de outras pessoas em suas mãos. Pilotos e comissários de bordo, por exemplo, precisam cumprir requisitos de descanso impostos pelo governo e receber treinamento e formação sobre a fadiga para evitar erros relacionados à exaustão, que podem ter consequências mortais. Nos Estados Unidos, os motoristas de caminhão também são sujeitos a requisitos federais de "horas de serviço", que regulamentam quanto tempo eles podem ficar em serviço e garantem intervalos adequados. Por outro lado, há poucos regulamentos para os profissionais da saúde – uma triste realidade para esses profissionais e as pessoas que eles tratam.

Os resultados de pesquisas que associam a fadiga dos profissionais da saúde a erros médicos são surpreendentes. Um estudo descobriu que 82% dos erros de medicação evitáveis e quase acidentes (erros identificados antes de prejudicar o paciente) ocorreram como resultado da fadiga, que está associada à redução do desempenho cognitivo, diminuição da atenção e vigilância, baixo desempenho e diminuição da segurança do paciente.[4] Outro estudo constatou que os cirurgiões residentes passavam fatigados quase a metade do tempo em que estavam acordados, chegando a ter o desempenho *gravemente comprometido* – ou seja, trabalhando com menos de 70% de eficácia mental – durante mais de 25% desse tempo. Em geral, os níveis de fadiga aumentaram o risco de erros médicos em 22%.[5]

O efeito é ainda mais pronunciado quando o burnout se instala. Vários estudos revelaram que o burnout dos médicos está associado a um declínio na segurança do paciente e, em unidades médicas com pontuações mais altas de burnout, os pesquisadores observaram um trabalho em equipe menos eficaz entre os médicos, bem como um aumento nos resultados desfavoráveis dos pacientes, na insatisfação e no sofrimento destes e em reclamações de pacientes e familiares.[6] Um estudo descobriu até que pacientes atendidos por enfermeiros que sofriam de burnout tinham maior probabilidade de desenvolver infecção no trato urinário ou no local da cirurgia durante a internação. Os pesquisadores observaram que, se a proporção de enfermeiros com elevado burnout pudesse ser reduzida de uma média de 30% para 10%, cerca de 4.160 infecções poderiam ter sido evitadas.[7]

Estou insistindo neste ponto não para implicar com os profissionais da saúde, mas porque há uma clara correlação entre a recuperação insuficiente do estresse no trabalho – um dos principais contribuintes para a exaustão e o burnout – e os resultados negativos tanto para os pacientes quanto para os profissionais da saúde. Essa lição sobre o que não fazer dificilmente se restringe ao setor da saúde. *Ninguém* está no seu melhor do ponto de vista físico, mental ou profissional quando não tem a chance de desestressar, descansar e recarregar as baterias.

E, francamente, como poderia ser diferente? O estresse crônico é destrutivo. A resposta ao estresse, que nos coloca em alerta máximo e inunda nosso corpo e cérebro com uma onda de adrenalina e cortisol, destina-se a lidar com uma ameaça imediata. Quando a vida profissional nos apresenta um fluxo constante de estressores – desde a instabilidade no emprego até exigências de trabalho irracionais, colegas de trabalho tóxicos e o acúmulo implacável de dificuldades cotidianas –, o cérebro responde acionando constantemente a resposta ao estresse. Não seria tão ruim se a resposta ao estresse atingisse o ponto natural de conclusão – em outras palavras, se tivéssemos a oportunidade de relaxar e regressar ao nosso estado inicial, pré-estressado. Mas, se não tivermos a chance de nos recuperar, a resposta ao estresse fica eternamente acionada, e o nosso corpo e cérebro ficam o tempo todo acelerados e inundados de cortisol. Quando isso acontece, estamos no caminho certo para o burnout.

As mesmas estratégias que você pode usar para se recuperar do estresse diário do trabalho e *evitar* o burnout também podem ser usadas para ajudá-lo a *se curar* do burnout. Lembrando que o que persiste nos desgasta e nos exaure aos poucos. As estratégias de recuperação nos trazem de volta aos nossos padrões normais após uma experiência estressante, garantindo que o estresse não persista. Quando essas estratégias são praticadas regularmente, elas são um superpoder da imunidade contra o burnout. No entanto, se você já está estafado ou à beira do burnout, pode usar essas práticas de recuperação para colocar-se no caminho da recuperação. Uma advertência importante: não existe uma abordagem ideal e única para todos, então resista à tentação de se comparar aos outros ou de definir um prazo para a recuperação (eu gostaria que funcionasse assim, mas não funciona). Isso só causará mais estresse e atrasará o processo de cura. A verdade é que nenhum caminho para a recuperação será exatamente igual a outro porque há uma grande variação entre as pessoas (personalidade, temperamento, mentalidade, tolerância ao estresse etc.), a experiência do burnout (a gravidade, a duração e a prevalência dos sintomas), as causas do burnout (por exemplo, incompatibilidade da carga de trabalho ou dos valores, pouca autonomia no trabalho, colegas tóxicos, tempo de descanso insuficiente etc.) e, como se constatou, o grau de comprometimento com a sua organização e o que está motivando esse compromisso.

Os psicólogos organizacionais John Meyer e Natalie Allen desenvolveram o modelo dos três componentes do comprometimento para descrever os estados psicológicos e as motivações que impulsionam o comprometimento dos funcionários com suas organizações. Se tiver o que eles chamam de *compromisso afetivo*, você é motivado por um afeto genuíno por seu papel na organização e seu local de trabalho. Você tem sentimentos positivos em relação a seu trabalho, alinhamento com a missão e os valores da sua organização e um senso de propósito no trabalho. Mesmo se o seu estresse no trabalho for alto ou se está em um estado de burnout total, você tem mais chances de permanecer na organização por ser fortemente motivado pelo propósito, sentido e satisfação que obtém do seu trabalho. Você fica no seu emprego porque quer.

As pessoas com o chamado *comprometimento instrumental* são motivadas pelo medo da perda. A perda pode ser financeira (salário, benefícios), profissional (tempo de casa ou habilidades específicas da função) ou social (amigos ou colegas, ou você pode ficar porque não quer mudar com a família para outra cidade). Muitos médicos com burnout com quem conversei, por exemplo, escolhiam ficar porque tinham centenas de milhares de dólares em dívidas de empréstimos estudantis para pagar. Outros não queriam recomeçar depois de ter passado os últimos sete anos estudando para serem médicos. Seja qual for a razão por trás do comprometimento instrumental, você fica no emprego porque precisa.

Por fim, se tiver um *comprometimento normativo*, você é motivado por um senso de obrigação. Você permanece na organização porque sente que é a coisa certa a fazer. Você pode sentir que deve lealdade à organização porque ela investiu no seu desenvolvimento profissional ou se arriscou ao contratá-lo. Ou pode ter um forte sentimento de lealdade para com colegas ou subordinados, ou pode sentir que as pessoas que a organização serve sofrerão se você sair. Nas minhas entrevistas, ouvi o comprometimento normativo em comentários como: "Se eu não fizer, ninguém vai fazer" e "Não posso abandonar meu pessoal para resolver isso sozinhos". Quaisquer que sejam os fatores específicos, você permanece no emprego por um senso de dever.

Acrescentarei um quarto tipo de comprometimento – ou melhor, a falta de um. Sei que muitas pessoas não têm qualquer compromisso com a organização e planejam sair na primeira oportunidade. Pode acreditar, eu já passei por isso e vamos conversar sobre essa experiência também.

Seja qual for o tipo de comprometimento que você tem com a sua organização – desde "este é o emprego dos meus sonhos e nunca vou sair, por mais que o trabalho seja exaustivo" até "não vejo a hora de me livrar deste emprego" e tudo que há entre esses dois extremos –, é importante determinar o seu caminho individual para a cura. Ao ler as estratégias de autocuidado a seguir, mantenha em mente o tipo de comprometimento que o motiva e como isso pode afetar a sua recuperação.

Estratégias de autocuidado para recuperar-se do estresse e do burnout no trabalho

Você pode ter pouco ou nenhum controle sobre as condições do seu trabalho (como em uma cultura de "trabalhar duro para subir" ou caracterizada por sistemas injustos), mas tem um controle quase irrestrito sobre o modo como responde ao ambiente de trabalho e aos estressores e como se recupera do estresse do dia a dia no trabalho que pode levar ao burnout se o estresse não for gerenciado. As estratégias a seguir concentram-se em maneiras que você pode utilizar para se proteger e se recuperar do estresse e do burnout no trabalho.

Os psicólogos organizacionais fazem uma distinção entre *recuperação no trabalho* e *recuperação fora do trabalho*. A distinção é autoexplicativa, mas salienta que algumas formas de recuperação são necessárias quando você está no trabalho e fazendo malabarismos com suas demandas, enquanto outras ocorrem quando você está fora do local de trabalho e longe das demandas de trabalho. Veremos uma série de práticas de recuperação de ambos os tipos, com opções que podem ser aplicadas rapidamente durante um dia de trabalho agitado, bem como estratégias contínuas às quais você pode recorrer ao longo da carreira. Lembre-se de que o segredo é a persistência. O estresse diário no trabalho deve ser gerenciado regularmente para evitar o burnout, e a recuperação do burnout pode ser um longo processo que requer uma cura em várias frentes.

1. **Faça micropausas.** Fazer pausas de dez minutos ao longo do dia de trabalho tem um grande efeito de combate ao estresse justamente porque interrompe o acúmulo de tensão e estresse no trabalho. Em outras palavras, ajuda a evitar que o estresse se torne crônico. Pesquisas demonstram que pausas mais curtas e frequentes são mais eficazes do que uma pausa mais longa no fim do dia – ou reservar uma grande pausa para as férias. Tente agendar um microintervalo a cada uma ou duas horas. Você pode usar o tempo da maneira (saudável) que desejar. Saia do escritório e respire um pouco de ar fresco, faça uma meditação rápida, dê uma volta no quarteirão, converse com um colega, faça um lanche, ouça a sua música favorita, tome uma água, feche os olhos e apenas relaxe. Essas pequenas medidas podem não parecer nada diante da intensidade do estresse, mas tenha em mente que o efeito é cumulativo.

2. **Divirta-se um pouco.** A autora Catherine Price diz que a *verdadeira* diversão se materializa quando experimentamos a confluência de três estados psicológicos: ludicidade, conexão e fluxo. A ludicidade é uma qualidade de leveza que permite que você faça coisas apenas por prazer. Pesquisas mostram que pessoas lúdicas são melhores no gerenciamento do estresse. A conexão é a sensação de ter uma experiência especial e compartilhada com alguém, o que nos ajuda a ser mais resilientes em momentos de estresse. E o fluxo é o estado de estar totalmente engajado e focado. É importante ressaltar que, segundo Price, o fluxo é um estado *ativo* – não é maratonar uma série na Netflix.[8] Isso reflete outras pesquisas da psicologia organizacional e comportamental que constataram que formas de atividade mais ativas e com maior esforço, como exercícios cardiovasculares, e experiências de domínio que exigem esforço, como aprender uma nova língua, são mais eficazes para a recuperação no trabalho.[9]

3. **Cultive suas conexões sociais.** Todas as pessoas que conheci que se recuperaram do burnout foram vulneráveis o suficiente para aceitar a ajuda das pessoas. Recorra a seus amigos, familiares e colegas em busca de ajuda para decidir o que fazer; trabalhe com um coach, mentor ou terapeuta; delegue tarefas ou peça para dividir sua carga de trabalho; recorra a todas as fontes de resiliência provenientes de seus relacionamentos (veja a Figura 5.1 da página 192); cerque-se de pessoas positivas e otimistas e energize-se com elas; trabalhe para reforçar seus relacionamentos com colegas de trabalho. A conexão social aumenta a nossa resiliência ao estresse e nos mantém física e mentalmente saudáveis. Já se constatou que o isolamento é um fator causador direto do burnout.
4. **Estabeleça e mantenha limites.** Esta velha recomendação nunca perde a validade. Todos nós precisamos de limites entre a vida pessoal e profissional para proteger nosso tempo de descanso e nos permitir desligar mentalmente do trabalho; limites físicos que garantam nossa segurança e melhores condições de trabalho (Você não adora quando o tagarela do escritório se inclina sobre a sua mesa para um bate-papo não solicitado? Pois é, eu também não); limites emocionais que nos protejam do contágio emocional negativo; e limites profissionais que mantenham nossa carga de trabalho administrável e evitem a exaustão. Os limites são salvaguardas que restringem a exposição a muitos dos fatores que causam o burnout, como excesso de trabalho, fadiga mental, dizer sim a todas as demandas, expectativas irrealistas e tempo gasto com colegas negativos que drenam a energia e o otimismo. Se você já estiver em um estado de burnout, os limites são indispensáveis para a sua recuperação.
5. **Experimente uma dieta antiestresse.** Você sabia que é possível reduzir o estresse e mitigar seus efeitos nocivos com a dieta? Demonstrou-se que alimentos ricos em ômega-3, como peixes e

frutos do mar, sementes de chia e sementes de linhaça, e alimentos fermentados como iogurte, *kefir*, *kimchi*, chucrute, *kombucha*, missô, *tempeh* e vinagre de maçã reduzem a ansiedade e diminuem a inflamação danosa associada ao elevados níveis de estresse e ansiedade. Alimentos ricos em fibras, como frutas, vegetais, nozes, sementes e grãos integrais, também podem reduzir a resposta inflamatória do corpo.[10]

6. **Durma bem.** Cientistas observaram uma relação mútua entre o sono e o burnout: o sono insuficiente é um dos principais fatores de risco para o burnout,[11] e o burnout também pode desencadear ou agravar a insônia e outras formas de distúrbios do sono. A vantagem é que dormir o suficiente (entre sete e nove horas por noite para adultos saudáveis) alivia os sintomas do burnout e é um fator importante para a recuperação total. O sono de boa qualidade melhora o humor e os níveis de energia e facilita muito enfrentar o estresse com uma atitude de resolução de problemas.

7. **Acesse os recursos de saúde mental e bem-estar da sua organização.** Uma pesquisa recente com oitocentas organizações líderes em RH e em benefícios para funcionários com oitocentos funcionários descobriu que, embora 61% dos entrevistados usassem os benefícios de saúde oferecidos por suas organizações, apenas 19% acessavam os benefícios de bem-estar mental.[12] Todos os programas de bem-estar, grupos de apoio para funcionários, programas de assistência ao funcionário e benefícios aos funcionários serão inúteis se os funcionários não os usarem. Informe-se sobre o que sua empresa oferece e maximize o uso desses recursos.

8. **Tire uma folga.** Beneficie-se de qualquer folga remunerada que for disponibilizada a você. Estudos mostram que os programas de folga remunerada na verdade resultam em menos ausências não planejadas, e uma razão pode ser que os trabalhadores estão reduzindo seu estresse e melhorando sua saúde ao usar o tempo de descanso para recarregar as baterias. Todo mundo precisa se

desligar mentalmente do trabalho de tempos em tempos. Isso inclui não levar trabalho para casa (não abra o e-mail depois do expediente!), bem como um tempo de folga planejado para se dedicar à reenergização e ao autocuidado mental. Embora os dias de folga possam resultar em uma redução da produção em curto prazo, os trabalhadores que recebem um tempo para realmente se desligar e desestressar voltam ao trabalho com um humor melhor, mais energia e maior produtividade.

9. **O mesmo também vale para as férias.** Você sabia que os Estados Unidos são a única economia avançada que não exige que os empregadores ofereçam férias remuneradas? Mesmo quando as organizações oferecem dias de férias remuneradas, muitos funcionários relutam em usufruir delas. Dados recentes do Pew Research Center atestam que quase a metade dos trabalhadores americanos não tira todas as folgas remuneradas (férias e licenças médicas) oferecidas pelo empregador. Suas razões incluem não sentir necessidade de mais tempo, medo de ficar para trás, sentir-se mal pelos colegas que terão de assumir sua carga de trabalho, medo de comprometer as chances de avanço de carreira e medo de perder o emprego. Pouco mais de 10% dizem que seu chefe os desencoraja ativamente de tirar folga.[13] Os trabalhadores que não se beneficiam da oportunidade para descansar, recarregar as baterias e se recuperar do estresse diário do trabalho correm mais risco de exaustão mental e física, ceticismo e baixos desempenhos – e aumentam o risco de (sim, você adivinhou) *burnout*. E, embora as férias por si só não possam curar o burnout, podem lhe dar um tempo para recuperar as energias, mudar a perspectiva, recuperar o tempo de sono, restaurar o humor positivo e a criatividade e desligar-se mentalmente dos fatores de estresse do trabalho.

10. **Tire um período sabático ou uma licença.** Se o seu burnout for grave, você pode precisar de mais do que alguns dias

ou semanas longe do trabalho. Como as férias, um período sabático não tem como curar o burnout, mas pode possibilitar um distanciamento radical do trabalho e dos fatores de estresse, um tempo prolongado para recarregar as baterias e se renovar – e talvez até desencadear uma transformação. Os professores e pesquisadores de administração Kira Schabram, Matt Bloom e DJ DiDonna conduziram pesquisas com profissionais que tiraram licenças sabáticas por diversas razões. Um grupo tirou um período sabático para trabalhar em um projeto apaixonante, enquanto outro saiu para viajar e se aventurar. Mas foi o terceiro grupo – que recorreu a licenças sabáticas para escapar das expectativas insustentáveis e culturas de trabalho tóxicas – que teve as transformações positivas mais drásticas. "Exaustos e esgotados", escreveram os pesquisadores, "o período sabático [desse grupo] foi seu último recurso porque continuar no mesmo caminho seria insustentável". Durante seu período sabático, esses trabalhadores "começaram [a se recuperar] aos poucos" porque precisavam de "mais tempo para se curar". Eles dormiram mais, adotaram uma dieta mais saudável e se reconectaram com os amigos. À medida que começaram a se recuperar, seus níveis de energia e entusiasmo aumentaram, eles ficaram mais aventureiros e menos avessos ao risco e ganharam novas perspectivas. Em seguida, começaram a explorar novas formas de trabalho e planos de carreira, conquistaram novas certificações e expandiram suas redes profissionais. O padrão desse grupo, segundo os pesquisadores, foi partir "da recuperação, passando pela exploração, até a prática do que aprenderam". Ao fim de seus períodos sabáticos, não surpreende que a maior parte desse grupo não tenha voltado aos antigos empregos que os esgotaram.[14]

11. **Seja generoso com atividades de autocuidado e renovação.** Sempre é um bom momento para investir no seu bem-estar, mas isso é crucial quando você está sofrendo de burnout.

Aumente a frequência de quaisquer atividades e experiências que possam ajudá-lo a se sentir renovado, restaurado e energizado. Não tenha medo de tentar coisas novas. Um cliente meu se forçou a fazer uma aula de tai chi em um momento em que estava tão desmotivado e exausto que mal queria sair de casa. Ele pratica há três anos e cita o tai chi como um fator fundamental de sua recuperação do burnout.

12. **Tente meditar.** Demonstrou-se que a meditação da atenção plena (mindfulness) – a prática de sintonizar-se com a sua experiência no momento presente e aceitá-la sem julgamento – reduz o estresse e o burnout, reduz a autocrítica e a identificação excessiva com experiências negativas e aumenta a resiliência, a compaixão e a regulação emocional.[15] Em vez de se identificar demais com experiências negativas ou emoções difíceis e reagir exageradamente a elas, as práticas de mindfulness treinam a simplesmente observar sua experiência (seja ela qual for) e gentilmente deixá-la passar. Pesquisadores acreditam que o mindfulness é eficaz porque aplaca a resposta ao estresse e nos permite ser menos reativos quando o estresse ocorre.

13. **Gerencie a sua mentalidade.** Você acredita que é capaz de melhorar e que vai melhorar? Então você tem grandes chances de conseguir. Por outro lado, se acredita que é impossível melhorar, você não vai melhorar. Por incrível que pareça, a mentalidade é simples assim. Redefinir a mentalidade pode ser especialmente útil quando você se sente preso em um trabalho que o está esgotando. Como as suposições raramente são 100% verdadeiras, mude o pensamento de "nunca vou conseguir sair desta" ou "estou preso neste trabalho para sempre" para "não posso sair *ainda*". Você pode não ter como sair neste exato momento, mas um dia vai poder. Agora experimente esta atitude mental: "Estou *optando* por ficar por enquanto". Essa mentalidade enfatiza seu poder de decisão e autonomia. É empoderador. O

burnout consegue minar seu senso de controle. No entanto, você tem controle sobre as próprias escolhas e, para muitas pessoas, o primeiro passo para sair de um emprego que as está esgotando *ou* promover mudanças no trabalho que mitigarão seu burnout é acreditar que elas têm escolha e que podem criar opções melhores para si mesmas. Reveja as dicas específicas sobre como cultivar uma mentalidade positiva e otimista, no Capítulo 6.

14. **Mantenha o diálogo interno negativo sob controle.** Uma maneira infalível de manter o estresse em alta é acreditar nas palavras do seu crítico interno. Não muito tempo atrás, tive um daqueles dias em que escrever era como arrancar um dente. Depois de um dia escrevendo, apagando tudo e reescrevendo, consegui produzir apenas dois parágrafos. Meu crítico interno explodiu em protestos e catastrofizações: você já não é mais tão inteligente quanto antes, não deveria ser tão difícil, você nunca vai conseguir terminar, você está acabada. Compartilhei meu diálogo interno com uma amiga, que imediatamente o reformulou para mim: "Foi muito difícil, mas não desisti e produzi dois parágrafos bem pesquisados e bem escritos". E quer saber? Ela tinha razão! Eu persisti, apesar das dificuldades, e o resultado foi um bom texto que me aproximou ainda mais do livro que está agora nas suas mãos.

15. **Peça mudanças.** Fale com seus chefes para ver quais mudanças podem ser feitas em suas condições de trabalho. Existe a possibilidade de reduzir suas horas ou sua carga de trabalho, trabalhar em home office por pelo menos alguns dias da semana, estender alguns prazos ou redefinir prioridades nas suas tarefas? Você precisa ser transferido a uma equipe ou departamento diferente? Precisa receber mais feedback, reconhecimento ou uma remuneração melhor? Precisa redefinir um trabalho que já ultrapassou as atribuições originais ou que não está mais alinhado com os seus valores? Tenha uma conversa franca com seu chefe sobre

as mudanças das quais você precisa para se reconectar com sua saúde, felicidade e produtividade.

Um caso especial: recuperando-se da angústia empática

A angústia empática é um gatilho de burnout especialmente intenso e doloroso. Pode, ao mesmo tempo, causar o burnout e acelerar seu desenvolvimento. Também é um dos assassinos de carreira mais comuns nas áreas da saúde e dos serviços de cuidado, deixando muitos trabalhadores exauridos e até traumatizados.

A angústia empática é uma forte resposta aversiva à dor e ao sofrimento dos outros que leva o indivíduo a se retrair na tentativa de se proteger. Pessoas que trabalham em ambientes com exposição frequente ao sofrimento dos outros, como profissionais da saúde e prestadores de cuidados de saúde mental, são especialmente vulneráveis à angústia empática, mas essa resposta pode ocorrer a qualquer pessoa que seja muito sensível às emoções e experiências alheias. (Também há evidências de que pessoas que passaram por adversidades na infância são mais propensas à angústia empática.) Se você for do tipo de pessoa que absorve com facilidade e vivencia indiretamente os sentimentos dos outros e seu trabalho cotidiano o expõe à dor e ao sofrimento alheios, suas chances de ter uma resposta empática ao sofrimento são altas, o que o coloca em um risco muito alto de burnout.

Vamos começar esclarecendo as diferenças entre compaixão e empatia, porque há uma tendência de usar esses termos como sinônimos, quando na verdade são bem diferentes. A primeira distinção básica é que compaixão é sentir *por* e a empatia é sentir *com*. Pesquisas da psicologia social e da psicologia do desenvolvimento postulam que, na verdade, a empatia precede a compaixão. Funciona assim: uma resposta empática ao sofrimento de outra pessoa resulta em dois tipos de reação – compaixão ou angústia empática. A compaixão caracteriza-se por sentimentos de afeto, preocupação e cuidado pela pessoa que está sofrendo – e, o mais importante, é acompanhada por uma forte motivação para *se aproximar* da pessoa e ajudar a aliviar seu sofrimento. Já uma resposta empática ao sofrimento de outra pessoa significa que você está sentindo os sentimentos de angústia, tristeza, medo ou dor da pessoa. A reação natural neste caso é *distanciar-se* da fonte do sofrimento. Em outras palavras, ao contrário da compaixão, que é focada no outro, a angústia empática é focada em si mesmo e acompanhada de uma forte motivação para se proteger por meio do retraimento.[16] Não é de surpreender que as pessoas que sofrem de angústia empática tenham maior risco de depressão, ansiedade, problemas de saúde, comportamentos não sociais e burnout.

Durante anos, o termo *fadiga por compaixão* foi usado para descrever uma espécie de trauma secundário causado por uma identificação excessiva com o sofrimento dos outros. Pesquisas mais recentes revelam que fadiga por compaixão pode não ser o melhor termo. De acordo com essa nova ciência, a compaixão é psicológica e neurologicamente *energizante*. A compaixão aumenta a atividade cerebral envolvida na liberação dos hormônios do "bem-estar", a dopamina e a ocitocina, e gera emoções positivas que, na verdade, neutralizam os efeitos negativos da angústia empática. É a angústia empática, não a compaixão, que nos exaure, gera sentimentos negativos, aumenta o nosso estresse e eleva o risco de burnout.

Figura 7.1. Duas reações ao sofrimento alheio[17]

| Empatia ||
Compaixão	Angústia empática
Emoção relacionada aos outros	Emoção autorrelacionada
Sentimentos positivos (como amor)	Sentimentos negativos (como estresse)
Boa saúde	Problemas de saúde, burnout
Aproximação e motivação pró-social	Retraimento e comportamento não social

A professora de ciências veterinárias Trisha Dowling dá um exemplo perfeito de como alguém pode responder com solicitude empática e compaixão sem entrar no território da angústia empática. Ela escreve: "Embora a empatia do meu cliente que decidiu pela eutanásia para seu pet com uma doença terminal evoque meus próprios sentimentos de tristeza, ser compassiva com a situação do meu cliente resulta em simpatia, solicitude empática e sentimentos emocionais positivos que contrabalançam minha tristeza e me impulsionam a tomar medidas para ajudar meu cliente. Em vez de me retrair e apressar o atendimento para me defender, a compaixão me permite desacelerar e estar presente com o meu cliente sem sofrer".[18]

Quando conseguimos responder com compaixão em vez de angústia empática, não só nos protegemos do sofrimento secundário e do aumento do estresse como também desfrutamos de sentimentos positivos e reforçamos a nossa resiliência. E, o mais importante, somos capazes de estar presentes e ajudar a pessoa (ou animal!) que precisa de ajuda, em vez de nos retrairmos por estarmos sobrecarregados, deixando-os sozinhos com seu sofrimento.

Não faltam pesquisas demonstrando a eficácia do treinamento da compaixão para aumentar a compaixão para si mesmo e os outros e para promover a autoconsciência, resiliência, afeto positivo, comportamento pró-social e uma atitude isenta de críticas, ao mesmo tempo que reduz o estresse e a ansiedade. A maior parte das pesquisas foi conduzida com programas de meditação mindfulness, como a redução do estresse baseada em mindfulness, conscientização do momento presente, conscientização do próprio corpo, exercícios respiratórios e meditação *metta* (bondade amorosa). Tenho vários clientes que fazem meditação transcendental, incluindo um diretor escolar que descreveu de forma memorável o efeito de suas sessões de meditação duas vezes ao dia: "Tenho uma sensação de calma, de quietude, de afeto por tudo que estou sentindo e vivendo. Posso literalmente sentir a tensão dos meus músculos e todo meu estresse simplesmente derretendo. É incrível como quantos problemas que antes pareciam impossíveis são resolvidos – eu me levanto e é como se aquilo não importasse mais ou eu tivesse encontrado uma solução". É possível encontrar muitas aulas e guias de meditação mindfulness na internet e em apps como Insight Timer, Headspace e Calm.

Reconecte-se

Meses depois de iniciar meu processo de recuperação do burnout, comecei a ver o processo de cura sob uma nova perspectiva: eu estava em uma jornada para me reconectar lenta mas continuamente com todos os vínculos que o burnout havia enfraquecido ou cortado.

O burnout tinha desestabilizado minha saúde, meu desempenho, a trajetória que eu planejava para a minha carreira e até a minha autopercepção. Eu não era a trabalhadora invencível e incansável que sempre apresentava um desempenho espetacular e que teria uma trajetória em implacável ascensão aos pináculos históricos do sucesso (o que, eu confesso, eu nem sabia o que era, já que a linha de chegada estava sempre em movimento). Percebi que nunca fui essa pessoa – ninguém é – e, além disso, eu nem queria ser!

O burnout, pelo menos, é revelador. Ao passar pela experiência do burnout, você saberá o que funciona e o que não funciona para você e o que está ou não disposto a sacrificar pelo trabalho. Mesmo se não chegar ao fundo do poço como eu, o burnout o obriga a encarar as coisas que não tem mais como ignorar, negar, fingir ou postergar – alguma coisa precisa mudar.

A chefe de polícia aposentada Jeri Williams, do Departamento de Polícia de Phoenix, chegou a esse ponto na primavera de 2022. No decorrer de uma carreira de mais de três décadas na polícia, ela passou por muitos eventos de alto estresse, incluindo ameaças de morte, ameaças de bomba, protestos e tiros disparados em sua casa, ser fisicamente retirada de uma parada LGBT devido à possibilidade de ser sequestrada ou assassinada, e teve de lidar com as terríveis consequências de tiroteios envolvendo a polícia. Mas foi "uma série de eventos infelizes" ocorrida em 2021 que marcou o período mais estressante – e mais doloroso – da carreira de Williams.

Em agosto, o Departamento de Justiça dos Estados Unidos anunciou que investigaria o Departamento de Polícia de Phoenix depois que policiais prenderam manifestantes sob acusação de formação de quadrilha, e Williams foi processada por alguns de seus próprios subordinados depois de transferi-los. "Parecia que eu estava levando tudo para o lado pessoal", Williams me contou, "e foi então que comecei a repensar a minha saúde mental e meu senso de dignidade". Ela mencionou que, sempre que o telefone tocava, sentia "uma onda de pânico" e se preparava para mais más notícias. Na primavera de 2022, ela estava "emocional, física e mentalmente exausta" e tomou a difícil decisão de pedir demissão a seu chefe. "Depois que desabafei e disse tudo que estava sentindo", disse ela, "foi literalmente como se um peso de 4 mil quilos tivesse sido tirado das minhas costas".

Ao mesmo tempo, ela tinha um enorme senso de obrigação para com a cidade e o departamento. Então, ela e seu superior criaram juntos uma estratégia de saída que a manteria no cargo até que um chefe de polícia interino pudesse assumir. Nesse período, ela se pôs a pensar em como seria sua vida após o burnout e, desde a aposentadoria em outubro de 2022, tem prestado mentoria e orientação a outros chefes de polícia por todo o país. Tirando isso, ela não quer saber dos detalhes. "Grande parte da minha recuperação", explicou, "consistiu apenas em me livrar da noção de que tenho de estar no controle de tudo. Minha vida inteira foi planejada e agora estou vivendo muito bem sem ter um plano".

Williams, depois de uma carreira de 33 anos, estava pronta para se aposentar. No entanto, se você pretende continuar trabalhando após o burnout, a primeira coisa a fazer é mudar, tanto quanto possível, os estressores do trabalho que levaram ao seu burnout. Os próximos passos são autocentrados, o que nos traz de volta à reconexão, que para mim é uma das melhores partes da recuperação. É hora de se reconectar com o que *realmente* importa para você e com as condições e práticas saudáveis que ajudam a manter seu estresse baixo e sua felicidade e vitalidade altas.

Entre nesta fase da jornada de cura com uma atitude esperançosa. É um momento de renovação, de reenergização, de rejuvenescimento. Uma chance de reparar conexões desgastadas pelo burnout, uma oportunidade de reavivar seu entusiasmo e engajamento. Descobri que, quanto mais eu via a cura como uma reconexão, mais esperanças eu tinha. Minha mentalidade passou para "a partir de agora, tudo vai melhorar". E foi o que aconteceu.

Reconectando-se para restaurar

O Laboratório de Artes para a Resiliência de Colorado, no Campus Médico Anschutz da Universidade do Colorado, é um programa inovador que foi lançado em resposta ao número crescente de profissionais da saúde que sofrem de burnout e angústia psicológica. Parte laboratório de pesquisa, parte programa de artes criativas, oferece várias terapias artísticas para ajudar a reduzir o estresse, desenvolver habilidades positivas de enfrentamento e reforçar a conexão com o propósito no trabalho e com os colegas – tudo isso ajuda os participantes a se recuperar do burnout, do estresse no trabalho e até de traumas.

O primeiro estudo publicado pelo laboratório, que dividiu 146 profissionais da saúde com burnout em quatro grupos de arteterapia (escrita criativa, artes visuais, música e dança) e um grupo de controle que não recebeu tratamento algum, constatou que os participantes que receberam terapia artística, independentemente da disciplina, teve queda de 27,8% na ansiedade, queda de 35,5% na depressão, queda de 25,8% no transtorno de estresse pós-traumático e melhora em todos os três componentes do burnout, especialmente a exaustão emocional (redução de 11,6%). Além disso, a pontuação de afeto positivo desses participantes aumentou em 28%, enquanto o afeto negativo caiu mais de 23% e a intenção de sair do emprego caiu 10,1%.[19] Um estudo de acompanhamento publicado recentemente produziu resultados semelhantes: a terapia artística aliviou os sintomas de burnout dos participantes e promoveu a cura e a resiliência.[20]

São resultados impressionantes e, ao dar uma olhada no que acontece por trás das cenas, podemos começar a ver a magia da metodologia desse programa. No estudo original, os participantes foram divididos em coortes de 40 a 60 pessoas que se encontraram semanalmente por noventa minutos durante 12 semanas consecutivas. Cada sessão seguiu um protocolo-padrão concebido para criar uma sensação de segurança psicológica, convidar à vulnerabilidade e integrar as experiências dos participantes em uma comunidade – em outras palavras, para estabelecer uma profunda conexão. As quatro primeiras sessões utilizaram maneiras criativas de apresentar os membros do grupo uns aos outros, estabelecer expectativas e promover a confiança e a expressão emocional autêntica. As quatro sessões intermediárias incentivaram a vulnerabilidade entre os participantes como maneira de promover a resiliência, e as quatro sessões finais foram dedicadas à produção artística – tanto o trabalho individual quanto um projeto em equipe.

O diretor e cofundador do programa, Michael Moss, acredita que o sucesso se deve à combinação de terapia de grupo e prática criativa.[21] Os participantes têm a chance de compartilhar abertamente os altos e baixos da vida profissional, processar suas experiências de alto estresse e seus estados emocionais negativos em um ambiente seguro e de apoio, conectar-se com pessoas que lhes oferecem energia e apoio e liberar seu estresse por meio da expressão criativa. Oferece-se aos participantes a oportunidade de se conectar com outras pessoas que chegaram ao mesmo ponto que eles e de se reconectar com a visão ideal de si mesmos, antes que o alto estresse e o burnout os deixassem exauridos, céticos e ineficazes, ou talvez até traumatizados.

Nem todo mundo tem acesso a um programa estruturado de terapia artística, mas nada nos impede de nos inspirar nele e embarcar na nossa própria recuperação inspirada na reconexão. Se você, como eu, não for nem de longe uma pessoa artística, tudo bem. Para começar, o que conta é o processo, não o produto.

Depois, não precisa ser uma atividade artística; pode ser qualquer atividade de lazer, hobby ou passatempo que ajude a se desligar do trabalho e a relaxar depois de um dia estressante. O ideal seria uma atividade que inspirasse um estado de fluxo. Veja alguns exemplos de participantes e clientes da minha pesquisa: jardinagem, tirar um cochilo, fazer palavras cruzadas, mergulhar, sair para jantar, restauração de carros antigos, jogar boliche, jogar xadrez, dirigir, fazer caminhadas, pescar, ler, voluntariado, viajar, costurar, corrida competitiva, dança, culinária, conviver com pets, escrever poesia e bordar. Eu adorei a bela descrição de um cliente, um inquieto marceneiro, sobre o modo como seu hobby alivia o estresse: "É pegar aquele caos e juntar tudo para criar algo totalmente novo – pegar um pedaço de madeira e fazer, tipo, um armário. Para mim é o que basta. Ter uma válvula de escape criativa me coloca de volta no caminho certo".

Se você ainda não tem um hobby ou uma atividade desestressante, pense no que gostava de fazer antes do burnout e veja se consegue se reconectar a isso. Ou pense em algo que sempre quis tentar, mas nunca teve a chance. Só pare de enrolar. Todo mundo que eu conheço que tem imunidade ao burnout ou se recuperou do burnout cria deliberadamente uma vida significativa fora do trabalho, priorizando coisas que adoram fazer e lhes trazem alegria.

Por fim, não se esqueça de que um dos aspectos mais importantes da reconexão é o lado social. Ninguém se recupera do burnout sozinho. O programa do Laboratório de Artes para a Resiliência do Colorado e qualquer outra intervenção de recuperação do burnout só funcionam se alavancarem o poder da conexão social. Precisamos dos outros para aliviar parte do fardo do nosso estresse, nos ouvindo, nos ajudando a ver novas formas de resolver problemas, a processar as emoções negativas associadas ao estresse no trabalho e a nos sentir menos isolados. Especialmente quando os estressores do nosso trabalho não podem mudar ou não podem mudar com rapidez suficiente, precisamos de pessoas que nos apoiem. Quem faz parte da sua rede de apoio de resiliência? Quem pode ouvir suas experiências no trabalho com abertura, compaixão e sigilo?

A Mayo Clinic patrocinou um estudo de um programa interno chamado COMPASS, que é a sigla em inglês para Encontro de Colegas para Promover e Sustentar a Satisfação (que nada mais é que médicos que se encontram periodicamente para almoçar). No estudo, um grupo de médicos se encontrou para almoçar e conversar a cada duas semanas durante seis meses, enquanto um grupo de controle seguiu sua rotina normal. Um tópico de discussão foi atribuído ao grupo do almoço, mas, tirando isso, os encontros foram inteiramente autodirigidos, sem a presença de nenhum mediador ou líder.

Seis meses após a conclusão do estudo, os participantes relataram uma diminuição de 12,7% no burnout, uma diminuição de 12,8% nos sintomas depressivos e uma diminuição de 1,9% na intenção de sair do emprego. Enquanto isso, todos esses sintomas *pioraram* no grupo de controle, especialmente em relação à intenção de sair do emprego, que aumentou 6,1% no decorrer do estudo.[22]

Os resultados positivos foram tão marcantes que a Mayo ampliou o programa. Esse é o poder da simples conexão humana! Não precisamos de nada caro ou elaborado – basta ouvir e sermos ouvidos por um grupo de pessoas que nos entendem. Hoje, mais de 1.700 médicos e cientistas participam do programa COMPASS, encontrando-se quinzenalmente para conversar sobre desafios e questões em comum no trabalho e desfrutar da camaradagem da conexão.[23]

Reimagine-se

Chegamos ao ponto em direção ao qual estivemos caminhando o tempo todo, onde você pode reimaginar e resgatar uma visão do seu eu ideal – e dedicar-se a concretizá-la. Reimaginar é o melhor exercício de otimismo e o melhor ato de autoafirmação que você pode dar a si mesmo.

Mesmo se ainda estiver no meio do burnout, você pode começar a reimaginar quem gostaria de ser e a vida que gostaria de ter. Na verdade, este pode até ser o melhor momento para fazer isso. Você terá um objetivo com um senso profundo de significado e uma grande motivação para se curar. E terá motivos para ter esperança.

No campo da psicologia, o eu ideal tem um significado específico e faz parte do nosso autoconceito. O seu autoconceito é a imagem que você tem de quem você é. São suas crenças e percepções sobre si mesmo, que são influenciadas por fatores biológicos, sociais e ambientais. É a resposta que você daria à pergunta: "Quem sou eu?"

Já o seu eu ideal é o eu que você deseja ser. É a resposta que você daria à pergunta: "Quem você seria se pudesse ser exatamente quem gostaria de ser?"

Nosso eu ideal abrange nossos sonhos e imagens de um futuro desejado, nossas paixões e a expressão mais profunda do que queremos da vida. Não é de surpreender que os empregos que nos afastam do nosso eu ideal aumentem o risco de burnout, enquanto os empregos alinhados com o nosso eu ideal ajudam a nos imunizar contra ele. Na melhor das hipóteses, seu trabalho até pode ajudar a concretizar esse eu ideal. Se você fosse exatamente quem gostaria de ser, fazendo exatamente o que gostaria de fazer, como seriam esse eu e essa vida?

O conceito do eu ideal fez todo o sentido para mim quando eu estava no doutorado. A essa altura, eu já havia me recuperado dos efeitos físicos do burnout e realizado grandes mudanças positivas nas minhas práticas de autocuidado. Eu tinha até começado a concretizar o sonho da minha vida de continuar a estudar e me preparar para uma grande mudança de carreira. Mas ainda não tinha uma visão profunda e concreta de quem eu realmente era e qual diferença queria fazer no mundo. Eu sabia que gostaria de dar aulas um dia e talvez ser uma coach executiva.

Achei que todas as peças se encaixariam de um jeito ou de outro e eu veria o que fazer depois de tirar o diploma.

Essa atitude começou a mudar quando conheci a teoria da mudança intencional de Richard Boyatzis, que apresentava uma ideia menos simplista do eu ideal. No modelo de Boyatzis, o eu ideal é composto de três componentes: 1) uma imagem do seu futuro desejado, 2) esperança (que inclui a autoeficácia e o otimismo) e 3) um amplo senso de sua identidade central. Boyatzis e seu colega Kleio Akrivou veem o eu ideal como o principal motivador de qualquer mudança intencional que fazemos para nos aproximar do nosso futuro desejado. (Eles também observam que a mudança intencional dá muito trabalho, o que achei estranhamente reconfortante.) Quando nossas tentativas de mudança intencional não dão em nada, é porque nos falta ímpeto e uma motivação intrínseca adequada. É apenas quando temos uma noção bem desenvolvida do nosso eu ideal que podemos fazer o tipo de mudança intencional que concretiza esse eu ideal. Desse modo, o eu ideal atua tanto como princípio organizador quanto como força ativadora que nos impulsiona para nos aproximar da pessoa que realmente queremos ser e cujo trabalho se alinha ao nosso nobre propósito.

A minha visão do meu eu ideal começou a ficar mais clara em um programa de liderança ministrado pela minha orientadora do doutorado, Annie McKee. Passamos dois dias inteiros fazendo exercícios de definição de visão, desenvolvimento de liderança, discussões em pequenos grupos e muita autorreflexão profunda. Foi intenso! Nossa lição de casa foi criar uma visão detalhada para o nosso futuro, com base na nossa noção do nosso eu ideal. Mergulhei de corpo e alma no exercício, detalhando não apenas os objetivos profissionais e marcos pessoais que eu queria alcançar, mas também o tipo de estilo de vida que eu queria, como eu queria que o trabalho se encaixasse na minha vida, as contribuições que eu queria fazer e como eu queria ajudar as pessoas a se desenvolver. O exercício esclareceu o meu eu ideal e o que eu queria e me possibilitou criar um plano tático para chegar lá.

Pude assumir o controle do meu futuro, em vez de deixar a vida no piloto automático.

Mês após mês, ano após ano, segui esse plano e vi minha visão se concretizar. Terminei o doutorado, comecei a dar aulas, participei de grandes projetos de pesquisa e obtive minha certificação de coaching. De vez em quando, eu consultava aquele primeiro exercício de visão e me maravilhava ao ver como tudo estava se encaixando. Olhando para trás agora, posso ver que a teoria da mudança intencional foi meu maior impulsionador depois que comecei a me recuperar do burnout. Porque, daquele ponto em diante, todas as decisões importantes que tomei foram proativas, intencionais e deliberadas. Ter uma visão do meu eu ideal conferiu especificidade e urgência às minhas aspirações. Fiquei energizada para mudar e pude criar um plano para me manter no caminho certo e fazer a mudança acontecer. Marcou o início de uma vida totalmente consciente e totalmente desperta. No fim, me ajudou a buscar um trabalho significativo a serviço dos meus valores e do meu propósito mais elevado: oferecer experiências transformacionais que inspiram as pessoas a liderar com seus valores e incorporar seu propósito único – sem sacrificar a minha saúde física ou mental, nem meu tempo com a família e amigos.

E foi assim, meus caros, que, depois de anos de trabalho, finalmente adquiri a imunidade ao burnout.

O seu eu ideal e seu ambiente de trabalho

Agora é a sua vez. Como você quer que o trabalho se encaixe na sua vida e não o contrário? Como você pode realizar seus sonhos e alcançar os objetivos baseados no seu eu ideal e alinhados com os seus valores e propósito? Vamos começar com uma série de exercícios que ajudarão a esclarecer o seu eu ideal e o seu ambiente de trabalho ideal e, em seguida, juntaremos tudo em um exercício de visão que ajudará a reimaginar o seu melhor eu no trabalho. São exercícios mais extensos que exigem uma profunda autorreflexão, de modo que pode ser interessante dividi-los em sessões.

EXERCÍCIO 1: DETALHANDO O MEU EU IDEAL

O objetivo das perguntas a seguir é estimular a autorreflexão. Se você não se identificar com alguma delas, não tem problema ignorá-la e passar para a próxima. Vamos começar a visualizar o seu eu ideal. O eu ideal é o eu que você mais gostaria de ser, o eu dos seus "sonhos mais loucos". Pense grande e não se reprima! Permita-se imaginar como seria o seu melhor eu.

FÍSICO

- Imagine-se mais saudável, mais atraente e mais capaz. Quais condições estão contribuindo para atingir esse estado físico ideal?

EMOCIONAL

- Imagine-se mais feliz, mais centrado e mais confiante. Quais condições estão contribuindo para atingir esse estado emocional ideal?

SOCIAL/RELACIONAL

- Pense nas pessoas com quem você quer conviver na sua vida ideal. Você faz parte de um grande grupo de amigos ou de um círculo pequeno e unido?
- Você está em um relacionamento comprometido, solteiro e conhecendo pessoas ou curtindo a vida sozinho?
- O seu eu ideal tem filhos? Se sim, quantos?
- Como é a sua família? Com que frequência você interage com eles e como são essas interações?

- Qual é o seu equilíbrio ideal entre socializar e passar um tempo sozinho?

COMPORTAMENTAL

- Em quais tipos de atividades de lazer o seu eu ideal se engaja? Com que frequência?
- Se você pudesse criar seu cronograma ideal (horários dormindo/acordado, horas de trabalho por semana, tempo de descanso e lazer etc.), como seria?
- Você faz algum tipo de atividade voluntária? Se sim, descreva-a.

INTELECTUAL/CRIATIVO

- Em quais tipos de oportunidades de aprendizagem contínua o seu eu ideal está engajado? Pode ser qualquer coisa, desde educação formal até participar de um clube do livro ou ouvir palestras e webinars.
- Como você se vê compartilhando seu conhecimento, experiência, criatividade ou talento com os outros?

ESPIRITUAL/CONSTRUÇÃO DE SIGNIFICADO

- O seu eu ideal está engajado em alguma prática espiritual? Se sim, descreva-a.
- Você pertence a uma comunidade religiosa ou espiritual? Se sim, descreva-a.
- Você tem alguma prática espiritual, tradicional ou não, que o mantém centrado e conectado com um senso de algo maior do que você? Quais são essas práticas?
- Como você, como um dos meus clientes descreveu, "cria o seu próprio bem-estar espiritual"?

PROFISSIONAL

- Detalharemos o seu trabalho ideal no próximo exercício, mas vamos usar este exercício para sonhar alto. O que o seu eu ideal faz profissionalmente que concretiza seu propósito único? Complete a frase a seguir enquanto reflete e adapte-a como achar melhor: "Eu [forneço/crio/cataliso] [produtos/serviços/soluções] para [clientes/clientes/públicos] para que eles possam [resultado]".

Duas das minhas respostas favoritas que recebi de clientes são: "Eu crio aventuras mágicas e transformadoras para viajantes relutantes que sempre quiseram buscar o que os faz felizes" e a seguinte, baseada em uma carreira de sucesso: "Eu projetei, construí e dei de presente uma casa bonita e funcional para todas as pessoas em situação de rua de Los Angeles". Pode não ser realista, mas esse não é o ponto. Esse cliente visualizou seus desejos mais profundos em sua vida profissional ideal, e adivinha o que ele faz agora? Ele saiu do escritório de arquitetura onde trabalhava para entrar em uma ONG que constrói casas populares para pessoas e famílias de baixa renda e em situação de rua.

EXERCÍCIO 2: DETALHANDO O MEU AMBIENTE DE TRABALHO IDEAL

Agora que você visualizou o emprego dos seus sonhos, vamos ser mais específicos sobre o seu ambiente de trabalho ideal.

FÍSICO

- Vamos do menos ao mais específico. Para começar, em qual país você trabalha? (Tudo bem relacionar vários países e continentes!)

É na zona urbana, em uma cidade pequena, que tipo de bairro, é na zona rural etc.?
- No seu local específico, quais são as condições físicas ideais de trabalho? Por exemplo, o seu eu ideal trabalha em um escritório amplo e de layout aberto, em uma suíte executiva, em home office, ao ar livre, na estrada ou viajando pelo mundo? Você quer ir ao escritório todos os dias, ter horários flexíveis, trabalhar totalmente em home office ou ser um nômade digital?
- E como é a energia do seu ambiente de trabalho? Você trabalha em um ambiente movimentado e cheio de energia ou no conforto da sua casa? Ou em algum ponto entre esses dois extremos ou com um pouco dos dois?

SOCIAL/RELACIONAL

- Mais ou menos quantos colegas de trabalho você tem? Como eles são?
- Até que ponto você interage e colabora com eles quando está no escritório? Até que ponto, se for o caso, você interage com eles fora do trabalho?
- Como é a sua comunicação com os líderes? Se você for um líder, como se comunica com seus colegas de equipe e subordinados?

COMPORTAMENTAL

- Em termos de autonomia, flexibilidade e controle sobre seus processos de trabalho, quais são as condições ideais para a maneira como você faz seu trabalho?
- Qual é a sua política de férias e licenças remuneradas ideal?
- Quais são os seus limites entre o tempo de trabalho e o tempo livre? Na sua visão, como esses limites são respeitados?
- Até que ponto você está envolvido na tomada de decisões, na definição do cronograma ou no desenvolvimento de uma missão ou visão?

- De qual tipo de feedback você precisa para fazer seu melhor trabalho? Qual é a melhor maneira de receber esse feedback?

EMOCIONAL

- Quais são os limites emocionais que lhe permitem fazer o seu melhor trabalho e como esses limites são respeitados?
- Que recursos e salvaguardas existem para apoiar a sua saúde mental e emocional? Qual é a sua maneira ideal de acessá-los?
- Como a sua cultura de trabalho investe na sua saúde emocional e mental e a protege? Até que ponto as pessoas são abertas em relação à sua saúde emocional e mental? Quais tipos de apoio e recursos estão disponíveis para você?

VALORES

- Quais valores o inspiram e motivam a dar o melhor de si no trabalho?
- Como o seu ambiente de trabalho ideal permite que você coloque os seus valores em prática?
- Como os seus valores se alinham com a missão da sua organização?

RECOMPENSA

- Qual é a sua remuneração ideal? Pense em um número, mas não se restrinja ao salário. Você gostaria de ter uma participação na organização, por exemplo? Você quer ser o dono da empresa? Quer trabalhar como autônomo para maximizar sua flexibilidade? Quer fazer algo completamente diferente, como um sistema de escambo? Lembre-se de que essa é a hora de sonhar.
- Como você gostaria de ser reconhecido pelos seus esforços?
- Como você gostaria que as pessoas lhe agradecessem pelos seus esforços?

- Você gostaria de saber que está fazendo a diferença e sendo eficaz?

CRESCIMENTO E AVANÇO
- De quais tipos de treinamento, educação continuada, desenvolvimento profissional ou opções de mentoria você usufrui em seu ambiente de trabalho ideal?
- Quais tipos de oportunidades são oferecidas para promoções e avanço na carreira?
- No fim da sua vida profissional, em que ponto da carreira você gostaria de estar? O que você gostaria de ter realizado?

EXERCÍCIO 3: DEFININDO A SUA VISÃO: REIMAGINANDO O SEU IMPACTO

Usando toda a autorreflexão que você acabou de fazer, responda às seguintes perguntas sobre a experiência e o impacto que você quer ter por meio do trabalho:

1. Quando vou trabalhar, quero sentir _____.
2. No fim do dia de trabalho, quero sentir _____.
3. O impacto que causo com meu trabalho é _____.
4. As pessoas que se beneficiam do meu trabalho são _____.
5. Se eu pudesse realizar uma única coisa na minha vida, seria _____.
6. Quero ser lembrado por _____.

Ao refletir sobre as suas respostas, quais padrões surgem? Quais condições ajudarão a superar as circunstâncias atuais e a definir uma visão e um plano que fornecerão a energia necessária para alcançar o impacto que você deseja causar?

As coisas boas

Sei que joguei uma montanha de informações no seu colo e que não vai ser uma tarefa fácil, especialmente se você estiver no meio de um burnout ou em risco de burnout, ou se estiver em um processo de profunda autorreflexão ou talvez encarando algumas realidades dolorosas pela primeira vez. Mas pode acreditar que tudo vai valer a pena. Eu prometo! Não sou uma daquelas pessoas sortudas que nasceu com imunidade ao burnout e não sou exatamente famosa pela minha serenidade sob pressão. É por isso que, ainda hoje, depois de todos os avanços que fiz para me recuperar do burnout e curar minha relação com o trabalho, ainda me esforço todos os dias para desenvolver minhas habilidades de inteligência emocional. Em outras palavras, assumi o compromisso de melhorar continuamente a minha vida com base nos meus valores, no meu propósito e na minha visão do meu eu ideal. Todos os dias eu vejo essa pessoa com um pouco mais de clareza e, se alguma coisa no trabalho ameaça me afastar dessa versão mais saudável e feliz de mim mesma, eu digo não. Eu não quero viver assim, e você também não deveria. *Essa* é a grande recompensa de se recuperar do burnout, munir-se de ferramentas para se proteger do burnout ou simplesmente aprender maneiras melhores de gerenciar o estresse no trabalho. Você ficará livre para se concentrar nas coisas boas, nas coisas que dão sentido e valor à sua vida.

Gosto de lembrar do Estudo sobre o Desenvolvimento Adulto de Harvard e de como, depois de tantas décadas de pesquisa e de tantos milhões de dólares gastos, as conclusões do estudo se resumiram a verdades simples sobre amor, felicidade e relacionamentos positivos. Recentemente, o líder do estudo, Robert Waldinger, foi questionado sobre sua definição de "vida boa". Sua resposta foi surpreendentemente direta: "É me engajar em atividades que me interessam, com pessoas de quem eu gosto".[24]

Você está vivendo esse tipo de vida boa? Você está engajado em um trabalho significativo que lhe interessa, com colegas e clientes de quem você gosta? Quando está fora do trabalho, faz atividades agradáveis com as pessoas que ama? É para isso que nos empenhamos para melhorar. E agora temos os recursos físicos, mentais e emocionais para viver a vida que desejamos, aquela pela qual vale a pena nos curar. Uma vida que pode ser estressante às vezes, ou até mesmo na maior parte do tempo, mas que é gratificante, efetiva, impactante e, nos melhores dias, traz uma alegria autêntica a você e aos outros.

E essa, queridos leitores, é a minha esperança para cada um de vocês!

Agradecimentos

Verdade seja dita, eu não fazia ideia de que pesquisar e escrever um livro seria tão divertido. Como muitos dos meus amigos que fizeram doutorado, achei que nunca mais ia querer escrever depois da minha tese. Pelo jeito, não fui a única a ficar traumatizada depois de escrever a tese de doutorado – e posso dizer que não foi fácil! Eu também não sabia se seria capaz de desaprender a linguagem acadêmica que me empenhei tanto para desenvolver e escrever um livro sobre a minha pesquisa com um estilo que não botasse os leitores para dormir nos dois primeiros parágrafos. Mas, se tem algo que as minhas experiências de vida e minhas pesquisas me ensinaram, é que as coisas que somos capazes de fazer são diretamente afetadas pelos relacionamentos com os quais nos cercamos. O melhor exemplo disso é o relacionamento que desenvolvi com minha parceira de escrita, Catherine Knepper. Posso dizer com todas as letras que tanto este livro quanto a minha vida são imensamente melhores com a presença dela. Desde o instante em que nos conhecemos, eu soube que Catherine mudaria tudo. Ela tem um estranho talento de saber o que eu quero dizer e como quero dizer, muitas vezes antes de eu mesma saber. Ela me ajudou a encontrar minha voz e colocá-la em palavras e me incentivou a ser vulnerável, mesmo quando parecia constrangedor e desconfortável. Ela não apenas me salvou de algumas péssimas ideias como também contribuiu com sua incrível inteligência e criatividade para o texto. Sou imensamente grata por sua amizade e suas enormes contribuições para este livro e não vejo a hora de trabalharmos juntas em projetos futuros.

Também gostaria de agradecer a várias outras pessoas que contribuíram para este livro e foram (e continuam a ser) importantes fontes de resiliência.

Minha agente literária, Jill Marsal, da Marsal Lyon Literary Agency, acreditou neste projeto desde o início. Eu soube que o projeto se concretizaria quando ela concordou em me aceitar como cliente. Sua orientação e incentivo durante todo o processo foram inestimáveis.

Minhas editoras da HarperCollins – Kirby Sandmeyer e Hollis Heimbouch – sacaram imediatamente a minha visão e viram o potencial deste projeto. Elas também viram maneiras pelas quais este livro terá um impacto que vai muito além dos meus sonhos mais loucos. Sou grata a elas por validarem minha visão e ideias, e pela excelência editorial da qual imbuíram este livro.

Minha equipe de relações públicas da Fortier PR – Mark Fortier e Mallory Campoli – entrou com a expertise e o conhecimento necessários para maximizar a visibilidade e o impacto deste livro. Sou especialmente grata ao conselho de Mark sobre o título do livro, que traduz com precisão e autenticidade a essência das descobertas da minha pesquisa.

Quando escrevi a seção sobre conexões significativas no Capítulo 5, tive muitas pessoas em mente.

Minha família – Erick, Spencer, Colsen e Sawyer Hernandez – sempre me lembra que uma vida estressante é uma vida significativa. Sacrifiquei muito do tempo que poderia ter passado com eles para poder me concentrar na pesquisa e na escrita deste livro e eles nunca me fizeram me sentir culpada por isso. Eles se interessaram pelo meu trabalho e me deram a paciência e o espaço dos quais eu precisei para me concentrar em fazer o que amo. Significa muito para mim ver os meninos crescerem e se tornarem os exemplos de resiliência que eu e Erick acreditamos que eles serão.

Meu pai, Robert Wiens, é o melhor exemplo de resiliência que já conheci. Acredito que foi seu exemplo que instigou meu interesse pela literatura sobre a resiliência. Suas experiências de vida teriam resultado em consequências terríveis para a maioria das pessoas, mas sua força mental e estabilidade emocional salvaram sua vida (e provavelmente a minha também). Tenho um orgulho enorme de ser sua filha e sou imensamente grata por sua presença em minha vida.

Minha madrasta, Cindy Wiens, demonstra um enorme interesse pelo meu trabalho. Seu apoio e incentivo ao longo do caminho foram uma grande fonte de inspiração em alguns dos dias mais difíceis.

Minha irmã, Jodi Fellman, é a minha maior incentivadora. Em momentos de dúvida sobre a minha capacidade ou sobrecarga durante o processo de escrita deste livro, suas mensagens diárias me deram exatamente o que eu precisava para recalibrar e recuperar meu foco. E, quando parecia que a casa ia cair, ela fazia uma chamada de vídeo para me mostrar seus últimos passos de dança, uma maneira infalível de me ajudar a colocar as coisas de volta em perspectiva.

Meu bom amigo Darin Rowell me lembra continuamente de que o desempenho ideal e a resiliência referem-se aos relacionamentos. Nos últimos dez anos, ele me ajudou a esclarecer meus valores e objetivos e agir de acordo com eles. E, ao longo de todo o nosso programa de doutorado, bem como durante a escrita deste livro, ele me deu o apoio e o incentivo dos quais eu precisava para dar tudo de mim na pesquisa e na escrita, ao mesmo tempo que mantinha alta a minha imunidade ao burnout. Também sou especialmente grata a ele por ter lido os primeiros manuscritos, por me ajudar a criar alguns exercícios e por me ajudar a adaptar minha pesquisa para um formato adequado à publicação em coautoria de vários artigos na *Harvard Business Review*.

Eu não conseguiria chegar ao fim desta jornada sem o apoio da minha equipe na Universidade da Pensilvânia – Don Boyer, Anna Weiss,

Jay Mehta, J. P. Orlando, Nyssa Levy, Jessica Hall e April Coleman. Sou grata por todo o apoio e incentivo, que têm sido os principais antídotos para o meu estresse.

Meus mentores, Annie McKee e Nigel Paine, me ensinaram o que significa ser uma acadêmica e uma profissional com um profundo interesse em examinar as experiências vividas pelos participantes da pesquisa. Em nossas muitas conversas pessoais e em suas aulas, eles alimentaram minha paixão e curiosidade sobre o que é necessário para ser um líder eficaz no exigente mundo de hoje. Eles me ensinaram sobre a autocompaixão, uma conexão profunda com um propósito nobre e um compromisso com nunca parar de aprender.

Minhas colegas e mentoras de pesquisa, Dana Kaminstein e Sharon Ravitch, me ajudaram a cultivar a mentalidade de uma pesquisadora e a desenvolver as habilidades necessárias para conduzir rigorosas pesquisas acadêmicas. Muito antes de saber da existência da pesquisa qualitativa, eu já tinha uma grande curiosidade sobre as experiências de vida das pessoas. Mas foi só depois de aprender métodos de pesquisa com Dana e Sharon que consegui mudar para uma identidade de acadêmica e profissional.

Meus amigos Gretchen Schmelzer e Peter Loper sempre estiveram dispostos a conversar comigo sobre tudo o que diz respeito ao desenvolvimento humano saudável. Espero que as lições que aprendi com eles estejam representadas com precisão nestas páginas. Eles também leram os primeiros manuscritos e me ajudaram a pensar em alguns exercícios.

Meus alunos de doutorado e mestrado na Universidade da Pensilvânia, meus clientes de coaching e os participantes dos meus workshops me forneceram o laboratório perfeito para testar muitas das questões de reflexão e exercícios encontrados neste livro.

Por fim, e talvez o mais importante, eu gostaria de agradecer às centenas de pessoas que participaram dos meus projetos de pesquisa. Sou extremamente grata pela disposição de compartilhar suas histórias e seu tempo comigo.

Avaliação do risco de burnout

Uma das primeiras e mais importantes medidas para se proteger do burnout é se conscientizar do seu nível de risco. Responda às perguntas a seguir e calcule a sua pontuação no fim somando os números entre parênteses.

 Se preferir uma versão digital, acesse a avaliação usando o QR Code ao lado.

Meu nível de estresse nos últimos três meses foi...
- ☐ Muito leve (1)
- ☐ Tolerável (2)
- ☐ Difícil (3)
- ☐ Grave (4)
- ☐ O pior possível (5)

Concentro minha energia nas coisas que posso controlar.
☐ Discordo totalmente (5)
☐ Discordo (4)
☐ Neutro (3)
☐ Concordo (2)
☐ Concordo totalmente (1)

Não vejo problema em pedir ajuda às pessoas quando estou estressado.
☐ Discordo totalmente (5)
☐ Discordo (4)
☐ Neutro (3)
☐ Concordo (2)
☐ Concordo totalmente (1)

Estou tendo muitos conflitos com pessoas no trabalho.
☐ Discordo totalmente (1)
☐ Discordo (2)
☐ Neutro (3)
☐ Concordo (4)
☐ Concordo totalmente (5)

Vejo os estressores como problemas que podem ser resolvidos.
☐ Discordo totalmente (5)
☐ Discordo (4)
☐ Neutro (3)
☐ Concordo (2)
☐ Concordo totalmente (1)

Minha cultura de trabalho parece tóxica.
☐ Discordo totalmente (1)
☐ Discordo (2)

☐ Neutro (3)
☐ Concordo (4)
☐ Concordo totalmente (5)

Passo mais tempo no trabalho e estou dando mais duro no trabalho do que gostaria.
☐ Discordo totalmente (1)
☐ Discordo (2)
☐ Neutro (3)
☐ Concordo (4)
☐ Concordo totalmente (5)

Sou muito mais do que o meu trabalho.
☐ Discordo totalmente (5)
☐ Discordo (4)
☐ Neutro (3)
☐ Concordo (2)
☐ Concordo totalmente (1)

Meu nível de estresse não parece sustentável.
☐ Discordo totalmente (1)
☐ Discordo (2)
☐ Neutro (3)
☐ Concordo (4)
☐ Concordo totalmente (5)

Nos últimos três meses, pensei em deixar meu emprego.
☐ Discordo totalmente (1)
☐ Discordo (2)
☐ Neutro (3)
☐ Concordo (4)
☐ Concordo totalmente (5)

Tenho o apoio necessário para ser eficaz no trabalho.
☐ Discordo totalmente (5)
☐ Discordo (4)
☐ Neutro (3)
☐ Concordo (2)
☐ Concordo totalmente (1)

No presente momento, posso dizer que a minha atitude em relação ao trabalho não é boa.
☐ Discordo totalmente (1)
☐ Discordo (2)
☐ Neutro (3)
☐ Concordo (4)
☐ Concordo totalmente (5)

Estou emocionalmente exausto no fim de um dia de trabalho.
☐ Discordo totalmente (1)
☐ Discordo (2)
☐ Neutro (3)
☐ Concordo (4)
☐ Concordo totalmente (5)

Tenho um senso de propósito em meu trabalho.
☐ Discordo totalmente (5)
☐ Discordo (4)
☐ Neutro (3)
☐ Concordo (2)
☐ Concordo totalmente (1)

Sinto que sou bom no que faço no trabalho.
☐ Discordo totalmente (5)
☐ Discordo (4)

☐ Neutro (3)
☐ Concordo (2)
☐ Concordo totalmente (1)

Tenho dificuldade em dizer "não".
☐ Discordo totalmente (1)
☐ Discordo (2)
☐ Neutro (3)
☐ Concordo (4)
☐ Concordo totalmente (5)

Sempre arranjo um tempo para as pessoas e/ou coisas que amo fora do trabalho, mesmo quando estou muito ocupado.
☐ Discordo totalmente (5)
☐ Discordo (4)
☐ Neutro (3)
☐ Concordo (2)
☐ Concordo totalmente (1)

Quando estou muito estressado, me concentro no impacto positivo que posso causar no que acontece a seguir.
☐ Discordo totalmente (5)
☐ Discordo (4)
☐ Neutro (3)
☐ Concordo (2)
☐ Concordo totalmente (1)

Estou fazendo muitos sacrifícios pessoais pelo trabalho agora.
☐ Discordo totalmente (1)
☐ Discordo (2)
☐ Neutro (3)

☐ Concordo (4)
☐ Concordo totalmente (5)

Eu me concentro no que é mais importante para mim na vida.
☐ Discordo totalmente (5)
☐ Discordo (4)
☐ Neutro (3)
☐ Concordo (2)
☐ Concordo totalmente (1)

Resultados

20-40 pontos = Baixo risco

Seu nível de estresse provavelmente está em um ponto que você pode gerenciar razoavelmente com seu sistema de suporte atual. Você pode sentir que seu trabalho e sua vida estão em harmonia e em geral tem muita energia para fazer as coisas. Você também pode estar sendo capaz de definir e manter limites. Para manter suas habilidades de resiliência, reflita sobre as mentalidades, os comportamentos e as pessoas que o apoiam. Quando for entrar em um projeto difícil ou em um período agitado no trabalho, recorra a esses apoios e reforce suas práticas de autocuidado. Se mantiver seus hábitos saudáveis, poderá evitar o burnout.

41-70 pontos = Risco moderado

Você pode sentir-se exaurido e estafado em alguns dias e energizado e engajado em outros. Você se sente menos criativo, inovador, colaborativo ou flexível em relação às mudanças no trabalho? Sente que está trabalhando mais, mas está sendo menos eficaz do que o normal? Às vezes acontece de você se sentir apático, sobrecarregado ou pensa em fugir da situação?

Não entre em pânico! Um risco moderado de burnout não significa necessariamente que a sua situação é desesperadora. Na verdade, saber em que ponto você está na escala de risco de burnout é um importante primeiro passo para fazer algumas mudanças. É hora de identificar os gatilhos no trabalho que estão aumentando o seu estresse e analisar os padrões de pensamento e comportamento que podem estar contribuindo para o estresse.

Em seguida, preste muita atenção em quando e onde você se sente estressado ou ansioso com mais frequência. O que você pode notar sobre os seus gatilhos de estresse – eles estão ligados a determinados horários do dia, pessoas, atividades ou experiências? Reflita sobre como esses sentimentos e pensamentos afetam diferentes aspectos da sua vida. Como o estresse crescente está afetando sua capacidade de aprender coisas novas, seus relacionamentos, seu desempenho no trabalho e em casa e sua saúde física e psicológica? Monitorar com atenção como você se sente no decorrer do dia no trabalho e como você responde ao estresse será fundamental para mitigar o risco de burnout.

Por fim, mantenha o foco no impacto positivo que você pode causar, mesmo quando as coisas estiverem muito difíceis. Seja gentil e paciente consigo mesmo e com os outros quando erros forem cometidos. E não se esqueça da sensação de passar um tempo com as pessoas e/ou coisas que você ama fora do trabalho! Engajar-se em conexões e atividades significativas fora do trabalho é um dos melhores antídotos contra o burnout.

71-100 pontos = Alto risco

Você pode sentir que perdeu a energia, o entusiasmo e a confiança. O burnout pode vir em muitas formas diferentes e ter vários efeitos, dependendo da pessoa. Doenças, desesperança, impaciência, irritabilidade, declínio no desempenho no trabalho ou na qualidade dos relacionamentos e um sentimento de apatia ou indiferença em relação ao trabalho são sinais de burnout. Seja como for, saiba que o burnout não é sua culpa e é reversível.

Você pode começar examinando as questões organizacionais que estão causando o estresse. Quais estão sob o seu controle e podem ser alteradas? Quais você não tem como controlar? Os estressores que estão fora do nosso controle tendem a nos deixar emocionalmente exaustos e aumentar o risco de burnout. Intensifique suas práticas de autocuidado e saia de férias ou tire uma licença. Procure a ajuda de amigos, familiares, mentores, colegas, chefes, grupos de apoio de funcionários ou programas de bem-estar oferecidos pela sua organização, um coach executivo ou um terapeuta.

Notas

Capítulo 1. Liberte-se do burnout

1. GOLEMAN, Daniel. *Emotional Intelligence:* Why It Can Matter More Than IQ. Nova York: Bantam Books, 1995.

2. Departmental News, "Burn-out an 'occupational phenomenon': International Classification of Diseases". *Organização Mundial da Saúde*, 28 maio 2019. Disponível em: https://www.who.int/news/item/28-05--2019-burn-out-an-occupational-phenomenon-international-classification-of-diseases. Acesso em: 25 jun. 2024.

3. GOLEMAN, Daniel; BOYATZIS, Richard E. "Emotional Intelligence Has 12 Elements. Which Do You Need to Work On?". *Harvard Business Review*, 6 fev. 2017. Disponível em: https://hbr.org/2017/02/emotional-intelligence-has-12-elements-which-do-you-need-to-work-on. Acesso em: 25 jun. 2024.

4. ALLISON, Carmen. "Intense Workplace Pressure: Exploring the Causes and Intrapersonal Effects of Pressure on Executive Leaders".

Dissertação de doutorado, University of Pennsylvania, 2023. Disponível em: https://www.proquest.com/docview/2811838428. Acesso em: 13 jul. 2024.

5. "Asana Anatomy of Work Index 2022: Work About Work Hampering Organizational Agility". *Asana*, 5 abr. 2022, https://investors.asana.com/news/news-details/2022/Asana-Anatomy-of-Work-Index-2022-Work-About-Work-Hampering-Organizational-Agility/default.aspx.

Capítulo 2. Estudo de caso: VOCÊ

1. EURICH, Tasha. "What Self-Awareness Really Is (And How to Cultivate It)". *Harvard Business Review*, 4 jan. 2018. Disponível em: https://hbr.org/2018/01/what-self-awareness-really-is-and-how-to-cultivate-it. Acesso em: 13 jul. 2024.

2. LANDRY, Lauren. "Why Emotional Intelligence Is Important in Leadership". *Business Insights* (blog), 3 abr. 2019. Disponível em: https://online.hbs.edu/blog/post/emotional-intelligence-in-leadership#:~:text=Leaders%20who%20excel%20in%20social,more%20effectively%20with%20their%20peers. Acesso em: 13 jul. 2024.

3. EURICH, Tasha. "Working with People Who Aren't Self-Aware". *Harvard Business Review*, 19 out. 2018. Disponível em: https://hbr.org/2018/10/working-with-people-who-arent-self-aware. Acesso em: 13 jul. 2024.

4. Ibid.

5. Esses resultados são baseados em avaliações de múltiplas fontes sobre 85 clientes.

6. SEGAL, Edward. "New Surveys Show Burnout Is an International Crisis". *Forbes*, 15 out. 2022, Disponível em: https://www.forbes.com/sites/edwardsegal/2022/10/15/surveys-show-burnout-is-an-international-crisis/?sh=5343e2867cf7. Acesso em: 13 jul. 2024.

7. LEITER, Michael P.; MASLACH, Christina. *The Truth About Burnout: How Organizations Cause Personal Stress and What to Do About It*. San Francisco: Jossey-Bass Inc., 1997. p. 21.

8. "Understanding Job Burnout", *IT Revolution*, 18 fev. 2019. Disponível em: https://itrevolution.com/understanding-job-burnout-christina-maslach/. Acesso em: 13 jul. 2024.

9. Ibid.

10. LEITER, Michael; MASLACH, Christina. "Six Areas of Worklife: A Model of the Organizational Context of Burnout". *Journal of Health and Human Services Administration*, v. 21, 1999, p. 472–89.

11. Ibid.

12. Axonify, "Axonify Releases Annual Global State of Frontline Work Experience Study". *PR Newswire*, 14 out. 2021. Disponível em: https://www.prnewswire.com/news-releases/axonify-releases-annual-global-state-of-frontline-work-experience-study-301399564.html. Acesso em: 13 jul. 2024.

13. LEITER; MASLACH. "Six Areas of Worklife".

14. "The U.S. Surgeon General's Framework for Workplace Mental Health & Well-Being". *Office of the U.S. Surgeon General*, 2022. Disponível em: https://www.hhs.gov/sites/default/files/workplace-mental-health-well-being.pdf. Acesso em: 13 jul. 2024.

15. Ibid., p. 25.

16. Ibid., p. 26.

17. LEITER; MASLACH, "Six Areas of Worklife".

18. Ibid.

19. WIGERT, Ben; AGRAWAL, Sangeeta. "Employe Burnout, Part 1: The 5 Main Causes". *Gallup*, 12 jul. 2018. Disponível em: https://www.gallup.com/workplace/237059/employee-burnout-part-main-causes.aspx. Acesso em: 13 jul. 2024.

20. LEITER; MASLACH. "Six Areas of Worklife".

21. TULSHYAN, Ruchika. "The Psychological Toll of Being the Only Woman of Color at Work". *Harvard Business Review*, 20 set. 2022. Disponível em: https://hbr.org/2022/09/the-psychological-toll-of-being-the-only-woman-of-color-at-work?utm_medium=email&utm_source=newsletter_daily&utm_campaign=dailyalert_notactsubs&deliveryName=DM217219. Acesso em: 13 jul. 2024.

22. HOUSMAN, Michael; MINOR, Dylan. "Toxic Workers" (Documento de trabalho 16-057). Harvard Business School, 2015. Disponível em: https://www.hbs.edu/ris/Publication%20Files/16-057_d45c0b4f-fa19-49de-8f1b-4b12fe054fea.pdf. Acesso em: 13 jul. 2024.

23. GALLO, Amy. "How to Manage a Toxic Employee". *Harvard Business Review*, 3 out. 2016, Disponível em: https://hbr.org/2016/10/how-to-manage-a-toxic-employee. Acesso em: 13 jul. 2024.

24. BRASSEY, Jacqueline; COE, Erica; DEWHURST, Martin; ENOMOTO, Kana; JEFFREY, Barbara; GIAROLA, Renata; HERBIG, Brad. "Addressing Employee Burnout: Are You Solving the Right Problem?". *McKinsey & Company*, 7 out. 2022, Disponível em: https://www.

mckinsey.com/mhi/our-insights/addressing-employee-burnout-are-you-solving-the-right-problem. Acesso em: 13 jul. 2024.

25. HOUSMAN; MINOR. "Toxic Workers".

26. BONNESEN, Lærke; PIHL-THINGVAD, Signe; WINTER, Vera. "The Contagious Leader: A Panel Study on Occupational Stress Transfer in a Large Danish Municipality". *BMC Public Health*, v. 22, n. 1874, 2022. Disponível em: https://doi.org/10.1186/s12889-022-14179-5. Acesso em: 13 jul. 2024.

27. BARSADE, Sigal G. "The Ripple Effect: Emotional Contagion and Its Influence on Group Behavior". *Administrative Science Quarterly*, v. 47, n. 4, 2002, p. 644-675. Disponível em: http://dx.doi.org/10.2307/3094912. Acesso em: 13 jul. 2024.

28. PRICE, Devon. "Burnout contagion: Managing and reducing socially-transmitted burnout". *CQ Net*, 25 abr. 2018. Disponível em: https://www.ckju.net/en/dossier/burnout-contagion-managing-and-reducing-socially-transmitted-burnout. Acesso em: 13 jul. 2024.

29. BARSADE, Sigal. "Emotional Contagion", *Wharton@Work* (newsletter). Disponível em: https://executiveeducation.wharton.upenn.edu/wp-content/uploads/2018/03/1102-Emotional-Contagion.pdf. Acesso em: 13 jul. 2024.

30. COELHO, Steph. What Is the Difference Between Temperament and Personality? *PsychCentral*, 20 maio 2022. Disponível em: https://psychcentral.com/health/temperament-and-personality#temperaments-influence. Acesso em: 13 jul. 2024.

31. GRAHAM, Linda. *Bouncing Back: Rewiring Your Brain for Maximum Resilience and Well-Being*. Novato: New World Library, 2013, p. 4, 11.

32. Ibid., p. 4.

33. Ibid., p. XXV.

34. Ibid., p. 5.

35. "Fast Facts: Preventing Adverse Childhod Experiences". *Centers for Disease Control and Prevention*, última revisão em 29 jun. 2023. Disponível em: https://www.cdc.gov/violenceprevention/aces/fastfact.html. Acesso em: 13 jul. 2024.

36. CHU, Brianna; MARWAHA, Komal; SANVICTORES, Terrence; AWOSIKA, Ayoola O.; AYERS, Derek. Physiology, Stress Reaction. *StatPearls*, jan. 2024. Disponível em: https://www.ncbi.nlm.nih.gov/books/NBK541120/. Acesso em: 13 jul. 2024.

37. "ACEs and Toxic Stress: Frequently Asked Questions", *Center on the Developing Child*. Disponível em: https://developingchild.harvard.edu/resources/aces-and-toxic-stress-frequently-asked-questions/. Acesso em: 13 jul. 2024.

38. NELSON, Charles A. et al., "Adversity in Childhood Is Linked to Mental and Physical Health Throughout Life", *BMJ*, 28 out. 2020. Disponível em: https://www.bmj.com/content/371/bmj.m3048. Acesso em: 13 jul. 2024.

39. METZLER, Marilyn; MERRICK, Melissa T.; KLEVENS, Joanne; PORTS Katie A.; FORD, Derek C. "Adverse Childhood Experiences and Life Opportunities: Shifting the Narrative". *Children and Youth Services Review*, v. 72, 2017, p. 141-149, Disponível em: https://doi.org/10.1016/j.childyouth.2016.10.021. Acesso em: 13 jul. 2024.

40. YELLOWLEES, Peter et al. "The Association Between Adverse Childhood Experiences and Burnout in a Regional Sample of Physicians".

Acad Psychiatry, v. 45, n. 2, abr. 2021, p. 159-163. Disponível em: https://pubmed.ncbi.nlm.nih.gov/33409937/. Acesso em: 13 jul. 2024.

41. MCKEE-LOPEZ, Gloria; ROBBINS, Leslie; PROVENCIO-VASQUEZ, Elias; OLVERA, Hector. "The Relationship of Childhood Adversity on Burnout and Depression Among BSN Students". *Journal of Professional Nursing*, v. 35, n. 2, 2019, p. 112-119. Disponível em: https://doi.org/10.1016/j.profnurs.2018.09.008. Acesso em: 13 jul. 2024.

42. BROWN, Eric M.; CARLISLE, Kristy L.; BURGESS, Melanie; CLARK, Jacob; HUTCHEON, Ariel. "Adverse and Positive Childhood Experiences of Clinical Mental Health Counselors as Predictors of Compassion Satisfaction, Burnout, and Secondary Traumatic Stress". *Professional Counselor*, v. 12, n. 1, 7 fev. 2022, p. 49-64. Disponível em: https://doi.org/10.15241/emb.12.1.49. Acesso em: 13 jul. 2024.

43. CROUCH, Elizabeth; RADCLIFF, Elizabeth; STROMPOLIS, Melissa; SRIVASTAV, Aditi. "Safe, Stable, and Nurtured: Protective Factors Against Poor Physical and Mental Health Outcomes Following Exposure to Adverse Childhood Experiences (ACEs)". *Journal of Child & Adolescent Trauma*, v. 12, n. 2, 25 maio 2018, p. 165-173. Disponível em: https://doi.org/10.1007/s40653-018-0217-9. Acesso em: 13 jul. 2024. Ênfase minha.

44. MICHEL, Alexandra. "Embodying the Market: The Emergence of the Body Entrepreneur". *Administrative Science Quarterly*, v. 68, n. 1, mar. 2023, p. 44-96. Disponível em: https://doi.org/10.1177/00018392221135606. Acesso em: 13 jul. 2024.

45. GRAHAM. *Bouncing Back*, p. XXV-XXVI.

46. Dr. LOPER, Peter. Entrevista com a autora, 7 out. 2022.

47. VARGHESE, Lebena S.; ROGERS, Arielle P.; FINKELSTEIN, Lisa; BARBER, Larissa K. "Examining Mentors as Buffers of Burnout for Employees High in Neuroticism". *Human Resource Development Quarterly*, v. 31, n. 3, 2020, p. 281-300. Disponível em: https://doi.org/10.1002/hrdq.21390. Acesso em: 13 jul. 2024.

48. GRUSNICK, Jessica M.; GARACCI, Emma; EILER, Christian.; WILLIAMS, Joni S.; EGEDE, Leonard E. "The Association Between Adverse Childhood Experiences and Personality, Emotions and Affect: Does Number and Type of Experiences Matter?". *Journal of Research in Personality*, v. 85, abr. 2020, p. 103908. Disponível em: https://pubmed.ncbi.nlm.nih.gov/32863469/. Acesso em: 13 jul. 2024.

49. HOPPER, Elizabeth. "Understanding Self-Efficacy". *ThoughtCo.*, 11 ago. 2021. Disponível em: https://www.thoughtco.com/self-efficacy-4177970. Acesso em: 13 jul. 2024.

Capítulo 3. Faça bom uso do seu estresse

1. "Understanding the Stress Response". *Harvard Health*, 6 jul. 2020. Disponível em: https://www.health.harvard.edu/staying-healthy/understanding-the-stress-response. Acesso em: 9 jan. 2023.

2. GREENBERG, Melanie. *The Stress-Proof Brain: Master Your Emotional Response to Stress Using Mindfulness and Neuroplasticity*. Oakland: New Harbinger, 2016, p. 21.

3. DAVIS, Paula. "What Is Your Stress Response Style?". *Psychology Today*, 17 ago. 2018. Disponível em: https://www.psychologytoday.com/us/blog/pressure-proof/201808/what-is-your-stress-response-style. Acesso em: 10 jan. 2023.

4. MCGONIGAL, Kelly. *The Upside of Stress:* Why Stress Is Good for You, and How to Get Good at It. Nova York: Avery, 2016.

5. Ibid., p. 109.

6. Ibid., p. 113.

7. Ibid.

8. TAYLOR S. E. et al., "Biobehavioral Responses to Stress in Females: Tend-and-Befriend, Not Fight-or-Flight". *Psychological Review*, v. 107, n. 3, 2000, p. 411-429. Disponível em: https://doi.org/10.1037/0033-295X.107.3.411. Acesso em: 15 jul. 2024.

9. MCGONIGAL, *The Upside of Stress*, p. 137.

10. Ibid.

11. Ibid.

12. Ibid., p. 139.

13. MATTSON, Mark P. "Hormesis Defined". *Ageing Research Reviews*, v. 7, n. 1 (jan. 2008): 1–7. Disponível em: https://pubmed.ncbi.nlm.nih.gov/18162444/. Acesso em: 13 jul. 2024.

14. OSHRI, Assaf et al., "Low-to-Moderate Level of Perceived Stress Strengthens Working Memory: Testing the Hormesis Hypothesis Through Neural Activation". *ScienceDirect*, 5 nov. 2022. Disponível em: https://doi.org/10.1016/j.neuropsychologia.2022.108354. Acesso em: 13 jul. 2024.

15. GRAHAM, Linda; HANSON, Rick. *Bouncing Back:* Rewiring Your Brain for Maximum Resilience and Well-Being. Novato: New World Library, 2013. p. 191.

16. Ibid., 194.

17. Ibid., 201.

18. Ibid., 207.

19. Ibid., 206–7.

20. Ibid., 196.

21. Ibid., 210–12.

22. MACCORMICK, Holly. "How Stress Affects Your Brain and How to Reverse It". *Scope* (blog), Stanford University School of Medicine, 7 out. 2020. Disponível em: https://scopeblog.stanford.edu/2020/10/07/how-stress-affects-your-brain-and-how-to-reverse-it/. Acesso em: 16 jan. 2023.

23. WEIR, Kirsten. "Nurtured by Nature". Monitor on Psychology. *American Psychological Association*, 1 abr. 2020, Disponível em: https://www.apa.org/monitor/2020/04/nurtured-nature. Acesso em: 16 jan. 2023.

24. GRAČANIN, Asmir; BYLSMA, Lauren M.; VINGERHOETS, Ad J. "Is Crying a Self-Soothing Behavior?". *Frontiers in Psychology*, v. 5, n. 502, 28 maio 2014. Disponível em: https://loop.frontiersin.org/people/63476/overview. Acesso em: 13 jul. 2024.

25. RICHO, David. *Triggers:* How We Can Stop Reacting and Start Healing. Boulder: Shambhala, 2019, p. 1.

26. GRADY, Anne. "Handle Your Stress Better by Knowing What Causes It". *Harvard Business Review*, 21 jun. 2017. Disponível em: https://hbr.org/2017/06/handle-your-stress-better-by-knowing-what-causes-it. Acesso em: 15 jul. 2024.

27. ROSATI, Juliana. "Facing the Moment: Professor Howard Stevenson on Managing Racial Conflict Through Racial Literacy". *Penn GSE*, 14 abr. 2016. Disponível em: https://www.gse.upenn.edu/news/facing-moment-professor-howard-stevenson-managing-racial-conflict-through-racial-literacy. Acesso em: 9 jan. 2023.

Capítulo 4. O poder e a promessa da regulação do estresse

1. BROWN, Brené. *Atlas of the Heart:* Mapping Meaningful Connection and the Language of Human Experience. Nova York: Random House, 2021, p. 6-7.

2. SPEER, Megan; DELGADO, Mauricio. "Reminiscing About Positive Memories Buffers Acute Stress Responses". *Nature Human Behavior*, v. 1, n. 0093, 2017. Disponível em: https://doi.org/10.1038/s41562-017-0093. Acesso em: 15 jul. 2024.

3. SCHMELZER, Gretchen. "In Praise of Distraction", 19 jan. 2023. Disponível em: http://gretchenschmelzer.com/blog-1/2015/2/5/in-praise-of-distraction. Acesso em: 13 jul. 2024.

4. THOMAS, Susan Jennifer; LARKIN, Theresa. "Cognitive Distortions in Relation to Plasma Cortisol and Oxytocin Levels in Major Depressive Disorder". *Frontiers in Psychiatry*, v. 10, 2020. Disponível em: https://doi.org/10.3389/fpsyt.2019.00971. Acesso em: 15 jul. 2024.

5. NEFF, Kristin. "Why We Need to Have Compassion for Our Inner Critic". *Self-Compassion*. Disponível em: https://self-compassion.org/why-we-need-to-have-compassion-for-our-inner-critic/. Acesso em: 27 dez. 2022.

6. NEFF, Kristin. "The Physiology of Self-Compassion". *Self-Compassion*. Disponível em: https://self-compassion.org/the-physiology-of-self-compassion/. Acesso em: 26 dez. 2022.

7. MOORE, Catherine. "How to Practice Self-Compassion: 8 Techniques and Tips". *PositivePsychology.com*, 2 jun. 2019. Disponível em: https://positivepsychology.com/how-to-practice-self-compassion/. Acesso em: 27 jan. 2023.

8. Ibid.

9. NEFF, Kristin. "Exercise 2: Self-Compassion Break". *Self-Compassion*, 13 dez. 2015. Disponível em: https://self-compassion.org/exercise-2-self-compassion-break/. Acesso em: 27 jan. 2023.

10. FORD, Brett Q.; LAM, Phoebe; JOHN Oliver P.; MAUSS, Iris B. "The Psychological Health Benefits of Accepting Negative Emotions and Thoughts: Laboratory, Diary, and Longitudinal Evidence". *Journal of Personality and Social Psychology*, v. 115, n. 6, 2018. Disponível em: https://pubmed.ncbi.nlm.nih.gov/28703602/. Acesso em: 15 jul. 2024.

11. "ICF, the Gold Standard in Coaching: Read About ICF". *International Coaching Federation*, 18 ago. 2022, Disponível em: https://coachingfederation.org/about. Acesso em: 30 jan. 2023.

12. GAZELLE, Gail; LIEBSCHUTZ, Jane M.; RIESS, Helen. "Physician Burnout: Coaching a Way Out". *Journal of General Internal Medicine*, U.S. National Library of Medicine, 20 dez. 2014. Disponível em: https://pubmed.ncbi.nlm.nih.gov/25527340/. Acesso em: 30 jan. 2023.

13. BITTINGER, Chris. "The Influence of Executive Coaching on Executive Leaders' Ability to Manage Stress and Mitigate Burnout". Dissertação de doutorado, University of Pennsylvania, 2023.

Capítulo 5. Propósito, pessoas e valores

1. DHINGRA; Naina SAMO, Andrew; SCHANINGER, Bill; SCHRIMPER, Matt. "Help Your Employees Find Purpose – or Watch Them Leave". *McKinsey & Company*, 5 abr. 2021. Disponível em: https://www.mckinsey.com/capabilities/people-and-organizational-performance/our-insights/help-your-employees-find-purpose-or-watch-them-leave. Acesso em: 7 mar. 2023.

2. ACHOR, Shawn; REECE, Andrew; KELLERMAN, Gabriella Rosen; ROBICHAUX, Alexi. "9 Out of 10 People Are Willing to Earn Less Money to Do More-Meaningful Work". *Harvard Business Review*, 6 nov. 2018. Disponível em: https://hbr.org/2018/11/9-out-of-10-people-are-willing-to-earn-less-money-to-do-more-meaningful-work. Acesso em: 6 mar. 2023.

3. DHINGRA et al., "Help Your Employees Find Purpose".

4. ACHOR et al., "9 Out of 10 People".

5. "The U.S. Surgeon General's Framework for Workplace Mental Health & Well-Being". *Office of the U.S. Surgeon General*, 2022. p. 26. Disponível em: https://www.hhs.gov/sites/default/files/workplace-mental-health-well-being.pdf. Acesso em: 15 jul. 2024.

6. DHINGRA et al., "Help Your Employees Find Purpose".

7. SCHMELZER, Gretchen "One True Thing", nov. 6, 2022. Disponível em: http://gretchenschmelzer.com/blog-1/2022/11/6/one-true-thing. Acesso em: 19 fev. 2023.

8. Você pode encontrar os resultados completos no site: https://www.adultdevelopmentstudy.org/.

9. STOSSEL, Scott. "What Makes Us Happy, Revisited". *Atlantic*, 19 fev. 2014. Disponível em: https://www.theatlantic.com/magazine/archive/2013/05/thanks-mom/309287/. Acesso em: 5 mar. 2023.

10. CURTIN, Melanie. "This 75-Year Harvard Study Found the 1 Secret to Leading a Fulfilling Life". *Inc.*, 27 fev. 2017. Disponível em: https://www.inc.com/melanie-curtin/want-a-life-of-fulfillment-a-75-year-harvard-study-says-to-prioritize-this-one-t.html. Acesso em: 5 mar. 2023.

11. BROWN, Brené. *Atlas of the Heart:* Mapping Meaningful Connection and the Language of Human Experience. Nova York: Random House, 2021, p. 169.

12. BOYATZIS, Richard E.; MCKEE, Annie; GOLEMAN, Daniel. *Primal Leadership:* Unleashing the Power of Emotional Intelligence. Boston: Harvard Business Review Press, 2013, p. 6-7.

13. SANER, Emine. "Forget Regret! How to Have a Happy Life – According to the World's Leading Expert". *Guardian*, 6 fev. 2023. Disponível em: https://www.theguardian.com/lifeandstyle/2023/feb/06/how-to-have-a-happy-life-according-to-the-worlds-leading-expert. Acesso em: 5 mar. 2023.

14. BROWN, *Atlas of the Heart*, p. 171.

15. GALKIN, Fedor; KOCHETOV, Kirill; KOLDASBAYEVA, Diana; FARIA, Manuel; FUNG, Helene H.; CHEN, Amber X.; ZHAVORONKOV, Alex. "Psychological Factors Substantially Contribute to Biological Aging: Evidence from the Aging Rate in Chinese Older Adults". *Aging*, v. 14, n. 18, 27 set. 2022, p. 7206-7222. Disponível em: https://doi.org/10.18632/aging.204264. Acesso em: 15 jul. 2024.

16. HAWKLEY, Louise C. "Loneliness and Health". *Nature Reviews Disease Primers*, v. 8, n. 22, 2022. Disponível em: https://doi.org/10.1038/s41572-022-00355-9. Acesso em: 15 jul. 2024.

17. BetterUp Insights Report – 2022, The Connection Crisis. *BetterUp*. Disponível em: https://grow.betterup.com/resources/build-a-culture-of-connection-report. Acesso em: 9 nov. 2022.

18. CLAIR, Ruta; GORDON, Maya; KROON, Matthew et al. "The Effects of Social Isolation on Well-Being and Life Satisfaction During Pandemic". *Humanities and Social Sciences Communications*, v. 8, n. 28, 2021. Disponível em: https://doi.org/10.1057/s41599-021-00710-3. Acesso em: 15 jul. 2024.

19. "The Loneliness Epidemic Persists: A Post-Pandemic Look at the State of Loneliness Among U.S. Adults". *The Cigna Group*. Disponível em: https://newsroom.cigna.com/loneliness-epidemic-persists-post-pandemic-look. Acesso em: 15 jul. 2024.

20. BARSADE, Sigal. "No Employee Is an Island: How Loneliness Affects Job Performance". *Wharton IDEAS Lab*. Disponível em: https://ideas.wharton.upenn.edu/research/how-loneliness-affects-job-performance/. Acesso em: 15 jul. 2024.

21. BetterUp Insights Report.

22. Ibid.

23. SEPPÄLÄ, Emma; KING, Marissa. "Burnout at Work Isn't Just About Exhaustion. It's Also About Loneliness". *Harvard Business Review*, 29 jun. 2017. Disponível em: https://hbr.org/2017/06/burnout-at-work-isnt-just-about-exhaustion-its-also-about-loneliness. Acesso em: 15 jul. 2024.

24. CROSS, Rob; DILLON, Karen; GREENBERG, Danna. "The Secret to Building Resilience". *Harvard Business Review*, 17 set. 2021. Disponível em: https://hbr.org/2021/01/ the-secret-to-building-resilience. Acesso em: 11 mar. 2023.

25. LENCIONI, Patrick. "Make Your Values Mean Something". *Harvard Business Review*, 30 jan. 2023. Disponível em: https://hbr.org/2002/07/make-your-values-mean-something, acessado em 8 mar. 2023. Acesso em: 15 jul. 2024.

26. MCGONIGAL, Kelly. *The Upside of Stress: Why Stress Is Good for You, and How to Get Good at It*. Nova York: Avery, 2016, p. 71.

27. MCGONIGAL, Kelly. *The Upside of Stress*, p. 75.

Capítulo 6. As quatro mentalidades vitais para desenvolver a imunidade ao burnout

1. DWECK, Carol S. *Mindset: The New Psychology of Success*. Nova York: Random House, 2006, p. ix, 6.

2. Ibid., p. 6.

3. Ibid., p. 7.

4. "Emotional and Social Intelligence Leadership Competencies: An Overview". *Key Step Media*, s/d. Disponível em: https://www.keystepmedia.com/emotional-social-intelligence-leadership-competencies/. Acesso em: 28 mar. 2023.

5. FREDRICKSON, Barbara L. "The Broaden-and-Build Theory of Positive Emotions". *Philosophical Transactions of the Royal Society of London. Series B: Biological Sciences*, v. 359, n. 1449, 2004, p. 1367-377. Disponível em: https://doi.org/10.1098/rstb.2004.1512. Acesso em: 15 jul. 2024.

6. FREDRICKSON, Barbara L.; BRANIGAN, Christine. "Positive Emotions Broaden the Scope of Attention and Thought-Action Repertoires". *Cognition and Emotion*, v. 19, n. 3, maio 2005, p. 313-332. Disponível em: https://pubmed.ncbi.nlm.nih.gov/21852891/. Acesso em: 15 jul. 2024.

7. FREDRICKSON, Barbara L.; LEVENSON, Robert W. "Positive Emotions Speed Recovery from the Cardiovascular Sequelae of Negative Emotions". *Cognition and Emotion*, v. 12, n. 2, mar. 1998, p. 191-220. Disponível em: https://pubmed.ncbi.nlm.nih.gov/21852890/. Acesso em: 15 jul. 2024.

8. FREDRICKSON, "The Broaden-and-Build Theory of Positive Emotions".

9. PERLO, Jessica; BALIK, Barbara; SWENSEN, Stephen; KABCENELL, Andrea; LANDSMAN, Julie; FEELEY, Derek. "IHI Framework for Improving Joy in Work". *Institute for Healthcare Improvement*, 2017. Disponível em: https://www.ncha.org/wp-content/uploads/2018/06/IHIWhitePaper_FrameworkForImprovingJoyInWork.pdf. Acesso em: 15 jul. 2024.

10. "Joy in Work Results-Oriented Learning Network Case Study: Mayo Clinic". *Institute for Healthcare Improvement*, 2021. Disponível em: https://www.ihi.org/sites/default/files/2023-09/IHI_Joy-in-Work-ROLN_Case-Study_Mayo-Clinic.pdf . Acesso em: 13 abr. 2023.

11. SHAH, Amar. "Defying the Odds to Create Workforce Joy and Well-Being". *Institute for Healthcare Improvement*, 5 jan. 2023. Disponível em: https://www.ihi.org/communities/blogs/defying-the-odds-to-create-workforce-joy-and-well-being. Acesso em: 13 abr. 2023.

12. "Joy in Work Results-Oriented Learning Network Case Study: Mayo Clinic". *Institute for Healthcare Improvement*, 2021. Disponível em: https://www.ihi.org/sites/default/files/2023-09/IHI_Joy-in-Work-ROLN_Case-Study_Mayo-Clinic.pdf.

13. LEE, Lewina O.; JAMES, Peter; ZEVON, Emily S.; KIM, Eric S.; TRUDEL-FITZGERALD, Claudia; SPIRO, Avron; GRODSTEIN, Francine; KUBZANSKY, Laura D. "Optimism Is Associated with

Exceptional Longevity in 2 Epidemiologic Cohorts of Men and Women". *Proceedings of the National Academy of Sciences*, v. 116, n. 37, 2019, p. 18357-18362. Disponível em: https://doi.org/10.1073/pnas.1900712116. Acesso em: 15 jul. 2024.

14. REIVICH, Karen; SHATTÉ, Andrew. *The Resilience Factor: 7 Essential Skills for Overcoming Life's Inevitable Obstacles*. Nova York: Three Rivers Press, 2003, p. 40.

15. Ibid., p. 41.

16. Ibid.

17. SNYDER, C. R.; RAND, Kevin; SIGMUND, David. "Hope Theory". In: LOPEZ, Shane J.; GALLAGHER, Matthew (eds.). *The Oxford Handbook of Hope*. Nova York: Oxford University Press, 2018. p. 257-276.

18. POMPILI, M.; INNAMORATI, M.; NARCISO, V. et al. "Burnout, Hopelessness and Suicide Risk in Medical Doctors". *La Clinica Terapeutica*, v. 161, n. 6, nov.-dez. 2010, p. 511-514. Disponível em: https://pubmed.ncbi.nlm.nih.gov/21181078/. Acesso em: 15 jul. 2024.

19. PHARRIS, Angela B.; MUNOZ, Ricky T.; HELLMAN, Chan M. "Hope and Resilience as Protective Factors Linked to Lower Burnout Among Child Welfare Workers". *Children and Youth Services Review*, v. 136(C), 2022.

20. GUSTAFSSON, Henrik; HASSMÉN, Peter; PODLOG, Leslie. "Exploring the Relationship Between Hope and Burnout in Competitive Sport". *Journal of Sports Science*, v. 28, n. 14, dez. 2010, p. 1495-1504. Disponível em: https://pubmed.ncbi.nlm.nih.gov/21077003/. Acesso em: 15 jul. 2024.

21. MCKEE, Annie. *How to Be Happy at Work: The Power of Purpose, Hope, and Friendship*. Cambridge: Harvard Business School Press, 2018, p. 92.

22. Ibid., p. 5.

23. FREDRICKSON, Barbara. *Positivity: Embrace the Hidden Strength of Positive Emotions, Overcome Negativity, and Thrive.* Nova York: Crown, 2009.

24. KELLER, A et al. "Does the Perception That Stress Affects Health Matter? The Association with Health and Mortality". *Health Psychology*, v. 31, n. 5, set. 2012, p. 677-684. Disponível em: https://pubmed.ncbi.nlm.nih.gov/22201278/. Acesso em: 15 jul. 2024.

25. MCGONIGAL, Kelly. *The Upside of Stress: Why Stress Is Good for You, and How to Get Good at It.* Nova York: Avery, 2016, p. 69.

26. ZAHRT, Octavia H.; CRUM, Alia J. "Perceived Physical Activity and Mortality: Evidence from Three Nationally Representative U.S. Samples". *Health Psychology*, v. 36, n. 11, 2017, p. 1017-1025. Disponível em: https://doi.org/10.1037/hea0000531. Acesso em: 15 jul. 2024.

27. Ibid.

28. MCGONIGAL, *The Upside of Stress*, p. 17.

29. CRUM, Alia. "Evaluating a Mindset Training Program to Unleash the Enhancing Nature of Stress". *Academy of Management Proceedings*, v. 2011, n. 1, 30 nov. 2017, p. 1-6, Disponível em: https://doi.org/10.5465/ambpp.2011.65870502. Acesso em: 15 jul. 2024.

30. MCGONIGAL, *The Upside of Stress*, p. 60.

31. Ibid., p. 120.

32. EVA, Nathan; ROBIN, Mulyadi; SENDJAYA, Sen; VAN DIERENDONCK, Dirk; LIDEN, Robert C. "Servant Leadership: A Systematic Review and Call for Future Research". *Leadership Quarterly*, v. 30, n. 1, 2019, p. 111-132. Disponível em: https://doi.org/10.1016/j.leaqua.2018.07.004. Acesso em: 15 jul. 2024.

33. SPEARS, Larry. "Character and Servant Leadership: Ten Characteristics of Effective, Caring Leaders". Regent University, 7 jul. 2022. Disponível em: https://www.regent.edu/journal/journal-of-virtues-leadership/character-and-servant-leadership-ten-characteristics-of-effective-caring-leaders/. Acesso em: 5 abr. 2023.

34. CHI, Jerry L.; CHI, Grace C. "The Impact of Servant Leadership on Job Burnout Among Employees of a Christian Hospital", *International Journal of Management and Human Resources*, v. 1, no. 1 (2013). Disponível em: https://link.gale.com/apps/doc/A401381747/AONE?u=anon~186b0ca7&sid=googleScholar&xid=eeba2bb7. Acesso em: 6 abr. 2023.

35. WESTBROOK, Kevin W.; NICOL, Duncan; NICOL, Julie K.; ORR, Denise Thornton. "Effects of Servant Leadership Style on Hindrance Stressors, Burnout, Job Satisfaction, Turnover Intentions, and Individual Performance in a Nursing Unit". *Journal of Health Management*, v. 24, n. 4, 2022, p. 670-684. Disponível em: https://doi.org/10.1177/09720634221128100. Acesso em: 15 jul. 2024.

36. CAI, Zhenyao; MAO, Yimin; GONG, Ting; XIN, Ying; LOU, Jiayun. "The Effect of Servant Leadership on Work Resilience: Evidence from the Hospitality Industry During the COVID-19 Period". *International Journal of Environmental Research and Public Health*, v. 20, n. 2, 2023, p. 1322. Disponível em: https://doi.org/10.3390/ijerph20021322. Acesso em: 15 jul. 2024.

37. GRUNHAUS, Colleen M.; WARD, Thomas J.; TUAZON, Vivtor E.; JAMES, Kristal. "The Impact of Supervisor Servant Leadership on Counselor Supervisee Burnout and Secondary Traumatic Stress". *Teaching and Supervision in Counseling*, v. 5, n. 1, 2023, p. 1-12. Disponível em: https://doi.org/10.7290/tsc05csj9. Acesso em: 15 jul. 2024.

38. ZHOU, Guangya; GUL, Rani; TUFAIL, Muhammad. "Does Servant Leadership Stimulate Work Engagement? The Moderating Role of Trust

in the Leader". *Frontiers in Psychology*, v. 13, 5 jul. 2022. Disponível em: https://doi.org/10.3389/fpsyg.2022.925732. Acesso em: 15 jul. 2024.

39. HASHEM, Zeena; ZEINOUN, Pia. "SelfCompassion Explains Less Burnout Among Healthcare Professionals". *Mindfulness*, v. 11, 2020, p. 2542-2551. Disponível em: https://doi.org/10.1007/s12671-020-01469-5. Acesso em: 15 jul. 2024.

40. VAILLANCOURT, Elise S.; WASYLKIW, Louise. "The Intermediary Role of Burnout in the Relationship Between Self-Compassion and Job Satisfaction Among Nurses". *Canadian Journal of Nursing Research*, v. 52, n. 4, 2019, p. 246-554. Disponível em: https://doi.org/10.1177/0844562119846274. Acesso em: 15 jul. 2024.

Capítulo 7. Os 3Rs

1. MASLACH, Christina; LEITER, Michael P. *The Truth About Burnout: How Organizations Cause Personal Stress and What to Do About It*. San Francisco: Jossey-Bass, 1997, p. 17.

2. WEINER, Stacy "Thousands of Medical Residents Are Unionizing. Here's What That Means for Doctors, Hospitals, and the Patients They Serve". *Association of American Medical Colleges*, 7 jun. 2022. Disponível em: https://www.aamc.org/news/thousands-medical-residents-are-unionizing-here-s-what-means-doctors-hospitals-and-patients-they. Acesso em: 15 jul. 2024.

3. "The U.S. Surgeon General's Framework for Workplace Mental Health & Well-Being". *Office of the U.S. Surgeon General*, 2022. p. 4. Disponível em: https://www.hhs.gov/sites/default/files/workplace-mental-health--well-being.pdf. Acesso em: 15 jul. 2024.

4. BELL, Tracey; SPRAJCER, Madeline; FLENADY, Tracey; SAHAY, Ashlyn. "Fatigue in Nurses and Medication Administration Errors: A Scoping Review". *Journal of Clinical Nursing*, v. 32, n. 17-18, jan. 2023,

p. 5445-5460. Disponível em: https://doi.org/10.1111/jocn.16620. Acesso em: 15 jul. 2024.

5. MCCORMICK, Frank; KADZIELSKI, John; LANDRIGAN, Cristopher P.; EVANS, Brady; HERNDON, James H.; RUBASH, Harry E. "Surgeon Fatigue: A Prospective Analysis of the Incidence, Risk, and Intervals of Predicted Fatigue-Related Impairment in Residents". *Archives of Surgery*, v. 147, n. 5, 2012, p. 430-435. Disponível em: 10.1001/archsurg.2012.84. Acesso em: 15 jul. 2024.

6. GARCIA, Cíntia L. et al. "Influence of Burnout on Patient Safety: Systematic Review and Meta-Analysis". *Medicina (Kaunas)*, v. 55, n. 9, 30 ago. 2019, p. 553. Disponível em: 10.3390/medicina55090553. Acesso em: 15 jul. 2024.

7. CIMIOTTI, Jeannie P.; AIKEN, Linda H.; SLOANE, Douglas M.; WU, Evan S. "Nurse Staffing, Burnout, and Health Care–Associated Infection". *American Journal of Infection Control*, v. 40, n. 6, ago. 2012, p. 486-490. Disponível em: 10.1016/j.ajic.2012.02.029. Acesso em: 15 jul. 2024. Errata em *American Journal of Infection Control*, v. 40, n. 7, set. 2012, p. 680.

8. PRICE, Catherine. "Why We All Need to Have More Fun". *New York Times*, 23 dez. 2021. Disponível em: https://www.nytimes.com/2021/12/23/well/mind/having-fun-suceeding-coronavirus-pandemic.html. Acesso em: 15 jul. 2024.

9. MEISTER, Alyson; CHENG, Bonnie Hayden; DALE, Nele; KRINGS, Franciska. "How to Recover from Work Stress, According to Science". *Harvard Business Review*, 7 jul. 2022, Disponível em: https://hbr.org/2022/07/how-to-recover-from-work-stress-according-to-science?utm_medium=email&utm_source=newsletter_daily&utm_campaign=mtod_notactsubs. Acesso em: 17 maio 2023.

10. NAIDOO, Uma. "Eat to Beat Stress". *American Journal of Lifestyle Medicine*, v. 15, n. 1, dez. 2020, p. 39-42. Disponível em: 10.1177/1559827620973936. Acesso em: 15 jul. 2024.

11. SÖDERSTRÖM, M.; JEDING, K.; EKSTEDT, M.; PERSKI, A.; ÅKERSTEDT, T. "Insufficient Sleep Predicts Clinical Burnout". *Journal of Occupational Health Psychology*, v. 17, n. 2, 2012, p. 175-183. Disponível em: https://doi.org/10.1037/a0027518. Acesso em: 15 jul. 2024.

12. COLVIN, Caroline. "Mental Health Benefits Untapped by Many Workers, Study Finds". *HR Dive*, 23 mar. 2023. Disponível em: https://www.hrdive.com/news/unused-mental-health-benefits-2023/645829/. Acesso em: 15 jul. 2024.

13. HOROWITZ, Juliana Menasce; PARKER, Kim. "How Americans View Their Jobs". *Pew Research Center*, 30 mar. 2023, Disponível em: https://www.pewresearch.org/social-trends/2023/03/30/how-americans-view-their-jobs/. Acesso em: 15 jul. 2024.

14. SCHABRAM, Kira; BLOOM, Matt; Dijonna, D. J. "Research: The Transformative Power of Sabbaticals". *Harvard Business Review*, 23 fev. 2023. Disponível em: https://hbr.org/2023/02/research-the-transformative-power-of-sabbaticals?utm_medium=email&utm_source=newsletter_daily&utm_campaign=dailyalert_notactsubs&deliveryName=DM255601. Acesso em: 15 jul. 2024.

15. GREEN, Alyssa A.; KINCHEN, Elizabeth V. "The Effects of Mindfulness Meditation on Stress and Burnout in Nurses". *Journal of Holistic Nursing*, v. 39, n. 4, dez. 2021, p. 356-368. Disponível em: 10.1177/08980101211015818. Acesso em: 15 jul. 2024. Errata em *Journal of Holistic Nursing*, v. 40, n. 3, set. 2022, p. NP1-NP5.

16. SINGER, Tani; KLIMECKI, Olga M. "Empathy and Compassion". *Current Biology*, 22 set. 2014. Disponível em: https://www.sciencedirect.com/science/article/pii/S0960982214007702. Acesso em: 15 jul. 2024.

17. Ibid.

18. DOWLING, Trisha. "Compassion Does Not Fatigue!". *Canadian Veterinary Journal*, v. 59, n. 7, jul. 2018, p. 749-750. Disponível em: https://www.ncbi.nlm.nih.gov/pmc/articles/PMC6005077/. Acesso em: 15 jul. 2024.

19. MOSSET, Marc et al. "The Effect of Creative Arts Therapy on Psychological Distress in Health Care Professionals". *American Journal of Medicine* 135, n. 10, out. 2022, p. 1255-62.E5, Disponível em: https://doi.org/10.1016/j.amjmed.2022.04.016. Acesso em: 15 jul. 2024.

20. TORRES, Kristen A. et al. "Creative Arts Intervention to Reduce Burnout and Decrease Psychological Distress in Healthcare Professionals: A Qualitative Analysis". *Arts in Psychotherapy*, v. 83, abr. 2023. Disponível em: https://doi.org/10.1016/j.aip.2023.102021. Acesso em: 15 jul. 2024.

21. BEATY, Kevin. "An Unlikely Union Between a Hospital and a Writers' Workshop Is Helping Medical Workers with Trauma". *Denverite*, 21 mar. 2023. Disponível em: https://denverite.com/2023/03/20/an-unlikely-union-between-a-hospital-and-a-writers-workshop-is-helping-medical-workers-with-trauma/. Acesso em: 15 jul. 2024.

22. WEST, Colin P.; DYRBYE, Liselotte N.; SATELE, Daniel V.; SHANAFELT, Tait D. "Colleagues Meeting to Promote and Sustain Satisfaction (COMPASS) Groups for Physician Well-Being: A Randomized Clinical Trial". *Mayo Clinic Proceedings*, v. 96, n. 10, out. 2021, p. 2606-2614. Disponível em: 10.1016/j.mayocp.2021.02.028. Acesso em: 15 jul. 2024.

23. Mayo Clinic Program on Physician Well-Being, "Research Translated into Strategies in Practice". *Mayo Clinic*. Disponível em: https://www.mayo.edu/research/centers-programs/program-physician-well-being/platforms-excellence/research-translated-into-strategies-practice. Acesso em: 15 jul. 2024.

24. SANER, Emine. "Forget Regret! How to Have a Happy Life – According to the World's Leading Expert". *Guardian*, 6 fev. 2023. Disponível em: https://www.theguardian.com/lifeandstyle/2023/feb/06/how-to-have-a-happy-life-according-to-the-worlds-leading-expert. Acesso em: 15 jul. 2024.

Sobre a autora

Kandi Wiens é pesquisadora sênior da Universidade da Pensilvânia, diretora do Programa de Mestrado em Educação Médica da Universidade da Pensilvânia e do Programa de Certificação de Profissões da Área Médica da Universidade da Pensilvânia, e diretora acadêmica do Programa de Mestrado de Formação de *Chief Learning Officers* da Universidade da Pensilvânia. Leciona em vários programas de pós-graduação na Universidade da Pensilvânia. Tem mestrado e doutorado pelo Programa de Doutorado Executivo para a Formação de *Chief Learning Officers* da Universidade da Pensilvânia, MBA pela Universidade do Oregon e bacharelado em administração de empresas pela Universidade Estadual de Montana. Além de pesquisadora, é palestrante e coach executiva cujo trabalho se concentra em ajudar os líderes a desenvolver e usar sua inteligência emocional e social para estender seu impacto positivo e se proteger do burnout.

Para saber mais sobre o trabalho de Kandi, visite o site: www.kandiwiens.com.